普通高等教育“十四五”规划教材

现代农业创业管理

曾　璇◎主编

Modern Agricultural Entrepreneurship Management

中国农业大学出版社
China Agricultural University Press
·北京·

内 容 简 介

《现代农业创业管理》是一本专门针对现代农业创业者编写的教材，涵盖了现代农业创业的基本概念、现代农业创业环境及创业机会、现代农业创业资源整合、现代农业创业商业模式、现代农业的品质管理、现代农产品营销、现代农业的商业计划、现代农业初创企业的组织与管理等方面的内容。本书深度结合了中国国际"互联网+"创新创业大赛进行编写，特点是内容丰富、案例翔实、理论与实践相结合，通过大量的实际案例和实践活动，帮助读者深入理解现代农业创业管理的理论知识，提高农业创业的实际能力。本书的作者都是曾指导过农业领域创业的专家或教师，他们具有丰富的农业创业经验和教学经验，保证了本书内容的科学性和权威性。

本书适合作为农业相关专业的本科生、研究生教材，也可以作为广大农业创业者的自学参考书。

图书在版编目(CIP)数据

现代农业创业管理/曾璇主编. --北京：中国农业大学出版社，2023.9
ISBN 978-7-5655-3049-4

Ⅰ.①现… Ⅱ.①曾… Ⅲ.①农业经营-经营管理 Ⅳ.①F306

中国国家版本馆 CIP 数据核字(2023)第 163576 号

书　　名 现代农业创业管理
Xiandai Nongye Chuangye Guanli
作　　者 曾　璇　主编

策划编辑 刘　聪　韩元凤　　　**责任编辑** 韩元凤
封面设计 李尘工作室
出版发行 中国农业大学出版社
社　　址 北京市海淀区圆明园西路 2 号　　　**邮政编码** 100193
电　　话 发行部 010-62733489，1190　　　读者服务部 010-62732336
编辑部 010-62732617，2618　　　出　版　部 010-62733440
网　　址 http://www.caupress.cn　　　**E-mail** cbsszs@cau.edu.cn
经　　销 新华书店
印　　刷 北京鑫丰华彩印有限公司
版　　次 2023 年 9 月第 1 版　2023 年 9 月第 1 次印刷
规　　格 185 mm×260 mm　16 开本　13 印张　324 千字
定　　价 42.00 元

编写人员

主　编　曾　璇

副主编　王　青

编　者　（按姓氏拼音排序）

丁丽琼　王　青　解加米　萧润正

曾　璇　曾晧鹏

前　言

党的二十大报告指出，要加快建设农业强国，扎实推动乡村产业、人才、文化、生态、组织振兴。农业创业是农业发展的重要组成部分，大力鼓励农业创业能有力推动乡村产业振兴和人才振兴。

在"大众创业，万众创新"的时代，涌现出很多农业领域的创业者，其中大学生也是这个群体中的中坚力量。近年来，越来越多的大学生通过中国国际"互联网＋"创新创业大赛获得了创业实践的机会，在比赛获得佳绩的同时，将创业计划付诸实行，孕育出一大批优质的农业创业项目。但同时，我们看到有一些农业创业者或即将投身农业领域创业的青年朋友，在创业的路上缺乏理论指导和方法论支撑，致使在创业过程中踩了很多"坑"。因此，我们希望通过这本教材的编写和出版，为那些有志于在农业领域创业的朋友提供一些指引。

这本书是一本专门针对现代农业创业者编写的教材，涵盖了农业创业的各个方面。本书包括现代农业创业的基本概念、现代农业创业环境及创业机会、现代农业创业企业资源整合、现代农业创业商业模式、现代农业的品质管理、现代农产品营销、现代农业的商业计划、现代农业初创企业的组织与管理等方面的内容。

本书的一大特色就是我们深度结合了当前我国"互联网＋"创新创业大赛进行编写，通过大量丰富真实的创业案例和故事，剖析农业创业管理中的知识，希望能够给读者朋友带来启发。

正如党的二十大报告中指出的那样，全面建设社会主义现代化国家，最艰巨最繁重的任务仍然在农村，因此农业创业的任务是艰巨而光荣的。我们希望本书的出版，能够为农业创业和乡村振兴事业添砖加瓦，我们相信在广大农业创业者的共同奋斗下，中国的农业发展事业会迎来更好的明天。

编　者

2023 年 1 月

目　录

第一章　认识创业

【学习目标】

1. 认识创业的定义、特征和类型，分解创业过程。
2. 掌握创业的内容与方法，尝试组建自己的创业团队。
3. 厘清创业与生涯规划的关系，理解创业精神的内涵并培养自己的创业精神。
4. 了解创业相关政策及平台资源，为成为一名创业者做好准备。

【本章引例】

弃笔从农——山里孩子到企业CEO的蜕变

一名从大山来到城市的少年，怀着一腔热情做了许多尝试：他曾经梦想成为一个作家，以韦围的笔名进行了两百多万字的小说创作；也卖过生活用品、衣服、花，做过校园代理；几经波折，他投入了现代设施农业领域，创办了雨蔬农业并出任CEO，该项目于2021年获得了中国国际"互联网+"创新创业大赛国家银奖。这名少年正是来自华南农业大学的创业者——韦六三。

1. 不言放弃——韦六三的艰苦创业路

2012年，一辆火车从贵州驶向广州。华南农业大学是韦六三梦想开始的地方，在大三的一次实习中，他第一次接触了公司运营，怀着对农业的热爱，随后便与朋友们建立了雨心工作室，为缺乏技术的农民提供农场建设指导及培训。起初，由于缺乏资金和资源，他们没有固定的工作地方，没有人员安排，也没有明确的目标，很快工作室濒临解散。但韦六三一个人坚持了下来，凭借着在实习期间学到的知识，他从网络科普开始，逐步积累粉丝和客户。

回忆起那段时光，韦六三感慨道："一开始一个月只有几百块的营业额，慢慢地才做了起来，大学生创业真的很不容易，特别是像我这样没有资金没有家底的农村学生，需要付出比别人多十倍的努力！"2015年，随着新合作伙伴的加入与业务的成熟，工作室开始步入了正轨，同年12月，广州雨蔬农业科技有限公司注册成立。

2. 巧遇机缘——积累丰富的创业资源

"公司成立初期，没有充足的业务与客户资源，公司该怎么发展壮大呢？"正当韦六三陷入困境之时，难得的机遇出现在眼前。2016年，韦六三在本科毕业之际参加了SYB创业培训，对初创公司的初期运营和资源积累的方式有了初步了解，结识了一众创业伙伴及导师。

之后，他选择了新的积累资源模式——参加各级创新创业比赛不断完善项目。其团队陆续参加了"赢在广州""省众创杯"创业创新大赛，多次斩金夺银。在比赛中，韦六三不仅得到公司初期运营资金，而且获得了大量的投资人资源，也学会了从投资人的视角出发，不断完善公司的商业模式。

2020 年，他进一步与学校老师共同研发为公司赋能，比如与资源环境学院教授合作研发无污染水肥、与园艺学院教授合作研发推广优质番茄黄瓜等种子、与工程学院合作研发高速嫁接等农业生产自动化技术，真正做到产学融合，学以致用。

3.不忘初心——雨蔬农业的乡土情怀

作为“西部开发助学工程”的受助大学生，韦六三从未忘记回报国家与养育他的土地。雨蔬农业在创办之初，就喊出了“响应国家号召，怀揣农业梦想，投身农业建设”的口号。一次偶然的机会，负责永兴岛守岛军民蔬菜供应的后勤部门找到韦六三团队，希望他们协助解决岛上的蔬菜供应问题。团队经实地考察后参与了永兴岛无土栽培现代农场的建设，目前该农场果蔬日产量达到 250 kg，基本满足了当地军民的叶菜需求，稳定了军心民心。

雨蔬农业不仅积极参与国家战略建设，还把“以技术武装现代农民”作为宗旨，投身于国家农业人才培养。在母校华农的支持下，他们创办了国内第一所无土栽培培训学校，目前已开展培训 26 期，培养农业技术人员 760 名，间接带动就业 4 万余人。

4.冲向世界——紧随国家“一带一路”发展战略

韦六三深知，公司要发展壮大，不仅需要业务及客户资源，更关键的是要打造公司雄厚的创新实力。雨蔬农业的自主技术创新之路越走越宽，公司通过对无土栽培基质的研发、农业设施的革新和无土栽培蔬菜口感的改善，拥有了在行业立足的硬实力。

公司研制的无土栽培基质，打破了印度、马来西亚等国家对无土栽培基质的垄断，同时自身已获得自主研发水肥营养液及智慧工厂技术专利共六项，解决了无土栽培蔬菜产量较低、口感差的问题。依托技术优势，公司响应国家号召，积极参与“一带一路”沿线国家现代农场规划建设，在荷兰库拉索、柬埔寨西哈努克港、菲律宾等地区均有典型案例，目前国内外已参与现代农场建设 215 个。

雨蔬农业带着中国农业技术走出中国，助推“一带一路”沿线国家农业发展，向世界展现出中国农业的魅力。

（案例来源：作者根据韦六三自述内容编写，有删改。）

思考：

1.你如何看待韦六三的成长？他的故事给你带来了哪些启示？

2.基于韦六三的创业经历，请说说你对于“创业”二字的理解。

3.从雨蔬农业的发展历程来看，你如何理解创业与个人、社会发展的关系？

第一节　何谓创业

在认识创业的过程中，我们常常会听到机会、挑战、风口、市场、团队、产品、服务、用户等词汇。创业对大多数人来说既陌生又熟悉，可它确实存在于生活中的方方面面。在正式接触创业之前，我们首先需要了解何谓创业。

一、创业的定义

“创业”一词由“创”和“业”组成，那么什么是“创”，什么是“业”呢？

“创”就是创造，即创建、创立、创新之意，在《辞海》中的解释是“创立基业”。一般来讲创业中的“创”指的就是创立或创新，也可以指创立和创新的结合，即为创造。关于“业”的含义也十分丰富，在古代就有成家立业的说法，因为古代属于农耕社会，多以家族为单位，只有成家之后才会得到家族割舍的一块田地或者产业。《现代汉语成语词典》中对“业”有如下解释：学业；业务、工作；专业、就业、转业、事业；财产、家业、企业等。而在现代社会，创业中的“业”更多是指资源或价值。因此，“创业”二字可被简单理解为创造资源或创造价值。

富兰克林·欧林创业学杰出教授杰弗里·蒂蒙斯(Jeffry A. Timmons)对创业的定义如下：创业是一种思考、品行素质、杰出才干的行为方式，需要在方法上全盘考虑并拥有和谐的领导能力。

综合来看，创业是指创业者致力于理解并实现创造新事物的机会，其中，新事物包括新产品、新市场、新生产过程或原材料、改造现有技术的新方法等。创业的前提是创业机会的出现及被特定个体发现或创造。

创业相关研究主要关注创业者如何运用各种方法去利用和开发这些机会并产出各种成果，进而创造出更大的经济或社会价值。此外，创业是一种需要创业者及其创业团队组织经营管理、运用服务、技术、器物作业的思考、推理和判断的一系列复杂行为。因此，对于创业者而言，创业过程并不总是一帆风顺的，创业路上荆棘丛生。

二、创业的特征

1. 创业具有目的性

创业的目的性直接表现为创业者希望通过创业完成某种需求的过程。创业是创造财富、积累财富的过程，但同时它也能带来个人价值实现的获得感和成就感。因此，不同人创业的目的不同，有些人是为了生存，有些人是为了致富，而有些人创业是为了圆梦或回报社会。

2. 创业具有主动性

创业往往是一个独立自主的行为，创业者在创业过程中具有主动性，既可以选择适合自己的行业和项目进行创业，也可以选择适合的时间和合伙人进行创业。在整个创业过程中，创业者需要不断决策，依靠自己的能力去完成创业目标。

3. 创业具有风险性

在创业过程中，创业者要投入大量的人力、物力和财力，要引入和采用各种新的生产要素与市场资源，要建立或者对现有的组织结构、管理体制、业务流程、工作方法进行变革，以此达到创业的预期目标。在这一过程中必然会遇到各种意料之外的情况和各种困难，从而有可能使结果偏离创业的预期目标。创业环境的不确定性，创业机会与创业企业的复杂性，创业者、创业团队与创业投资者的能力与实力的有限性，是创业风险的根本来源。因此，从创业的过程和结果看，创业对于创业者来说是历经艰辛和充满风险的。

4. 创业具有广阔性

一般性创业活动是非常广阔的，无论是创业的主体，还是创业的行业，抑或是创业者本身，往往不会受到太大的约束。例如，从创业的主体讲，创业不受性别、文化、民族、学历等限制，不同职业、不同阶层的人都可以成为创业者。

5. 创业具有社会性

创业可以推动社会的进步与发展。好的创业项目能推动整个行业的发展，促进科技创新，增加就业机会，增强社会活力。由此可见，创业能够为国家带来可持续发展的新鲜血液，也是人类社会最基本的生存和发展方式之一。

三、创业的类型

1. 复制型创业

复制型创业指的是创业者在现有经营模式的基础上进行简单复制的一种创业模式。这种创业模式下的创业者主要是利用前期生产经营积累的经验，新建一家与市面上已有或现存企业几无差别的同类型新企业。该类创业的创新程度较低，缺乏创业精神的内涵。例如，某电商公司的高管，离职后自己创办了一个电商平台进行创业，这便是简单的复制型创业。由于已有经验验证了创业模式的可行性，因此复制型创业的成功比率较大，但这种优势同时也会转变为劣势，复制的企业因缺乏创新活力难以维持长久生存，扩张发展存在阻力。

2. 模仿型创业

模仿型创业指的是创业者借鉴他人成功的经验，通过模仿和学习而进行的创业活动。模仿型创业具有投资少、见效快、可迅速进入市场等特点。该类创业的创新成分也比较少，对于市场而言依然无法创造新的价值。与复制型创业的不同之处在于，模仿型创业是对他人进行模仿，创业者自身不一定有相关经验，因此存在一定的冒险成分。例如，某民宿老板，在疫情的影响下放弃了民宿生意，转而开了一家餐饮店，这样便面临着不确定性带来的风险，且模仿学习的过程相对较长，犯错概率和试错成本也比复制型创业更高。因此，许多创业者都不满足于单纯的模仿，会在创业过程中持续寻求技术、制度或管理等层面的创新。

3. 安定型创业

根据创业的定义，创业不一定是创办一家新企业，也可以指创造新资源或新价值。安定型创业指的就是一种强调创新而非创造新企业的稳健式创业类型。对创业者而言，这种形式的创业不确定性较小，能够为市场创造价值，更多强调的是创业精神的实现，也就是进行创新活动，而不是进行新组织的创造。例如，某科技公司的研发部门在开发完成一项新产品后，后续持续迭代该产品的新功能或研发另一款新产品，这种创新行为也称作企业内部创业。

4. 冒险型创业

冒险型创业是指创业者及时把握创业机会进行创新，并创造出新价值的一种创业活动，其难度相对其他创业类型更高，也更容易失败，可一旦取得成功，其报酬将十分可观。简而言之，冒险型创业就是一种高回报与高风险并存的创业。比如，2016 年 ofo 掀起了共享经济的热潮，在创业初期取得了高速发展，却很快又因运营和管理问题逐渐走向下坡路。想要取得冒险型创业的成功，对于创业者的个人能力、创业时机的把握、创业精神的发挥、创业策略的研究和拟定、经营模式设计以及创业过程管理等各方面都有较高要求，且需要各个环节进行相互协调、有机统一。此外，冒险型创业虽有可能给创业者本身带来极大的改变，但其对个人前途带来的不确定性也比较高。

第二节　创业过程论

创业并不是一蹴而就的，创业需要一个过程，创业的过程就是企业家实现“创造性破坏”并对“生产要素重新组合”进行生产从而推动社会进步的活动。学习研究创业，需要剖析创业过程中包含的活动和行为，所以我们要从过程这个角度来了解企业是如何运行的。

一、从创业三要素模型来看创业过程

创业现象不是新生事物，自从有了市场经济，创业就应运而生。在人们对创业要素的认知和分析中，最为典型的是由蒂蒙斯提出的创业过程模型。该模型提炼出了创业过程的三大关键要素，分别是创业机会、团队和资源，详见图 1-1。其中，创业机会是创业过程的核心驱动力，创业团队是创业过程的主导者，资源是创业成功的必要保证；创业过程是创业机会、团队和资源三个要素匹配和平衡的结果；创业过程是一个连续不断地寻求平衡的行为组合。

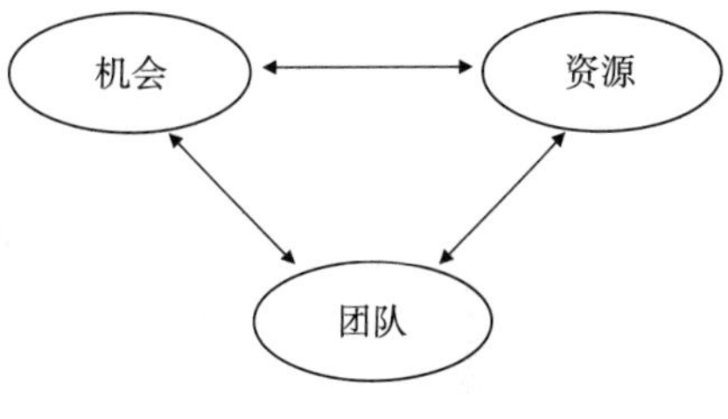

图 1-1　创业三要素模型

蒂蒙斯认为，创业者或创业团队必须具备善于学习、从容应对逆境的品质，具有高超的创造、领导和沟通能力，但更重要的是具有柔性和韧性，能够适应市场环境的变化，也就是要能够把控整个创业过程。任何成功的创业活动都离不开这三个要素的优化配置，每一个要素所占的比重还要随着事业的发展而不断进行动态平衡。创业机会开启创业过程，随后创业者或者创业团队就应该设法获得为创业所必需的资源，这样才能成功地实施创业计划。在创业过程中，往往存在着许多不确定因素，经常影响创业活动，致使创业过程充满了风险，例如机会模糊、市场不确定、资本市场风险以及外部环境变化等因素。因此，这对于创业者个人能力提出了更高的要求，创业者必须依靠自己的领导、创造和沟通能力来发现和解决问题，掌握关键要素，及时调整机会、资源、团队三者的组合搭配，以保证新创企业顺利发展。

二、从企业生命周期理论来看创业过程

企业是指从事生产、流通、服务等经济活动，以产品或服务满足社会需要，并以获取盈利为目的，依法设立，实行自主经营、自负盈亏的经济组织。

企业组织具有生命周期，一般可分为初创阶段、成长阶段、成熟阶段和衰退阶段，详见图 1-2。初创阶段是指进入某一行业初步创立企业的阶段，此时产品刚刚推出，亟须发展出第一批客户以获得销售收入，维持生产经营；成长阶段是指在该行业的产品已较完善，顾客对产品已有认识，市场迅速扩大以及企业的销售额和利润迅速增长；成熟阶段的市场已趋于饱和，销售额已难以增长，行业内部竞争异常激烈，可能会出现合并、兼并等情况；到了最后的衰退阶段，市场萎缩，行业规模进一步缩小，企业发展进入“夕阳期”，可考虑退市。企业发展壮大的历程要经过不同的发展阶段，每一阶段都具有其独特的组织结构特征。

图 1-2　企业生命周期

从企业生命周期理论来看，创业过程主要涉及其中的初创阶段和成长阶段，并凸显机会识别和机会开发两个关键部分。具体可以把创业过程细分为六个环节，详见图 1-3。

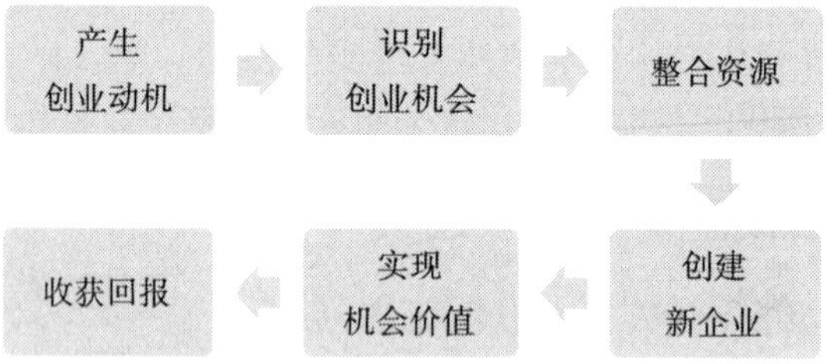

图 1-3　企业创业过程

第一个环节是产生创业动机，创业动机的产生不是一时兴起，而是筹谋已久，由于创业者本身具备的特质，会使其更加关注经济转型、技术进步等方面的创业机会，同时机会成本的高低也会影响创业者的选择；第二个环节是识别创业机会，这是创业管理的核心环节，需要利用科学的方法和有效的途径去识别创业机会；第三个环节是整合资源，这是创业者开发机会的重要手段，可以利用已识别的创业机会整合资源，也可以设计出清晰有效的商业模式，制定创业计划等整合资源；第四个环节是创建新企业，包括公司制度设计、企业注册、选址、进入市场方式等；第五个环节是实现机会价值，首要任务是如何在市场中争取更多客户，以及如何创造更有效的价值；第六个环节是收获回报，要认识到回报可能是多种多样的，要做到适可而止，经常回过头来审视自己的创业动机，追求合理的利润和财富，获得合理的投资和战略资源。

第三节　创业的条件、方法及意义

创业的过程就如同在大海上航行，你永远都不知道下一刻会发生什么。那么在扬帆起航之际，我们就更需要做好全面的准备，以此来应对所有可能发生的情况。因此，对创业全面把握，对知识不断追求，方能抓住创业的机会，感悟创业的意义。

一、创业的条件

（一）创业者需要具备的条件

航海家都是勇敢的，他们为了自己所热爱的大海不惧风浪，勇往直前。这一点上，创业者与航海家十分相像。创业者的创业过程也是一次冒险，一次以金钱、时间、精力作为成本的冒险。而为了参与这样一次冒险，以及应对冒险所带来的后果，作为一个创业者，需要做好充分的准备。一般来说，创业者应具备以下条件：

①了解自己是否真的具有创业意向；

②明确自己的创业目标、方向；

③用已经拥有的工具、资源作为创业基础；
④分析自己的心理能否承受创业的压力；
⑤具有对于挑战性事物的敏感性，要能敏锐抓住机遇；
⑥不以自己无法承担风险的事物作为成本；
⑦学习如何当好一名管理者。

（二）创业团队的组建

1. 创业团队的含义

创业团队不同于普通的团队，它指的是在创业初期，一群为了共同的创业目标奋斗的人建立的集体。这个集体可以让各成员联合起来，团队之间不单纯是传统意义上的领导与下属的关系。创业团队有广义和狭义之分，广义的创业团队不仅包括狭义范围内的内部集体，还包括创业过程中的部分利益相关者，如董事会、投资人等。

2. 优秀创业团队的特点

①有一个成功的团队带头人；
②团队之间熟悉彼此，可以很好地相互配合；
③具备所有创业所需的技能。

3. 如何组建一个创业团队

一个创业团队有着最基础的八大特征：共同愿景、共同目标、共担风险、共享回报、思维互补、技能互补、资源互补、性格互补，即四个“共同”和四个“互补”。

其中，四个“共同”就像是对于创业团队心理以及精神层面上的要求，有着共同愿景与目标，团队才能凝聚力量，有福同享有难同当，团队才不会在利害关系上有任何分歧。“四个互补”则更像是对于创业团队行为层面上的要求，有了互补性，团队的分工才会更加“均匀”，一个全面的团队总是无坚不摧的。

要满足这几个特征，需要创业者对这些特征进行更加深入的理解，了解创业者心中所需要、所想要的创业团队应该是怎样的，这样的创业团队是如何构成的。只有了解了创业团队是如何构成的，创业者才能清楚地知道，已建立的团队已经拥有了哪些资源和能力，而缺少的又是哪些部分。如果意识到了某方面的缺陷，就应该努力争取这一方面有经验的人士加入自己的团队。因此，在创业团队建立初期，对于创业者的全面评估以及创业团队整体规划十分关键。每加入一名新成员都应该慎重，需要考虑这个人的到来对团队而言是加分项还是造成了冗余。此外，新人的加入往往需要一段时间的磨合，一旦沟通出现问题，很可能打破当前团队的平衡状态。一般来说，不建议经常性变更创业团队的人员架构，一个曾经有过合作经历的团队，其磨合程度自然比一个完全陌生的团队要好。

（三）创业项目的选择

除了要满足作为创业者自身的条件，对创业项目的选择也是十分重要的。要知道，创业本身就是一件十分烦琐的事情，创业者当然不想碌碌无为。因此，如果能够在创业之初就选择一个正确的创业项目，创业之路才算开了一个好头。

在大多数情况下，创业项目如果发展成熟，很可能成为你一生的事业。因此，我们选择创业项目，实际上就是在选择自己未来的职业。对于大部分仍在象牙塔之内的大学生来说，对自己未来要进哪一行，要做哪种职业，往往还不具备特别明确的想法。此时，不妨借助一些现成的测试工具，测测看自己属于哪一类人，适合做哪些工作。比如，由美国作家伊莎贝尔·布里格斯·迈尔斯(Isabel Briggs Myers)和她的母亲凯瑟琳·库克·布里格斯(Katharine Cook Briggs)共同制定的 MBTI 职业性格测试量表，如今已风靡全球。许多企业在进行招聘时，都会用该量表对应聘者进行简单测试，以作为制定岗位的参考依据。我们在未明确创业方向时，也可以借助这一工具进行摸底测试，从而有效缩小创业项目的选择范围。bilibili 网站有 16 型人格与职业偏好"完整解读"专业测试方法视频，读者可以搜索观看，帮助学习。

对于选择创业项目的标准，首先，可以关注个人感兴趣或者擅长的项目。通常来说，创业者对于自己感兴趣或是本来就擅长的事物上手会更快，选择这类项目，可以在一定程度上降低创业初期的难度。其次，可以选择市场需求大的项目或产品作为创业项目。在对市场进行评估分析后，我们可以知道哪些项目是市场的"常客"，选择这些项目就意味着我们在一个需求量大的市场中始终能占到一定份额。但是也要注意分析竞争对手，要有相较于其他竞争对手的优势，才能真正有立足之地。再次，可以选择那些有一定政策支持的项目。创业者要认真学习现阶段的国家政策，尽量选择那些国家政策支持、鼓励的行业去进行创业，这样在一定程度上也算是获得了国家的支持。最后，对大学生而言，不妨选择一些投资成本小、风险较低的项目进行创业。尤其是初次创业，该类项目将更加适合"创业菜鸟"：一是投资成本小，代表做这个项目的门槛低；二是风险较低，代表创业者们可以大胆放手去做。

无论是以什么样的标准，创业者们在选择自己的创业项目时都一定要慎之又慎。以上的标准只是需要考虑的一小部分，创业者们在选择时还是需要更细致、更全面地进行评估和选择。要了解项目的可行性、风险大小以及发展前景等，还是需要进行全面的市场调查。在遇到一些看似矛盾的标准，不好选择时，还要结合自身实际情况，以最适合自己情况的标准来进行选择。创业者或创业团队从各个角度完成评估后，方可最终确定具体创业项目。

（四）创办企业的前提条件

创办企业的前提条件一般包括企业地址选择、资金筹备、相应手续办理等方面。

1. 地址选择

地理位置的重要性不言而喻。就像父母都抢着为下一代购置"学区房"，想让孩子赢在起跑线上一样，选择一个合适的地理位置作为办公地址，可以让企业赢在起跑线上。一般地址的选择要考虑以下因素：

①交通便利；

②租金在承受范围之内；

③如果有生产需求，则需满足制造、加工需求；

④如为销售门店，还需考虑客流、商圈等因素。

2. 资金筹备

创业必须要准备一笔启动资金，一切创业都是建立在启动资金的基础之上的。而资金筹备可以有很多种渠道，比如自有资金、银行贷款、集资以及与别人合伙等。银行贷款通常会根据企业的抗风险能力与还债能力选择是否贷款，所以自筹的方式会相对简单。除此之外，一定要合理分配好所筹备到的资金，这样才能将风险降到最低。

3. 相应手续办理

相应手续的办理代表了企业的合法性。开办企业、公司都要具有合法的经营资格，办理相应的手续。创立一家新企业的相关手续主要有：

①工商注册；

②税务登记；

③劳务用工；

④银行开户；

⑤各种行业相应的许可证。

二、创业的方法

与企业经营相类似，创业也存在一定的方法，掌握创业的方法可让创业者在开展创业相关活动时达到事半功倍的效果。尤其对于大学生而言，初次接触创业往往不知从何着手，以下是针对大学生创业者提出的几点方法性建议。

1. 到其他企业学习

创业在很多情况下都是白手起家，从零开始，但前提是创业者已经积累了一定的行业经验，对创业一事有了足够的把握。对大学生而言，有机会的话可以多去其他企业进行参观和学习，最好是能够进入相关行业实习一段时间，看看其他成熟企业是如何管理和运作的，总结并积累企业家们的成功经验。

2. 多和有丰富创业经验的人交流

交流是最好的学习途径之一，许多真正有用的经验往往就存在于一些不经意的交谈之中。作为一个"创业小白"，如果你有幸认识一些具有丰富创业经验的人，那么不妨在他们的空闲时间主动邀请他们分享"过来人"的经验；对于自己感到疑惑之处也应当抓住时机，不耻下问。此外，在沟通中很可能发掘出双方相契合的点，有望达成合作。

3. 敢于采用"尝试错误"的学习方法

与一些成功的企业家交流学习时，他们通常会回答"从尝试错误中学习经验"。学习他人的"过来人之谈"固然十分有效，但俗话说"吃一堑，长一智"，对于摸索经验而言，有时候还必须要切身体验，自己领悟失败过程中的得失。

4. 拓宽信息来源的途径

如今已经进入全媒时代，信息来源的途径多种多样，除了传统的广播电视和纸质媒体，互联网已经成为大部分现代人的重要信息来源，我们可以从官网、微博、公众号、抖音等平台获取各种信息。但要注意避免掉入大数据的陷阱，应学会主动吸收算法框架以外的信息。

5. 寻找有能力的伙伴

成功企业家具备一项共同特征，他们都会与精明、能干，最好是具备创新精神的人组建团队，这也是他们创业成功的关键因素之一。有了这样的创业伙伴，在工作方面有利于业务的拓展和企业的发展，而在其他某些方面，老板们也可以向这些员工学习。

6. 采取扁平化管理模式

在新创企业中，不论是管理者还是员工，都要经历一定时间的磨合阶段。企业创办初期建议采用扁平化结构，能够弱化官僚风气，拉近团队成员之间的距离。平时多和同事聊天、聚餐，或组织户外团建，都有助于强化员工对管理者和企业的信任，工作也更有动力。

7. 主动积累管理方面的知识

管理知识对于一名创业者而言是必备的技能，所谓的管理不仅仅指团队管理，还涉及企业的决策、计划、组织、指导、实施、控制等方方面面。创业者应当秉持一种终身学习的观念，从各种途径增加自己的管理知识，比如图书馆的相关书籍、网络平台的慕课等。

8. 运用供应商的智慧

根据创业所涉及的行业不同，多多少少会接触到供应商。要懂得运用供应商的智慧，他们可能已经涉足相关行业多年，有长期运营经验，不但熟悉该行业的业务，有时还能够提供许多对企业有所帮助的特殊信息。

9. 注意客户的反馈

在销售界有一句名言——“客户就是上帝”。从客户的反馈中你可以读到很多，包括一些客户不满意，需要改进的地方，以及一些客户满意，需要保持并做得更好的地方。客户的反馈就是客户真实的心声，他们的宝贵意见对于企业的发展以及查缺补漏至关重要。

10. 持续寻找问题

永远都不要觉得自己已经做到最好了，对企业而言，面对不同的人就会有不同的反馈。虽然市场本身就能对创业项目做出检验，但创业者不能一味地依赖市场，一旦发展到差评如潮的境地，很可能给企业带来不可挽回的损失。因此，养成主动发现问题的习惯十分重要，如果能提前发现问题，不仅能及时调整企业的发展方向，或对产品或服务进行迭代和优化，更有机会发掘新的风口，开辟新的市场。

三、创业的意义

创业的魅力就在于它是充满未知与挑战性的，正是在这样一个充满未知的创业过程中，通过一步步深入的摸索，才能领悟到创业真正的意义所在。

（一）创业与生涯规划

1. 生涯规划的含义

生涯规划一般指职业规划，是对我们整个人生都影响重大的一个环节。一个合格的生涯规划往往需要对自己的各个方面进行综合分析，再对个人职业选择的主观和客观因素进行分析与测定，最终确定一条适合自己的职业发展道路，并为之不懈奋斗下去。

2. 创业与生涯规划的关系

创业与生涯规划的关系就在于，创业也是生涯规划的选择之一。创业这一行为本就需要对自己的兴趣、特长等各方面十分了解，并且结合社会大环境进行分析，最终找到自身在社会上的定位，正式开启创业之旅。许多人的生涯规划总是不能清晰找到自身的定位，故而找不到合适的职业与发展方向。既然如此，与其在众多职业当中进行选择，不如自己创造出一个新的选项。对于一个选择了创业的人，创业这项选择其实就是这个人自己的生涯规划。但并不是说创业是一个无奈之举，相反，创业于生涯规划而言更是锦上添花。生涯规划的选择本就是多样化的，因为人的人生目标是多样化的。一个人可能一生当中只有一个大的目标，但是在达到这个大的目标前，他可以有许许多多的小目标。这一个个不同的小目标，也就代表了不同的人生道路与发展方向。走过的这些路都将会成为你一生受用的人生阅历与经验。初入社会，如果找不清楚自身的定位，不妨选定几个尝试一下。如果合适，你也算找到了一个正确的发展方向；如果不喜欢，那么尝试的过程也会为日后其他的选择积累经验。而在其他的选择中，创业是独特的。创业初期，基本上所有事情都需要创业者亲力亲为。如果你有过类似的经历或经验，相信你在创业的过程中会更加得心应手。

3. 创业对人生发展的作用

如果你在职业规划阶段选择了创业，那么无论创业成功与否，它都将会影响到你的人生发展。即使你的创业不幸失败了，你也能在这个过程中收获很多，包括：

(1)失败经验的积累，经历了失败后你就清楚地了解了创业需要哪些能力与经验；

(2)风险意识，经历了失败后你会更加注重降低风险；

(3)创新实践的经历，创业不幸失败后你就有了一次画上了句号的创新实践的经历，虽然结局并不是十分完美；

(4)管理经验，有过创业经验，相应地也会增加管理的经验；

(5)总结不足的能力，失败并不可怕，重要的是在失败后要有总结不足的能力。

这些都是十分难得的经验，将来你再次面临就业选择时，无论你是选择再创业或就业，这些经验都能够很有效地帮助你少走弯路。

(二)创业与创业精神

1. 创业精神的含义

创业精神指的是在创业者的主观世界中，那些具有开创性的思想、观念、个性、意志、作风和品质等，其最核心的关键词是“创新”。创业精神的五大基本要素分别是激情、积极性、适应性、领导力和雄心壮志。一个成功的创业者应当具备这些优良的品质，并且在创业过程中往往会受到这些要素的积极影响，从而提高创业者的意志力、自信力。

创业精神有三个方面的主题。第一个是对机会的追求，创业者在创业精神的驱动下往往能发现尚未被人们注意的趋势和变化；第二个是创新，创业精神包含了变革、革新、转换和引入新方法，由此推动新产品、新服务的更新换代，而具有创业精神的创业者利用创新的手段，可以更加合理地分配、更加有效地利用已有的资源，为社会创造更多价值；第三个是增长，创业者在不断寻找新趋势和机会，不断地创新，不断地推出新产品和新的经营方式，以此实现增长，所以创业者永远不会满足于停留在小规模或现有的规模。

不论是初创企业还是成熟企业，都能挖掘出支撑企业长足发展的创业精神，作为企业创新的内驱动力，创业精神也能帮助企业形成自身的竞争优势。除了企业内部的创业者，大学生也可以培养创业精神。青春的朝气、勇往直前的激情，这是大学生的资本。因此，相较于成熟的创业者而言，大学生的创业精神也多了一分稚嫩，而正是这一分稚嫩，让大学生的创业精神当中多了一种敢于创新、敢于挑战的激情。正是这种勇往直前、不怕失败的精神，让大学生创业有了无限的可能。当然,光有冲劲是不够的,我们还应主动了解国家支持大学生创业的相关政策,积极参加创新创业相关的比赛与活动,与此同时还要提高自己的社会意识以及企业精神,注重创新创业的实践,不断学习创新创业相关的技能。

2.创业精神的基本特征

创业精神具有高度的综合性、三维整体性、超越历史的先进性、鲜明的时代特征。

(1)高度的综合性　创业精神是在多种精神特质的综合作用下形成的,拼搏精神、创新精神、进取精神、合作精神等都是创业精神的组成部分。

(2)三维整体性　创业精神的形成和展现,都离不开三个层面的影响,这三个层面形成了三维的整体,分别是哲学层次的创业思想和创业观念,心理学层次的创业个性和创业意志,行为学层次的创业作风和创业品质。

(3)超越历史的先进性　创业精神体现的是一种敢想敢干的个人思想品质,在这种精神力量的指引下,敢于开创前无古人的事业,敢为人先。因此,创业精神尤其强调创新,它必然具有超越历史的先进性。

(4)鲜明的时代特征　时代在发展变化,每一个时代的发展程度也不尽相同,导致物质基础与精神力量出现巨大的差异。因此,创业精神在不同的时代具有不同的内涵。在创业实践中,创业精神具有重要意义,它不仅是创业梦想产生的原动力,能够激发人们的创业欲望,同时它也是创业成功的重要精神支柱,能在创业者感到茫然时迸发出强大的精神动力。

3.创业精神的培养

不是所有人都适合创业,但我们每个人都可以通过培养自己的创业精神,从而具备一些成功企业家的特质。可以说,创业精神是我们创业成功的第一步,也是个人综合素质与能力提升的重要路径。所以,创业精神的培养十分重要,具体可以从以下五个方面着手。

(1)培养坚定的创业信念。创业之路几乎不可能一帆风顺,所以在决定创业之后,我们必须意识到与创业相伴的还有艰苦二字,必须做好一定的心理准备,即要培养坚定的创业信念。创业者必须要有成功创业的自信,如果连自己都不相信自己可以创业成功,那又何谈与创业伙伴一起拧成一股绳,一盘散沙式的创业是没有意义的。

(2)形成积极的创业心态。在创业的过程当中,遇到失败与挫折是常态,不能因为一时的失败就在内心打退堂鼓。拥有积极的心态能让我们在面对失败时迅速调整,总结分析,找出不足,最后得出解决的方案。积极的创业心态包括:源源不断的创业热情、敢于面对失败的积极内心、相信可以将不可能变为可能的信念。

(3)增强管理和领导水平。创业者同时也是一名管理者和领导者,因此要懂得如何管人、如何用人。要在创业初期就做好规划,制定一个合理的制度去管理员工,学习如何让性格、能力、专业各异的员工各司其职,将有相应能力的人分配到相应的岗位上。同时也要强化与员工的沟通,及时听取他们的想法和心声。

(4)提高决策和适应能力。对创业者而言,决策是一项十分重要的内容,它决定了你的企业在接下来一段时间内的大致发展方向。为了迅速做出有效决策,需要你和管理团队一起充当企业的大脑,第一时间获取一手消息,并做出适应与调整,这就是企业的适应性。因此,创业者需要确保自己和企业的"消息灵通",时刻关注环境发展变化的趋势。

(5)保留自身的个性特点。一个人如果有十分鲜明的个性,会让别人发现你的与众不同。

一个企业亦是如此,企业要有自己的特色,才能找到立足之地站稳脚跟,新创办的企业更是如此。作为创业者,你需要为自己和企业定义一个鲜明独特的企业特色,可以是敢于冒险、思维超前,也可以是独立自主,全身心投入自己的发展道路当中。

4.创业精神的作用

在创业精神引领下的"互联网+"时代是一个以创新驱动为关键、开放且包容的新时代。如今,信息的交流互通在创意创新与价值创造之间搭建起桥梁,用户可以参与设计、参与创新、参与传播、参与内容创造,创业不再拘泥于传统模式,并且对专业性技能、管理技能等方面的要求更高,这进一步要求创业者必须具备善于学习、精于合作、勇于试错、敢于创新的精神品质。

对个人而言,创业精神能够推动当代青年为实现个人梦想,充分展现人生价值而不断进取。青年处于创新创业的活跃期,大学生是"双创"的主力军,青年大学生通过自主创业,将自己的兴趣和梦想结合在一起,可以做适合自己性格、兴趣的事情,通过自身的努力拼搏,寻找出一条成功的道路,实现自己的梦想,自主创业为大学生提供了提升自我的机会,在创业过程中锻造出坚毅的意志品质,不仅可以实现自身的梦想,还能实现人生价值。青年创业者身上最珍贵的不是创造财富的能力,而是勇于创新的进取精神和敢于挑战奋斗的激情,正是这不怕失败、坚忍不拔的精神,推动他们从无到有、从创业者到创业家、从被动到主动,实现人生的挑战和升华,为实现中华民族的伟大复兴贡献自己的一分力量。

对社会而言,创业精神主要对经济发展起着积极作用。从微观角度看,充满创业精神和创新精神的个人,对创业会有更高的期待,希望能够通过自身一系列的举措,改善现有的经营状况。正是由于具有强烈的改变现状的动机,具有追求成功、卓越、财富的强烈愿望,创业者往往能把社会的闲散资源充分利用起来,通过经营企业等手段,让资源得到最优配置,实现最大的经济价值。对于企业,具有企业家精神的个人在创办企业后,会有更加远大的创业目标,他们不满足现有成就,并且通过二次创业或者创新行为来促进企业的发展,间接促进经济发展。从宏观层面看,首先创业精神可以激发社会的创造活力,增加优秀创业项目的数量和质量,从而促进社会的发展;其次具有创业精神的公司大多会聚集在同一个区域内,互相影响,形成相应的区域文化,从而促进区域整体生产率的提高、生产成本的降低,最终促进该区域的经济增长,增加就业岗位。而一旦具有创业精神的企业大量积聚,会对其他区域企业产生巨大的竞争压力,从而会促使其他企业进行二次创业和创新,形成一个具有创业精神和创新精神的区域文化,最终促使区域的经济增长。

(三)创业与社会发展

创业是一种资源创造的方式,能够产生社会价值,推动社会进步,好的创业项目也能推动整个行业的发展。具体而言,创业对社会发展的作用主要体现在以下四个方面。

(1)大量成功创业的企业能为经济社会注入新鲜血液,促进整个社会生产力的发展,有助于提高人民群众的富裕程度,大大增强综合国力,增加国民财富,并最终形成民富国强的创新型国家;

(2)创业能够促进产业结构、经济结构和社会结构的调整,推动新兴行业的出现和投资主体的多元化;

(3)创业是缓解就业压力的重要途径,促进以创业带动就业,有利于激发劳动者的创业精神,激活人力资源市场;

(4)创业能够丰富人民的物质生活和精神生活,使生活变得更加舒适、身体更加健康并能享受更丰富的娱乐产品和服务。

第四节　创业相关政策及平台资源

为了推动创新创业的发展,国家自上到下颁布了各类创新创业相关政策,我们身边也有许多创业相关资源,这些政策和资源将成为我们踏上创业之路后的重要助力。

一、创业相关政策

2014 年,李克强总理在第八届夏季达沃斯论坛上首次提出了“大众创业,万众创新”的概念,并在 2015 年 3 月 5 日的《政府工作报告》中将这一理念提升到国家经济发展新引擎的战略高度,由此掀开了我国创新创业领域的新篇章。

2017 年,党的十九大做出中国特色社会主义进入了新时代的重大战略判断。新时代是我国日益走近世界舞台中央、不断为人类做出更大贡献的时代,在这个时代,迫切需要培养大批的创新创业人才,服务社会主义现代化强国建设,引领未来人类文明的发展方向。对于新时代的创业者来说,应当顺应时代发展的潮流,不仅要努力提高自身的创新创业意识,培养创业精神,更要关注国家关于创新创业的相关政策,跟着国家指引的方向前进,这对于提高创业成功率有着莫大的帮助。

1.《关于大力推进大众创业万众创新若干政策措施的意见》

2015 年 6 月 11 日,国务院印发的《关于大力推进大众创业万众创新若干政策措施的意见》提出四个坚持:坚持深化改革,营造创业环境;坚持需求导向,释放创业活力;坚持政策协同,实现落地生根;坚持开放共享,推动模式创新。从 9 大领域、30 个方面明确了 96 条政策措施,形成了推动“大众创业,万众创新”的系统性、普惠性政策文件。由此更进一步加快实施创新驱动发展战略,充分发挥市场在资源配置中的决定性作用和更好发挥政府作用,加大简政放权力度,放宽政策、放开市场、放活主体,形成有利于创新创业的良好氛围,让千千万万创业者活跃起来,汇聚成经济社会发展的巨大动能。不断完善体制机制、健全普惠性政策措施,加强统筹协调,构建有利于大众创业、万众创新蓬勃发展的政策环境、制度环境和公共服务体系,以创业带动就业、以创新促进发展。自此,在国内开展的创新创业活动已经具备一定的政策基础,国家也一直高度重视双创政策的发展建设。

2.《关于强化实施创新驱动发展战略进一步推进大众创业万众创新深入发展的意见》

2017 年 7 月 27 日,国务院发布的《关于强化实施创新驱动发展战略进一步推进大众创业万众创新深入发展的意见》明确指出“大众创业,万众创新”的深入发展是实施创新驱动发展战略的重要载体,要进一步优化创新创业的生态环境,在更大范围、更高层次、更深程度上推进“大众创业,万众创新”。

3.《关于推动创新创业高质量发展打造“双创”升级版的意见》

2018 年 9 月 26 日,国务院颁发《关于推动创新创业高质量发展打造“双创”升级版的意见》(下文简称《意见》),更进一步指出推进“大众创业,万众创新”是深入实施创新驱动发展战略的重要支撑，也是深入推进供给侧结构性改革的重要途径。这份《意见》以习近平新时代中国特色社会主义思想为指导，提出了六项主要目标，分别是创新创业服务全面升级、创业带动就业能力明显提升、科技成果转化应用能力显著增强、高质量创新创业集聚区不断涌现、大中小企业创新创业价值链有机融合、国际国内创新创业资源深度融汇。围绕这六大目标，《意见》中进一步提出了打造“双创”升级版的八个方面政策措施，涉及环境、政策、科研、人才、平台、企业、金融等多个领域，共计 32 项相关举措，这是一份较为全面的双创工作指导文件。当然，除了以上这些国务院推出的利好政策，其他各地省市和单位也在支持双创方面提供了许多优惠政策，其中既有税务、金融方面的帮扶性政策，也有针对性地面向返乡创业人才、海外高层次人才、在校大学生等的特色项目。

4.《关于进一步支持大学生创新创业的指导意见》

2021 年 10 月 12 日，国务院办公厅印发的《关于进一步支持大学生创新创业的指导意见》中明确提出“大学生是大众创业万众创新的生力军”，从大学生创新创业教育、环境、服务平台、财税扶持、金融政策支持、成果转化、中国国际“互联网＋”大学生创新创业大赛、信息服务等层面提出了 18 项举措，为提升大学生创新创业能力、增强创新活力，进一步支持大学生创新创业提出了指引性意见。

二、创业平台资源

（一）线下

1.“互联网＋”大学生创新创业大赛

中国国际“互联网＋”大学生创新创业大赛是由李克强总理提议，教育部与政府、各高校共同主办的一项全国乃至国际性的创新创业专项赛事。竞赛内容涵盖现代农业、制造业、信息技术服务、文化创意服务、社会服务、公益创业等六大类型。举办这项赛事的目的是深化高等教育综合改革，激发大学生的创造力，实现以赛促教、以赛促学、以赛促创，培养和造就“大众创业、万众创新”的主力军。

“互联网＋”大赛主要采取校级初赛、省级复赛、总决赛三级赛制，每届划分为高校主赛道、“青年红色筑梦之旅”赛道、职教赛道、产业命题赛道等多个不同赛道，每个赛道又细分为多个组别，如 2022 年第八届大赛的高教主赛道分为创意组、初创组和成长组，各个组别分别对应着不同的参赛条件和评审规则。

对广大高校学子来说，参加“互联网＋”大赛无疑是一次锻炼自己各方面能力的机会，也有机会在参赛过程中认识更多志同道合的伙伴或投资人，参赛获奖的项目还将有专业平台为其提供对外展示、创业指导、资源对接等服务。既然有这样的比赛平台作为承载创业梦想的载体，无论结果如何，都建议大家敢于尝试、踊跃参与。

2.“挑战杯”系列赛事

“挑战杯”系列赛事，分为“挑战杯”大学生学术科技作品竞赛和“挑战杯”大学生创业计划竞赛，又分别被称作“大挑”和“小挑”。前者主要比的是学术论文、调研报告、发明制作等纯科研、纯学术类型项目；后者则对创业项目进行评比。第一届挑战杯赛事可以追溯到 1989 年，挑战杯的口号“无挑战，不青春”早已成为中国大学校园一道亮丽的风景，也是广大高校学子深刻的精神追求。

自2014年以来，为顺应国家"大众创业，万众创新"的战略格局变革的需要，"小挑"升级为"创青春"，竞赛内容主要有科技创新和未来产业、乡村振兴和脱贫攻坚、城市治理和社会服务、生态环保和可持续发展、文化创意和区域合作五大类。

数十年来，越来越多从挑战杯中走出的大学生，他们高举创新旗帜，引领时代潮流，将个人的理想追求融入国家和民族的事业中，勇做走在时代前列的奋进者、开拓者、奉献者，成长为推动党和国家事业发展的坚实力量，成长为实现"两个一百年"奋斗目标和中华民族伟大复兴中国梦的创新力量。

3. 创新创业博览会

创新创业博览会，又称"创博会"，博览会以创新创业平台及企业为主体，以纵深传播为主线，以高端论坛为核心，以国际展览为载体，为创新创业平台、企业及创客搭建国际性展示、交流、合作的平台，落实创新驱动战略，助力打造大众创业万众创新新引擎。在"十三五"开局之年，创新被摆在了国家发展全局的核心位置，大众创业万众创新成为国家发展的新引擎。而创新创业平台是集成落实政策、整合资源的中心，是培育文化、激发活力、孵化成果的沃土，在创新创业生态环境中处于最关键的枢纽位置，是《"十三五"规划纲要》中实现国家创新驱动战略的终端抓手。由此，"创博会"便应运而生。

创博会上有来自各地的展商，其中不乏带来了高新科技装置的展商。而这样的高新科技除了吸引群众的目光，还能吸引投资人的目光。创博会往往不是一个单一的产品展，它更像是一个产业展，各行各业都可以在这里进行展示。创博会的其中一个重要出发点就是推广创意设计产业，因此会着重宣传创意设计产业在生产、生活中的重要作用。除此之外，企业要想树立形象，寻找产业链上的合作伙伴，创博会也是一个很好的选择。

4. 高校创业学院

随着国内创业教育的发展，各大高校纷纷建立创业学院或与之职能相近的部门及机构。高校创业学院的职能基本涵盖制定创新创业人才培养培训方案、健全创新创业教育课程体系、改革创新创业教育教学管理与考核评价制度、强化创新创业教育与指导教师队伍建设、强化创新创业实践、统筹校内外各种资源、培育创新创业校园文化等。此外，部分高校的创业学院还配备了创业社团、创客空间、孵化基地、创业园区等平台，致力于为大学生创业者及项目提供针对性更强、专业化程度更高的辅导、培育及落地等一系列服务。

（二）线上

1. 全国大学生创业服务网

全国大学生创业服务网（https://cy.ncss.cn/）是中华人民共和国教育部唯一专门宣传、鼓励、引导、帮助大学生创业的官方网站。它由全国高等学校学生信息资讯与就业指导中心负责网站的具体运营，致力于打造一个为"互联网＋"大赛提供支持、创业项目对接、创业培训实训、政策典型宣传、创业专业资讯五大功能的大学生创业服务平台。

全国大学生创业服务网相对重要的一个功能其实也是为"互联网＋"大赛提供支持。如果进入网站，你会发现映入眼帘的就是"互联网＋"大学生创新创业大赛的宣传，往下滚动就是大赛报名的通道。如果你对"互联网＋"大赛也感兴趣的话，浏览网站你还能及时看到最新的大赛动态发布，这样也能让你更清晰地了解"互联网＋"大赛的报名信息、命题等一系列的动态，有助于参加比赛前的充分准备。除此之外，网站也会有寻找融资的窗口，你也可以在创业孵化的窗口查看各个创业园区以及园区活动的信息。

2. 国家科技创新创业数据平台

1988 年，党中央、国务院正式批准实施旨在发展中国高新技术产业的指导性计划——"火炬计划"。1989 年 10 月，科技部火炬高技术产业开发中心正式成立，负责火炬计划的具体实施。2006 年 5 月，科技部火炬高技术产业开发中心经过了合并重组，而国家科技创新创业数据平台(https://www.chinatorch.org.cn/platform/f/home/index)的主办单位就是科技部火炬高技术产业开发中心。通过这个平台可以了解到关于一些高新科技的创新创业数据，此外网站上还会发布一些创新创业先进经验和典型做法。

与此同时，网站还有政策服务的栏目。在这个栏目中，你可以了解到创新创业的政策资讯以及对于创新创业政策的解读，也可以直接查询带有关键词的创新创业相关政策。这一栏目降低了各类创新创业主体的政策信息获取门槛和时间成本。另外，网站的投融资栏目、双创载体栏目也能够为创业项目提供帮助。通过国家科技创新创业数据平台，不但能降低创新创业主体与资本、技术对接的门槛，也能搜索到创新创业政策这样相对权威的信息，更多优质的创新创业资源也可以通过这个渠道真正惠及那些创业梦想家们。

【案例分析】

案例一 平东林——海归"新农人"

平东林是一位名副其实的海归硕士，他同时也是一名"新农人"。他的创业动机十分简单而纯粹——对于农业的热爱。也是这份热爱，让他有了他如今的事业与成就。

平东林毕业于华中师范大学，之后进入安徽一所高校任教。2015 年，25 岁的他前往菲律宾一所著名大学攻读硕士。在菲律宾攻读硕士期间，他被当地的现代农业所深深吸引，也逐渐爱上了农业，并决定学成回国后，以现代农业为起点，在家乡的土地上干出一番事业。

2017 年，平东林找到了几名志同道合的大学生同伴，他们在安徽天长市汊涧镇张营村流转了 50 亩土地，成立了一家生态农业专业合作社。之后，他们购买了机械设备，决定从稻虾共养干起。然而，光有对农业的热爱还远远不够，初涉农业的他很快就遇到了难题。一次，机插秧 20 d 后，秧苗发棵缓慢、秧叶发黄，少量施肥后，仍不见转机。平东林请来植保专家现场会诊，发现是稻蓟马虫害在作祟，对症下药效果立显。此后，他意识到了即使在农业，也有"闻道有先后，术业有专攻"。于是他虚心向当地的"田秀才"请教，拜土肥站、植保站的专家们为师，虚心学习水肥管控，掌握配方施肥和病虫害防治技巧。

到了收获季节，社员们发现按平东林的方法产出的小龙虾长得很慢，虾田稻的产量也不如别人高。但是平东林却对他的小龙虾很有信心。按照平东林的方法，这些小龙虾都是吃合作社自己种的有机黄豆和玉米，虽然长得慢，但是质量方面绝对有保证。肉质紧实，质量优良，这就是平东林的竞争优势所在。果不其然，合作社的农产品在上市以后因为品质好，供不应求。同时，平东林又及时申办了商标，涵盖了米、面、小龙虾、家禽等多种绿色农产品，还与天长、南京的几家企业签订合作协议，成为其农副产品直供基地。

2018 年，平东林的合作社创收 75 万元，2019 年经营收入超过 750 万元。社员们除了正常收入外，还获得了分红，村民们也更加信任平东林了。此后，不断有农户加入合作社或者把土地托管给合作社，跟着他发展现代农业闯市场。平东林要签订合同，并与米厂签订收购订单，经常忙得不可开交。如今，张营村共发展稻虾共作面积1 000余亩，每年每户增收2万元以上，带动近50人就业。

此外，为了将“现代农业”的发展落实到底，平东林带领团队推广使用纳米农药等高效低毒药物，秸秆腐熟还田，采取性诱剂(灭蛾灯)物理治虫技术，还建立了“智慧农业”新平台，通过物联网直接传感田间数据，观测农作物长势，提前预警病虫害发生，并对土壤墒情及氮磷钾含量做出定性分析报告，辅助生产决策。

如今，平东林和他的合作社采用“合作社＋农户”的经营模式，共发展稻虾、稻鸭、稻蟹共作以及芡实种植面积约1 000亩，并建设了育秧中心、收储烘干中心，购置了大型拖拉机、插秧机、植保无人机等70多台套。当初播下的“现代农业”的这颗种子，现在也开始了茁壮成长，不久的将来一定能长成一棵参天大树。

(案例来源：安徽日报，2021. 海归硕士当起“新农人”[EB/OL]. http://www.agri.cn/V20/ZX/qgxxlb_1/ah/202102/t20210203_7608123.htm，有删改。)

分析：

平东林在本科时学习的专业虽然不是与农业相关，但在读研期间，他对于菲律宾当地现代农业的热爱，成为支撑他在现代农业中进行创业的动力源泉。事实证明，只要有梦想、敢尝试、肯坚持，就终将会有实现目标的一天。

从平东林的创业经历中，我们也能看出创业对他本人及对社会的意义。从他个人角度出发，创业成功后，他和他的合作社在成立后两年内，经营收入便已经超过了750万元，这无疑将给他本人的生活带来极大的改善；相比于财富，更让平东林感到“值得”的是自己的创业理想化作现实，自己的人生达到了新的高度。而对于社会发展而言，首先是田地得到了更合理的应用，这自然也就带动了当地的经济发展与农业发展，有助于缓解贫富差距；其次是“合作社＋农户”的经营模式带动了近50人就业，极大地激发了劳动者的热情；此外，团队十分注重技术研发，打造的“智慧农业”新平台能够有效促进产业发展，推动行业进步。

案例二　舒畅——平凡的85后航天追梦人

“梦想总是要有的，万一实现了呢！”这是民营航天企业零壹空间自主研发的商业亚轨道火箭首飞成功的当天，创始人舒畅在自己的社交账号上写下的一句话。

舒畅是谁？他只是一个普普通通的85后青年，但却是我国民营航天领域的拓荒者之一。他能有如此的成就，都要从四年前，他和创业团队将第一枚固体商用亚轨道火箭送上蓝天开始说起。2018年5月17日，我国首枚民营自主研发的商业亚轨道火箭“重庆两江之星”成功发射，这是中国民营航天发展历史中具有里程碑意义的事件。

2005年，舒畅考入北京航空航天大学学习飞行器设计，把课本上学到的知识变成蓝图进而创业，舒畅用了10年时间。10年时间的积累和沉淀，为舒畅未来的创业之路打下了坚实的基础。2014年，国家出台政策鼓励民营企业进入卫星领域，这让舒畅意识到了机会。次年，他注册了零壹空间航天科技有限公司，这是国内首家营业执照上写着“运载火箭及其他航天器”

的民营企业。在创立这家公司的时候，舒畅有着十足的雄心壮志。虽然这样的一次创业也没说一定会做成，但是舒畅觉得既然决定做了，就应该不顾一切奋斗一次。除了想把火箭打上天之外，舒畅还有一个初心，那就是做民营航天的举旗人。只要有人把这面旗帜举起来，那就会有更多人开始冲锋。

但是民营企业研发火箭，面临资金、技术等多重考验。而让舒畅雀跃的是，就在公司成立后不久，一批航天领域的专业人才选择加盟，这就是舒畅的创业团队。他们从火箭基础设计做起，自主打造了亚轨道火箭的原始技术模型。此外，在相关政策的帮扶下，舒畅的企业注入了资金“活水”。面对广阔太空，这个选择第一个“吃螃蟹”的青年人，将火箭研发进度按阶段划分、找准定位、理性思考、小心求证，并制定了配套的融资计划。

2017 年 12 月 22 日，零壹空间 X 系列火箭发动机整机试车成功；2018 年 4 月，该发动机二次试车成功。在 2018 年，舒畅团队成功发射了两枚“亚轨道火箭”。舒畅和他的企业不断努力，攻克了一个个困难，一步步地越走越远。2019 年，他决定挑战更远距离的“入轨火箭”。但是，从“亚轨道”到“入轨”的过程多了很多要攻克的技术问题。除了技术难度呈几何系数的增长，需要的资金也大幅增加。种种原因，2019 年的这次挑战最终以失败告终。但是舒畅和他的团队并没有气馁，他们用一年时间去研究其中的故障原因，不断打磨技术方案，对于火箭的发射有了进一步的改进和完善。

最近，舒畅和团队又在筹备另一颗“亚轨火箭”的发射。舒畅认为只要把火箭技术做精做透，以技术创新来降低成本，民营企业就能成为中国航天的重要补充力量。火箭采用集装箱发射方式，从成本的角度、从技术创新的角度都有很大突破。过去他们是用简易发射架发射，去年是车载发射，今年集装箱发射，不停地在围绕机动发射方向突破。商业航天还是要把商业和航天很好地结合起来，让公司能够健康地运营。有了这个基础，大家所期望的更大型的火箭、回收技术，就有了无限的可能性。

（案例来源：环球网，2022.【奋斗者 · 正青春】舒畅：“85 后”创业造火箭，勇做航天追梦人[EB/OL]. https://china.huanqiu.com/article/494c1VBc9h2，有删改。）

分析：

航天追梦人舒畅的创业经历，无疑是一件十分振奋人心的事情。民营航天企业零壹空间作为一家民营航天公司，向外界证明了即使是企业家，也可以追逐航天梦。民营自主研发火箭，在外界看来机会渺茫的事情，舒畅和他的企业就做到了。要实现创业梦想，自然离不开在踏上创业之路前做好的充分准备，具体包括：

1. 有雄心壮志。舒畅想将自主研发的火箭发射上天，想要做民营航天的举旗人，把旗帜举起来，激励这条路上的更多人开始冲锋。这样的雄心壮志是他勇往直前的动力源泉，也是他在面对创业旅途中的种种困难不轻易言败的精神砥柱。

2. 懂得运用政策。在 2014 年，国家就出台了相关政策鼓励民营企业进入卫星领域，也就是这个时候舒畅意识到了机会，并且在次年就创办了零壹空间航天科技有限公司。在火箭研发的阶段，有了相关政策的帮扶，舒畅的企业注入了资金“活水”。

3. 拥有优秀的团队。公司成立后不久，一批航天领域的专业人才就选择加盟。要知道，民营企业自主研发火箭，技术层面的问题是一个难关，是对企业实力的硬要求。有了这些专业人才的加盟，舒畅和他的企业也就有了攻克技术难关的底气。

【行动建议】

解读《关于进一步支持大学生创新创业的指导意见》

为提升大学生创新创业能力、增强创新活力，进一步支持大学生创新创业，国务院办公厅于2021年10月12日印发《关于进一步支持大学生创新创业的指导意见》(国办发〔2021〕35号，以下简称《意见》)。

《意见》指出，大学生是大众创业万众创新的生力军，支持大学生创新创业具有重要意义。要以习近平新时代中国特色社会主义思想为指导，全面贯彻党的教育方针，落实立德树人根本任务，立足新发展阶段、贯彻新发展理念、构建新发展格局，坚持创新引领创业、创业带动就业，提升人力资源素质，实现大学生更加充分更高质量就业。

《意见》提出，要深化高校创新创业教育改革，将创新创业教育贯穿人才培养全过程，建立以创新创业为导向的新型人才培养模式。强化高校教师创新创业教育教学能力和素养培训，改革教学方法和考核方式。加强大学生创新创业培训，打造一批高校创新创业培训活动品牌。完善中国国际"互联网+"大学生创新创业大赛可持续发展机制，鼓励各学段学生积极参赛。坚持政府引导、公益支持，支持行业企业深化赛事合作。

《意见》明确，要加强大学生创新创业服务平台建设，优化大学生创新创业环境。校内各类创新创业实践平台面向在校大学生免费开放。鼓励各类孵化器面向大学生创新创业团队开放一定比例的免费孵化空间。提升大众创业万众创新示范基地带动作用，深入实施创业就业"校企行"专项行动。完善成果转化机制，做好大学生创新项目的知识产权确权、保护等工作，加快落实以增加知识价值为导向的分配政策。加大对创业失败大学生的扶持力度，鼓励有条件的地方探索建立大学生创业风险救助机制。加强大学生创新创业信息服务，及时收集国家、区域、行业需求，为大学生精准推送行业和市场动向等信息。加强宣传引导，总结推广各地区、各高校的好经验好做法。

《意见》提出，要加强对大学生创新创业的财税扶持和金融政策支持。加大中央高校教育教学改革专项资金支持力度。落实落细减税降费政策，做好纳税服务，强化精准支持。鼓励金融机构按照市场化、商业可持续原则对大学生创业项目提供金融服务，解决大学生创业融资难题。引导创新创业平台投资基金和社会资本参与大学生创业项目早期投资与投智。

《意见》要求，教育部要会同有关部门加强协调指导，督促支持大学生创新创业各项政策的落实。地方各级人民政府要加强组织领导，积极研究制定和落实支持大学生创新创业的政策措施，及时帮助大学生解决实际问题。

(参考资料：新华社，2021. 国务院办公厅印发《关于进一步支持大学生创新创业的指导意见》[EB/OL]. http://www.gov.cn/xinwen/2021-10/12/content_5642108.htm，有删改。)

【本章小结】

本章对创业作了初步的介绍，引领学生了解到创业的概念，创业的具体过程，创业的内容、方法及意义等内容。其中，尤其注重引导学生培养创业热情、学习创业知识和提高创业能力，从而形成创业者特质，熟练运用创业的方法帮助自己进行创业，并进一步培养创业者精神；重点叙述了创业活动、创业精神对生涯规划、人生及社会发展的重要性，鼓励大学生积极面对未来，正视变化，更加关注自我的成长和发展，更好地适应不确定性和挑战；此外还特别介绍了创业项目选择、创业团队组建，以及创业相关的政策、平台和资源等内容，以帮助学生在踏上创业之路前做好充足的准备。

【课后训练】

一、观看与思考

结合本章所学内容观看视频，建议以小组为单位，参考“思考感悟”和“相关阅读”进行讨论。

主题一：成功创业者的创业之路

（时代的追光者——第一财经访谈小米创始人雷军：https://www.bilibili.com/video/BV1Ft411M7RE?p=1&vd_source=58516858ede70d2c09c7fecd6b487f25；纪录片《走进比尔：解码比尔·盖茨》；纪录片《成为沃伦巴菲特》）

思考感悟：

1. 我们是否真正了解创业？
2. 我们能从别人的创业经历中学到什么？
3. 我们想象中的创业之路和现实有什么差别？

相关阅读：

1.《创业维艰》（作者：本·霍洛维茨）
2.《乔布斯传》（作者：沃尔特·艾萨克森）

主题二：大学生以创业开创未来

（纪录片《大学生创业——中国式合伙人》）

思考感悟：

1. 在创业中，我们怎样才能真正应用到所学的方法与知识？
2. 大学生如果想要成为一名创业者可以怎么做？
3. 创业对我们的未来有着怎样的影响？

相关阅读：

1.《创新设计思维》（作者：鲁百年）
2.《创新与企业家精神》（作者：彼得·德鲁克）

二、回顾与思考

1. 回顾本章的学习，作为一名大学生，你是否对创业的背景有所了解？思考一下国家的政策要大力支持创新创业的原因是什么？你又是如何看待创业这件事情的？

2. 回顾本章的学习，并结合本章的学习，想想你身边是否也有真正意义上的创业者？他们的创业流程是怎样的？本章的学习过后，你又是如何理解“创业者”这个名词的？

3. 回顾你过往的经历，你是否也加入过一个创业团队？你在这个团队当中扮演的角色是什么？经过本章的学习后，你觉得如何才能很好地与团队成员之间进行磨合呢？假设你现在是当初那个创业团队的领导者，你觉得应该怎么做才能带领你的团队走得更远？

三、行动与思考

1. 试着设计一份对于身边创业者的访谈，切入点可以是与创业者本人或其所在行业相关的一些问题，也可以是本章出现的知识点。务必做好访谈记录，并在访谈结束后及时分析和总结,看看他们的创业经历与你想象当中的创业有何区别?哪些经验是值得你学习的?

2. 本章有涉及个人生涯规划相关的内容,请你试着为自己制作一份生涯规划蓝图,从各个方面分析自己的优势及不足。如果你已经有创业的想法,也可以从创业的角度出发,看看经过全面的分析与评估之后,你的创业想法是否可行,试着做一份创业评估报告吧!

3. 结合本章的内容,你可以查询创业相关的平台、网站,了解创业相关的一些比赛的具体信息,并试着组建一个创业团队,共同构思一个创业项目去参加比赛。由于同学们刚接触创业,建议在挖掘创业团队成员时,可采用 MBTI 职业性格测试,寻找性格互补的同伴。

第二章　认识现代农业

【学习目的】

1. 掌握农业的定义和分类。
2. 了解农业的发展历程，理解现代农业和农业 4.0 的概念。
3. 了解现代农业产业的发展趋势。

【本章引例】

未来农机——无人农场的领航者

近年来，随着经济发展进入新历史阶段，我国城镇化进程不断加快，与之相对应的是乡村人口规模处于不断下降的态势，并且农业人口逐年呈现老龄化。农村劳动力出现的季节性和结构性短缺问题，加上劳作效率不高，使得传统农业发展模式难以为继。

为把农民从繁重的劳动中解放出来，一群有着“现代农业梦”的大学生在中国工程院院士、华南农业大学工程学院教授罗锡文带领下，依托实验室科研平台突破了无人农场的关键技术，成果总体达到了国际先进水平，在全国 10 个省 19 个基地开展了无人农场试验与示范应用，其中包括广东、湖南、安徽、山东、河南、甘肃等地，实践作物有水稻、小麦、花生、玉米等。其中水田自动导航作业和主从导航技术居国际领先水平，打破了国外技术垄断。在广东增城建设的世界上第一个水稻无人农场，2021 年早稻亩产达到了 662.29 kg，高于广东省平均产量 500 kg/亩。在广东三水建设的世界上第一个花生无人农场 2021 年亩产达到 187.50 kg，高于广东平均 160 kg /亩。无人农场的建设应用直接提高了农场综合效益，在推广应用实践中初步总结得出，建设一个无人农场，以 1 000 亩一年两季、五年为一周期为例，与传统生产方式相比，每亩经济效益可提高 200 元左右。

无人农场促进了我国农业向高效、高科技和现代化方向转型升级，有助于推进项目执行区农民掌握先进实用的农业科技，培育一批有文化、懂技术的新型农民。同时有效推进“乡村振兴”战略和美丽乡村战略，先进的农业技术和产业化运作模式将有力推进当地的农业水平，促进当地农业产业结构进一步优化和升级，同时带动当地及周边乃至全国农业科技进步。

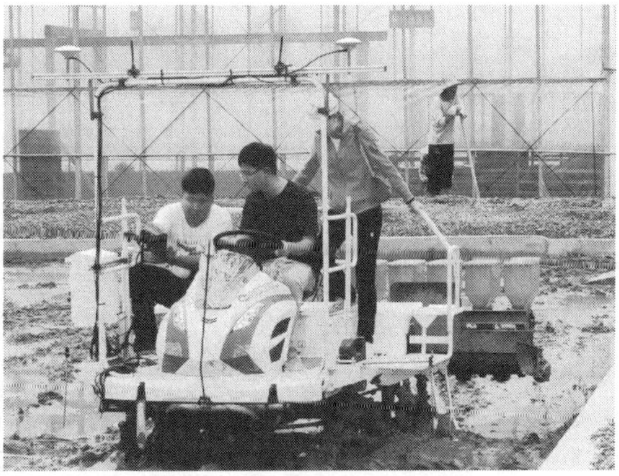

图 2-1　项目团队在调试设备

在2021年第七届中国国际“互联网+”大学生创新创业大赛中，基于以上技术和应用的华南农业大学“未来农机——无人农场的领航者”项目，凭借在无人农机技术商业化应用的出色表现，一举摘得了“高教主赛道——师生共创组”金奖。

图 2-2　无人农场技术实现农业生产全过程机械化无人操作

（案例来源：新华社新闻，2021. 拿全国金奖的创业青年和他们的“无人农场”梦[EB/OL]. https://view.inews.qq.com/a/20211207A07EX100？节选，有改动。）

思考：

1. 随着时代的发展，传统农业面临着哪些困难和问题？
2. 随着科技发展，你认为未来农业发展趋势是怎样的？

第一节　农业概述

农业是指人类通过社会生产劳动，利用自然环境条件控制和促进生物体（包括植物、动物、微生物）的生命活动过程来获取人类发展所需产品的综合性产业，即直接或间接设法利用土地经营种植和饲养以获得人类衣、食、住、行所需各种物品的生产事业。

一、农业的分类

根据农业生产对象的不同，农业可分为种植业、畜牧业、林业、渔业和农副业。

（一）种植业

种植业是指人们利用植物的生活机能，通过人工培育获得粮食、副食品、饲料和工业原料的社会生产部门。其本质是以土地为重要生产资料，通过绿色植物的光合作用把自然界中的二氧化碳、水、矿物质等合成有机物质，同时把太阳能转化为化学能贮藏在有机物质中。种植业是一切以植物为食品的物质来源，也是人类生命活动的物质基础。种植业是农业的重要基础，不仅是人类赖以生存的食物和生活资料的主要来源，还为食品、纺织等工业提供原材料，为畜牧业和渔业提供饲料。

种植业伴随着人类的发展产生于新石器时代。在旧石器时代和中石器时代，由于生产力极其低下，人类只能靠采集和狩猎为生。在长期的采集过程中，人类逐渐了解一些植物的生活习性，在归纳总结中形成栽培技术，于是便形成了原始的种植业。随着人类生产力的发展，种植业也随之不断地进步，耕作的农作物种类逐渐增多，单位面积产量提高，播种面积扩大，总产量增加，品质不断改善。

作为文明古国，我国种植业历史悠久，产值长期占农业总产值 50%以上。受地形影响，我国种植业主要集中在东部地区，并分为南北方，南方以水田为主，北方以旱田为主。根据发展种植业的条件、种植制度、作物结构、生产布局和商品化程度，以及发展种植业生产的方向、措施，按照区内相似性与区间差异性的原则，我国农作物种植业区域划分为 10 个一级区和 31 个二级区。其中一级区包含有：东北大豆、春麦、玉米、甜菜区，北部高原小杂粮、甜菜区，黄淮海棉、麦、油、烟、果区，长江中下游稻、棉、油、桑、茶区，南方丘陵双季稻、茶、柑橘区，华南双季稻、热带作物、甘蔗区，川陕盆地稻、玉米、薯类、柑橘、桑区，云贵高原稻、玉米、烟草区，西北绿洲麦、棉、甜菜、葡萄区，青藏高原青稞、小麦、甜菜区。

（二）畜牧业

畜牧业是指人们用放牧、圈养或两者结合的方式，饲养畜禽以获取动物产品或役畜的社会生产部门。畜牧业包括牲畜饲牧、家禽饲养、经济兽类驯养等，主要包括牛、马、驴、骡、骆驼、猪、羊、鸡、鸭、鹅、兔、蜜蜂等家畜家禽饲养业和鹿、熊、貂、麝等野生经济动物驯养业。畜牧业除了为食品、油脂、纺织、制药等工业提供原材料外，也为人们提供了肉、乳、蛋、禽等食品，为农业提供役畜和肥料。

畜牧业在经济发展的早期阶段，常常表现为农作物生产的副业，即所谓“后院养殖业”。随着经济的发展，逐渐在某些部门发展成为相对独立和规模化的产业（如奶牛业、肉牛业、养猪业、肉鸡业、蛋鸡业等）。改革开放以来，我国畜牧业经历了 40 多年的快速发展，产值占农业总产值的比重逐年上升，在 2020 年已超过了 30%。

除日本以外的大多数发达国家，无论国土面积大小和人口密度如何，畜牧业都很发达，产值均占农业总产值的 50%以上。我国自 20 世纪 80 年代以来，畜牧业增长速度远远超过世界平均水平，但是畜牧业的人均产量或产值仍然长期低于世界平均水平。近年来经过整个产业努力，部分畜牧业的人均产量才基本达到世界平均水平。

(三)林业

林业是指人们培育和合理利用森林资源,发挥森林蓄水保土、调节气候、改善环境等作用和提供林产品的社会生产部门。林业包括造林、育林、护林、森林采伐和更新、木材和其他林产品的采集和加工等。林业不仅提供了大量国民经济所需的林产品,还在保持水土、防风固沙、调节气候、保护环境、维护生态系统平衡等方面发挥着重要作用,在国民经济建设、人民生活环境和自然环境生态平衡中均有特殊的地位和作用。

过去人们将林业单纯地理解为种树。而在现代,人们对于林业有了更全面的认识:①林业是人类的实践活动之一,它已融进整个自然与社会系统内生产和交往的过程,是实践引导自然和社会系统向更加和谐、互补和均衡状态定向动态发展过程的手段之一;②林业实践活动的对象发生了变化,不再只是以木材产品的生产为对象,而是以人类主体福利所依赖的整个森林生态系统为对象,其中包括潜在的森林生态系统;③林业实践活动主体的目的发生了变化,不再是以木材收获为目的,而是以人类主体福利所依赖的森林生态系统的生态完整性及其产品的生产能力和服务功能为目的。基于以上认识,林业应定义为以潜在和现实森林生态系统为对象,以人类所依赖于森林生态系统及其产品和服务的福利需求为目的的实践活动。

(四)渔业

渔业是指人们开发和利用水域,采集捕捞和人工养殖鱼类、其他水生物及水生植物(如海藻类)以获取水产品的社会生产部门。按水域可分为海洋渔业和淡水渔业,按生产特性分为养殖业和捕捞业。渔业可为人民生活提供食品和为工业发展提供原材料。广义的渔业还包括:直接渔业生产前部门,如渔船、渔具、渔用仪器、渔用机械及其他渔用生产资料的生产和供应部门;直接渔业生产后部门,即水产品的贮藏、加工、运输和销售等部门。渔业生产的主要特点是以各地区水域为基地,以具有再生性的水产经济动植物资源为对象,具有明显的区域性和季节性,初级产品有鲜活、易变腐和商品性的特点。

渔业是国民经济中一个重要的组成部分。我国如今已成为世界上最大的渔业生产国,其他国家的渔业产量在 20 世纪 80 年代以后就趋于稳定并具有逐渐下降的趋势,而我国在改革开放以后迎来了渔业的大发展,渔业产量迅速增长。

渔业对于我国农村发展和提高农民收入有着至关重要的作用,它对我国的粮食安全具有重要的影响,渔业也是我国出口创汇的一个重要渠道。

(五)农副业

在农业内部的部门划分中,一般把种植业、林业、畜牧业、渔业以外的生产事业划为农副业。农副业的内容包括:采集野生植物,如采集野生药材、野生油料、野生淀粉原料、野生纤维、野果、野菜和柴草等;捕猎野兽、野禽;依附于农业并具有工业性质的生产活动,如农副产品加工、手工业以及砖、瓦、灰、砂、石等建筑材料生产。

二、农业的地位和功能

(一)农业的地位

农业的地位可用下面三句话概括。

1.农业是人类生存和发展的基础

农业是人类社会的衣食之源、生存之本,没有农业,人类的生存与发展就无从谈起,整个社会就将崩溃和动荡。所谓“民以食为天”“国以农为本”“无农不稳”“无粮则乱”,说的就是这个道理。

2.农业是经济发展的动力

从世界各国经济发展的历史和经验来看,农业不仅是国民经济的基础性、战略性产业,而且是推动国民经济发展的动力源泉。凡是农业发展较快,农产品出现“富余”甚至是“过剩”的时期,农业的发展就受到“忽视”和“冷落”,其他产业也必然受到影响,国民经济“正常”发展速度也会随之减缓甚至出现暂时停顿。相反,当农业出现大问题、大波折时,必然引起政府和民众的重视,执政者会研究采取刺激措施,促进农业及国民经济的恢复和发展。

3.农业是社会进步的阶梯

农业的出现和发展解决了人类社会的衣食温饱问题后,人们开始由单纯物质生活向着物质生活与精神生活同时并存的生活方式发展,逐渐推动文化发展和社会进步,从而不断推进人类社会的进步。可以说,农业既传承了社会文明和进步,又反过来助推人类社会文明的进步和发展。

(二)农业的功能

农业的功能是多方面的,特别是随着现代农业的不断发展,农业的多功能性越来越明显。归纳起来,农业有以下 8 个方面的功能。

1.政治功能

农业是安天下的产业,是一个国家政治安定的基础。一个国家如果吃饭都出了问题,必将导致人心不稳、社会波动,甚至是国家大乱、政权更迭。从当今世界来看,农业是一个国家生存与发展的战略性的不可替代产业。从另一角度看,一个国家农业缺乏核心技术,粮食供应无法解决,而是要寄望外国供应或协助,那么这个国家的主权和政治稳定将受制于他国、命运被他人掌握。特别是在我国这样一个拥有 14 亿人的人口大国,解决好吃饭问题始终是我们党治国理政的头等大事,所有工作的重中之重。因此,从一定意义来说,农业问题不仅仅是一个产业问题、吃饭问题,而是一个严肃的政治问题,关乎国家发展和人民生存安危。

2.社会功能

农业是社会存在与发展的基础、是人类文明积淀的基础。中国文字“和”,意指“口里有饭吃,社会就和谐”,体现了农业的重要性。回看历史,农业一方面为统治阶级的政权稳固提供了物质基础;另一方面,它在维持社会经济、解决农民就业、保障食物安全、维护社会安定等方面发挥了重要作用。目前,我国农业正处于由传统农业向现代农业的转化过程中,农业的社会功能更多地体现在解决农业劳动力就业、替代部分社会福利、推进工业化与城市化进程等方面。特别是当前农业吸纳了大量劳动力就业,极大地减轻了我国的就业压力。2021 年国家相关统计数据显示，我国农民有5.56亿人左右。保障农村就业和确保农民生计，有助于城乡平衡发展和社会稳定。

3. 经济功能

农业的经济功能主要体现在：①农民增收。历来，农民从事农业的直接收入是其家庭年总收入的大头，发展农业可促进农民增加经济收入。②国家增收。长期以来，农业税是政府重要的财政来源之一。而我国在取消农业税后，农业仍然通过其他方式为国家经济发展做出巨大贡献。③繁荣经济。农业、农村是一个庞大的消费市场，对国家经济发展有“拉动作用”“带动作用”，近年来我国陆续推行“家电下乡”“汽车下乡”等政策。④出口创汇。现代农业的发展极大地提供了农产品的产量和质量，促进了农产品国际贸易，使农业成为出口创汇的重要产业。

4. 生态功能

农业具有多方面的生态功能，主要有：①吸碳放氧，净化环境。绿色植物通过光合作用将大气中的二氧化碳和水转化为化学潜能贮存于植物体内，同时放出氧气，既净化了环境，又降低了大气中二氧化碳含量，对缓解全球气候变化起到了积极作用。据有关研究，农业生产1 g植物干物质，可固定1.63 g二氧化碳，放出1.19 g氧气。可见，植物的吸碳放氧能力是很强的，农业在降低大气二氧化碳含量、缓解全球气候变化中的作用和成效是不可低估的。②废物再用，资源再生。人们在日常生活和生产过程中，往往要产生大量垃圾和“废物”，农业生产可将这些垃圾和“废物”作为作物生长发育的肥料加以利用，从而实现“废物再用，资源再生”“化害为利，变废为宝”。③生产生物质能，保护生态环境。农业生产中不仅可种植玉米、甘蔗、油菜、木薯等能源作物和桉树、麻风树等能源林木，还可产生大量作物秸秆和农副产品，这些均是良好的生物质能，这有利于缓解能源紧张、保护生态环境。

5. 科技功能

农业的发展需求，驱动人类科学技术的进步；科技的进步，又反过来促进农业的发展。二者相互促进，共同发展，形成互利双赢、良性循环。早期原始农业的方式主要是刀耕火种，生产工具简单，生产力水平低下；传统农业的方式是铁犁牛耕，靠天吃饭，人们凭借经验进行农业生产，科技水平较低；现代农业是将机器机械、生物技术、信息技术等高新技术应用于农业生产，极大地提高了农业生产力水平。如今，科技进步对农业发展的贡献率，发达国家已达到60%～80%，我国科技对农业贡献率在2020年达到60.7%。未来，随着世界农业的不断发展和我国乡村振兴战略的实施，农业对科技的推动作用将进一步显现出来。

6. 休闲旅游功能

农业的休闲旅游功能包括自然观光功能、“农家乐”旅游、运动健身功能。发展休闲旅游农业有利于农民就业和增收。农业农村部表示，2019年我国乡村休闲旅游业接待游客达33亿人次，营业收入超过8 500亿元，预计在未来几年，乡村休闲旅游业将发展成为营业收入接近万亿元的大产业，对于助力乡村全面振兴、实现农业农村现代化意义重大。

7. 文化传承功能

文化的传承有多种形式，如用书籍记载下来供后人阅读（即所谓的“书籍是人类进步的阶梯”），通过节日（如清明节、端午节、中秋节、重阳节）保留民俗习惯和传统文化。在我国，农业是传承文化的重要形式之一，它是记录延续农耕文明、传承文化的重要载体，传统保留得最好、最完整的地方是农村，中国原生态的文化大都植根于广袤的农村，农民是传统文化的坚强守护者。农业具有文化传承功能，保护农业有助于保留民族的传统文化。

8. 科普教育功能

一直以来，我国的教育与发达国家存在着较大的差异，体现在学生综合素质的培养与认知自然的能力。有专家表示，我国的小孩与日本、美国等发达国家的小孩相比，认知自然及参与实践的能力太弱，面对自然与社会常常缺乏动手及独立思考能力和对社会的适应能力。为提高学生综合素质，各地政府建设了集新技术、新设备、新经营理念于一体的农业科普教育及实习基地，教育部门也增设了劳动教育实践课程，让学生实地参观并动手体验农业的“滋味”，充分发挥农业的科普教育功能。实践证明，发挥农业科普教育功能，是新形势下农业生产功能的演变与延伸，让农业不仅成为农产品提供基地，更重要的是成为综合型多功能的多元化基地，成为广大中小学生的科普教育基地，真可谓“一地（农业基地）多用，一举多得”。

第二节　农业发展历程

根据发展历程和特征，农业可按不同类型进行分类。

一、根据起源时期及农业技术、生产力等综合因素划分

（一）原始农业

开始于石器时代的原始农业是以磨制石器工具为主、采用撂荒耕作方法、通过简单协作的集体劳动方式来进行生产的农业。原始农业的基本特征是：生产工具简单落后，以石锄、石铲、棍棒等为主；耕作方法原始粗放，采用刀耕火种；主要从事简单协作的集体劳动，获取有限的生活资料，维持低水平的生活需要。

原始农业在西亚的底格里斯和幼发拉底两河流域（美索不达米亚）及其邻近地区出现较早。居住在两河流域的苏美尔人在公元前 4000 年左右就已发展了灌溉农业。我国的原始农业有近 1 万年的历史，当时北方黄河流域是春季干旱少雨的黄土地带，以种植抗旱耐瘠薄的粟为主；长江流域以南是遍布沼泽的水乡，多栽培性喜高温多湿的水稻。

原始农业的特征亦可简单地概括为：石器木棍、刀耕火种，广种薄收、原始协作。

（二）传统农业

传统农业是使用铁、木等农具，利用人力、畜力、水力、风力和自然肥料，凭借或主要凭借直接经验从事生产活动，以自给自足的自然经济居主导地位的农业。传统农业的基本特征是：金属农具和木制农具代替了原始的石器农具，铁犁、铁锄、铁耙、耧犁、风车、水车、石磨等得到广泛使用；畜力成为生产的主要动力；一整套农业技术措施逐步形成，如选育良种、积肥施肥、兴修水利、防治病虫害、改良土壤、改革农具、利用能源、实行轮作制等。由原始农业进入传统农业的过程，在西方是从奴隶制的希腊、罗马开始的，在我国则发端于春秋战国从奴隶社会过渡到封建社会的时候。

传统农业的特征亦可简单地概括为：铁犁牛耕、精耕细作，自给自足、靠天吃饭。

（三）现代农业

现代农业是指在农业生产过程中大量使用机械、化肥、燃料、电力等工业辅助，用现代科技武装，以现代管理理论和方法经营，生产效率达到现代先进水平的农业。现代农业的本质内涵可总结为：现代农业是用现代工业装备的，用现代科学技术武装的，用现代组织管理方法来经营的社会化、商品化农业，是国民经济中具有较强竞争力的现代产业。现代农业是以保障农产品供给，增加农民收入，促进可持续发展为目标，以提高劳动生产率，资源产出率和商品率为途径，以现代科技和装备为支撑，在家庭经营基础上，在市场机制与政府调控的综合作用下，农工贸紧密衔接，产加销融为一体，多元化的产业形态和多功能的产业体系。

现代农业是广泛应用现代科学技术、现代工业提供的生产资料和科学管理方法的社会化农业，其特征是：技术经济性能优良的现代农业机器体系广泛应用，因而机器作业基本上代替了人畜力作业。

二、参照工业 1.0 到工业 4.0 划分

2013 年 4 月，为了提高德国工业的竞争力，在新一轮工业革命中占领先机，德国政府在汉诺威工业博览会上推出了工业 4.0 战略。工业 4.0 的概念一经提出，立刻在国际社会引起很大反响。按照目前的共识，工业 1.0 是指蒸汽机时代，工业 2.0 是指电气化时代，工业 3.0 是指信息化时代，工业 4.0 则是指利用信息化技术促进产业变革的时代，也就是智能化时代。工业 1.0 到工业 4.0 的发展历程如图 2-3 所示。科普中国网站有以“工业发展的新时代工业 4.0”为题的视频，读者可以搜索观看，帮助学习。

图 2-3　从工业 1.0 到工业 4.0

受此概念启发，近年来国内外一些学者结合农业发展规律提出了农业的发展会经历 4 个阶段：以人力和畜力为代表的传统农业、以机械化为主的小型规模化农业、以信息技术和自动化装备为主的自动化农业以及以大数据、物联网、人工智能为主的智慧化农业，并将这 4 个阶段分别定义为农业 1.0、农业 2.0、农业 3.0 和农业 4.0。农业发展 4 个阶段的特征和区别如表 2-1 所示。

表 2-1 农业发展阶段的特征和区别

发展阶段	农业特征	劳动者	劳动工具	劳动对象	优势	劣势
农业 1.0	传统农业	以从事体力劳动的农民为主	简单的手工工具、畜力	物质	解决了农产品短缺问题	生产效率低，无法抵抗自然灾害等
农业 2.0	小型规模化农业	以从事操控机械为主的农民为主	农业机械	物质、能量	提高生产率，促进食品加工业快速发展	规模化不足，发展不平衡
农业 3.0	自动化农业	以操控计算机为主	信息技术	物质、能量、信息	专业化经营，资源利用率、劳动生产率更高	单一化生产，各农业机器无法联动
农业 4.0	智慧化农业	以操控机器人为主	智能技术	物质、能量、信息、知识	资源整合，数据打通，无人化生产	具备一定的技术门槛

(一)农业 1.0

农业 1.0 处于以体力劳动为主的小农经济时代，主要依靠个体劳动和畜力劳动(图 2-4)，人们根据经验来判断农时，利用简单的劳作工具和畜力来耕种，主要以小规模的一家一户为单元从事农业生产，生产规模较小，生产技术和经营管理水平较为落后，抗御自然灾害能力差，农业生态系统功效低，以自给自足为主，商品经济属性较弱。

图 2-4 人力＋畜力劳作的农业 1.0 时代

(图片来源 https://www.sohu.com/a/255242033_100193453)

在人类发展历史过程中，旧石器时代人类学会了制造石刀、石斧与石锥等简单的生产工具。约 6 000 年前，人类开始掌握炼铜技术，从而进入青铜器时代，生产效率有了较大提高。到 4 000 年前，人类进一步掌握了炼铁技术，发明了锄头、犁、斧等各种生产和生活工具，使得生产力进一步发展，从而进入了铁器时代，这是农业 1.0 的萌芽。农业 1.0 时代在我国延续的时间极其漫长，整个农业 1.0 时代基本都是一个农民自力更生、单打独斗的时代。

农业 1.0 时代，这些传统农业生产技术对人类农业生产方面产生过积极的影响，但随着时代的发展，这种小农体制逐渐制约了生产力的发展。这个阶段主要以“产量高”为目标，虽然与现在规模宏大的农业项目相比可以说是“小打小闹”，但其却为农业产业化奠定了基础。可以说，农业 1.0 主要追求的是农业耕种技术的“专”。

（二）农业 2.0

农业 2.0 时代是以农场为标志的大规模农业，是以机械化生产为主、适度经营的“种植养殖大户”时代（图 2-5）。农业 2.0 也被称为机械化农业，以拖拉机、收割机等机械化生产为主，通过运用先进适用的农业机械代替人力、畜力生产工具，改善了“面朝黄土背朝天”的农业生产条件，将落后低效的传统生产方式转变为先进高效的大规模生产方式，大大提高了劳动生产率和农业生产力水平。

图 2-5　机械化操作的农业 2.0 时代

（图片来源 https://www.sohu.com/a/255242033_100193453）

20 世纪 90 年代之后，随着工业化浪潮在我国快速推进，以农产品深加工为核心业务的食品制造业蓬勃发展。但是农业生产、加工和销售三个环节相脱节，导致农产品“买难”和“卖难”现象交替出现，使得农产品加工企业常常得不到稳定的原料供给，农民的利益也经常受到损害。于是，集农业生产、加工、销售于一体的农业产业化模式就成了改革开放后的主旋律。

农业产业化其实主要就是深加工化、规模化、产业链化、市场化和品牌化，在龙头企业的带动下，分布在沿海、某些商品粮基地、鱼米水乡、物产丰饶或地广人稀的地区，也包括一些国有农场，通过诸如“公司＋农户”“公司＋基地＋农户”“公司＋合作社＋农户”等形式率先形成了良好的经济和社会效益。

我国农业 2.0 时代以企业主为主要推动力量，农业产业化一方面既保持了家庭联产承包制的稳定，同时又通过延长产业链，发挥一体化组织的协调功能，在一个产品、一个产业、一个区域内形成了产品规模、产业规模和区域规模；另一方面在更大范围内和更高层次上实现农业资源的优化配置和生产要素的重新组合，提高了农业的比较效益，有利于在家庭经营的基础上，逐步实现农业生产的专业化、商品化和社会化。

这个阶段以“产值高”为目标，主要表现在农副产品深加工企业或食品制造企业向产业上游延伸，或者农业生产企业向产业下游延伸，提供给市场的已经不是初级农产品，而是加工后的农副产品或者食品。因此可以说，农业 2.0 是“一产＋二产”的主流时代，追求的是农业产值的“大”。

从我国看，根据农业农村部数据，2020 年小麦耕种收综合机械化率稳定在 95%以上，水稻、玉米耕种收综合机械化率分别超 85%、90%，全国农作物耕种收机械化率则达到 71%，可以说我国农业 2.0 已基本实现，同时农业机械化也在向着全面、全程、高质、高效发展。

从世界农业发展看，农业 2.0 的模板有：20 世纪 90 年代美国大田种植业、荷兰设施蔬菜和花卉产业、比利时畜牧业、挪威水产养殖业。以美国大田种植业为例，美国在20世纪40年代领先世界各国最早实现了粮食生产机械化；在60年代后期，粮食生产机械化水平更加提高，达到了从土地耕翻、整地、播种、田间管理、收获、干燥全过程机械化；80年代初完成了棉花、甜菜等经济作物从种植到收获各个环节的全面机械化；到了90年代，美国种植业、设施农业、农产品加工等全部完成了农业机械化。

（三）农业3.0

农业3.0是农业专业化整合时代。随着计算机、电子及通信等现代信息技术以及自动化装备在农业中的应用逐渐增多，农业随之步入了3.0时代（图2-6）。农业3.0即自动化农业，是以现代信息技术的应用和局部生产作业自动化、智能化为主要特征的农业，通过加强农村电信网、计算机网等信息基础设施建设，充分开发和利用信息资源，构建信息服务体系，促进信息交流和知识共享，使现代信息技术和智能农业装备在农业生产、经营、管理、服务等各个方面实现普及应用。与机械化农业相比，自动化程度更高，资源利用率、土地产出率、劳动生产率更高。

图2-6　自动化操作的农业3.0时代

（图片来源 https://www.sohu.com/a/255242033_100193453）

从2004年开始，中央一号文件连续18年聚焦“三农”，开始从“三农”的制度体系、发展模式、鼓励政策、惠农补贴、实施保障等诸多方面引导农业的走向。设施农业、工厂农业、生态农业、休闲农业、循环农业等不断出现和发展，百花齐放。

这个阶段以“知名度高”为目标，营销点是优美的乡村环境和可靠放心的农产品。我国政府不仅取消了存在了几千年的农业税，而且使用大量财政资金改善了农村的道路、水电、网络、村容村貌等硬件环境，新农村建设示范村、休闲农业庄园、休闲农业示范点、乡村旅游重点村、五星级农家乐等如雨后春笋般涌现。因此，农业3.0是“一产＋三产”的时代，追求的是经营模式的“新”。

回看近些年，我国农业互联网、农业电子商务、农业电子政务、农业信息服务取得了诸多重大进展，带动农业3.0萌芽打造，按照70%的覆盖率即视为完成的话，预计2050年我国可完成农业3.0。

从信息化的角度看，农业3.0具备以下特征：

1. 生产信息化迈出坚实步伐

物联网、大数据、空间信息、移动互联网等信息技术在农业生产的在线监测、精准作业、数字化管理等方面得到不同程度应用，总结推广了多项节本增效农业物联网软硬件产品、技术和模式。在大田种植方面，遥感监测、病虫害远程诊断、水稻智能催芽等开始大面积应用；在设施农业方面，温室环境自动监测与控制、水肥药一体化智能管理等加快推广应用；在畜禽养殖方面，精准饲喂、发情监测、自动挤奶等在规模养殖场实现广泛应用；在水产养殖方面，水体环境监控、饵料自动投喂等快速集成应用。

2.经营信息化快速发展

农村电子商务在我国东部、中部和西部竞相迸发,农产品进城与工业品下乡双向流通的发展格局正在形成。农产品电子商务进入高速增长阶段,2015 年农产品网络零售交易额超过 1 500 亿元,根据农业农村部印发的《"十四五"全国农业农村信息化发展规划》,预计到 2025 年农产品年网络零售额将超过 8 000 亿元。同时,网络直播带货、休闲农业及民宿旅游电子商务平台和模式不断涌现,农产品网上期货交易稳步发展。

3.管理信息化深入推进

为加速推进农业和农村信息化,政府依托国家公共数据通信网实施了金农工程,建设快速便捷、通达全国连通世界的农业信息传输系统。如今已建成国家级农业数据中心、国家农业科技数据分中心及各省农业数据中心,开通运行多个行业应用系统,视频会议系统覆盖到 32 个省和部分地市县,信息系统已覆盖农业行业统计监测、监管评估、信息管理、预警防控、指挥调度、行政执法、行政办公这七类重要业务。近年来,农村土地确权登记颁证、农村土地承包经营权流转和农村集体"三资"管理信息系统与数据库、农产品质量安全追溯体系等建设稳步推进,一些行政审批事项基本实现网上办理,信息化对种子、化肥、农兽药等农资市场监管能力的支撑作用日益增强。在渔业方面,建成的中国渔政管理指挥系统和海洋渔船安全通信保障系统有效促进了渔船管理流程的规范化和提高了"船、港、人"的精准化管理。大数据是信息化发展的新阶段,我国正推动实施大数据战略,数字基础设施建设不断加快完善,农业大数据发展应用也已开始起步。

4.服务信息化全面提升

"三农"信息服务的组织体系和工作体系不断完善,形成政府统筹、各部门协作、社会参与的多元化、市场化推进格局。部—省—市—县四级农业门户网站群基本建成,发布的政策法规、行业动态、农业科教、市场价格、农资监管、质量安全等信息,使得民众能快捷查询。农业农村部开通全国农业系统公益服务统一专用号码 12316,方便广大农民群众投诉举报以及为广大农民和企业提供统一、规范、方便、准确的"三农"信息服务。基于互联网、大数据等信息技术的社会化服务组织应运而生,服务的领域和范围不断拓展。

从世界农业发展看,农业 3.0 的模板有:现今的美国大田种植业、荷兰设施蔬菜和花卉产业、比利时畜牧业、挪威水产养殖业。以美国大田种植业为例,大农场成为美国农业物联网技术的引领者,在农业物联网技术推广中起着示范作用,研究显示,美国大农场对技术的采用率高达 80%,农民通过在农地、农业机械、粮仓等设备上安装无线传感器,收集土壤成分数据、农作物病虫害情况及其他环境要素,以此进行灌溉、施肥等管理,减少资源浪费。

(四)农业 4.0

农业 4.0 是智能化的农业(图 2-7)。农业通过互联网进行资源软整合,在大数据、云计算、互联网、传感器、机器人基础之上形成智能农业,以全链条、全产业、全过程的无人系统为特征。农业 4.0 是利用农业标准化体系的系统方法对农业生产进行统一管理,所有过程均是可控、高效的;农业服务提供者与农业生产者之间的信息通道通过农业标准化平台实现对接、使整个过程中的互动性加强。农业 4.0 可以通过网络和信息对农业资源进行软整合,增加资源的技术含量,提升农业生产效率和质量。

随着我国在“三农”领域多年“摸着石头过河”式的探索，加上近年来持续在脱贫攻坚工作上发力，如今绝大部分农村地区的温饱贫困、危房改造、环境整治、吃水用电、交通设施等硬件问题已基本解决，并在农业的科技研发、惠农政策补贴、农民的观念改进等方面取得了很大的进步。而乡村振兴战略的实施，人们以市场需求为导向，投身农业农村的创业积极性空前高涨，特别是在大城市周边和景区周边，已经形成了诸多热点，在个别环节、个别领域和个别区域，农业4.0时代已经悄然来临。

图2-7 智能化的农业4.0时代

（图片来源 https://www.sohu.com/a/255242033_100193453）

首先，农业4.0表现为第一、二、三产业的“三产”融合互动。通过把产业链、价值链等现代产业组织方式引入农业，更新农业现代化的新理念、新人才、新技术、新机制，做大做强农业产业，形成很多新产业、新业态、新模式，培育出了新的经济增长点。

其次，农业4.0表现为农业、农村和农民的“三农”融合互动。农业根植于农村，养育着农民，“三农”共生共存，任何将三者孤立开来的考虑和发展最后都会失败。不管是家庭农场、种植大户、农民专业合作社、农业产业化龙头企业都应放在“三农”的背景下，通过发展农业4.0带动农村的乡土文化复兴，带动农民的富裕小康，实现“三农”的统筹发展。

最后，农业4.0还表现为生产、生活和生态的“三生”融合互动，以及城与乡、工与农、知识与资本、线上与线下等社会多要素的融合互动。在三产融合、“三农”融合的基础上，投资者和经营者还要置身于时代大背景和消费大环境下，开发实现以城带乡、以工促农、生活工作两不误、知识和资本平等互换、线上和线下共同营销推广的泛农产品。农业4.0不仅提供的内容是丰富的，模式也是多样的，诸如乡村文创、互联网技术、众筹、私人定制、绿色共享理念等都将成为农业4.0时代的标签。

总而言之，农业4.0是靠知识和资本推动的，是以先进的发展理念和商业模式为前提，以新技术、新机制、新人才和新资本下乡为内容，以城乡统筹和社会资源大融合为目标的现代化“三农”解决方案。农业4.0以全社会共赢共享为目标，出售的不再是某一系列农村产品，而是一种让人向往的乡村生活方式。不管是参与、共享，还是体验、购买，均伴随着一种情怀。因此，农业4.0追求的是体验的“广”，旨在打造一个泛农业的生态圈，充分进行资源的软整合。

从信息化的角度看，农业4.0具备以下特征。

1. 农业4.0是无人的生产系统

农业4.0的核心技术是人工智能系统技术，联网技术使得物与物、物与人之间的互联互通成为可能，使得各种农业要素可以被感知、被传输，进而实现智能处理与自动控制。运行在农业活动中的不再是传统的农具和机械，而是通过物联网技术连接起来的自动传感器、嵌入式终端系统、智能控制系统、通信设施通过信息物理系统形成一个智能网络，可实现种植养殖环境信息的全面感知、种植养殖个体行为的实时监测、农业装备工作状态的实时监控、现场作业的自动化操作以及可追溯的农产品质量管理，使得农业装备、农业机械、农作物、农民与消费者之间实现互联，互联网+农业的特征日趋明显。科普中国网站有以“农业物联网如何开启农业发展新时代”为题的视频，读者可以搜索观看，帮助学习。

2. 农业 4.0 是信息技术的集成

农业发展过程中的电脑农业以农业专家系统为核心，精准农业以 3S 技术(即 RS 遥感技术、GIS 地理信息系统和 GPS 全球定位系统)为核心，数字农业以电子技术和决策支持系统的应用为核心，但本质上都不需要整个信息技术的集成应用，而农业 4.0 的实现靠单一的信息技术是完不成的，其实现需要整个信息技术集成应用，包括更透彻的感知技术、更广泛的互联互通技术和更深入的智能化处理技术，实现农业全链条中信息流、资金流、物流的有机协同与无缝连接，农业系统更加有效和智能的运转，达到农产品竞争力强、农业可持续发展、有效利用农村能源和环境保护的目标，凸显整体系统的最优。

3. 农业 4.0 实现泛在的智能化

如果说农业 3.0 解决了农业的局部自动化与智能化，那么农业 4.0 的重要特征之一就是实现农业全链条、全过程、全产业、全区域泛在的智能化和无人化。农业全链条全过程的智能化是指农业产前生产资料优化调度、使用，产中各种农业资源和农业生产过程的配置和优化，产后农产品的加工、包装、运输、存储、物流、交易的成本优化，最终实现全链条的整体智能化，即成本最低、效率最高、生态环境破坏最少。全产业的智能化是指与农业生产相关的各产业达到人员、技术、装备、资金、体系、结构实现最优配置，确保产业的竞争力。全区域的智能化是指在单个企业、单个种植或养殖单元实现自动化和智能化的基础上，如何实现整个区域的资源最佳配置、生产过程的最优化以及成本的最优控制，通常区域智能化与整体的智能化是建立在单元智能化基础上，通过链条和产业的智能化，逐步实现大区域或整体的智能化。

4. 农业 4.0 是现代农业的最高阶段

农业 4.0 中现代信息技术的应用不仅仅体现在农业生产环节，它会渗透到农业经营、管理及服务等农业产业链的各个环节，是整个农业产业链的智能化，农业生产与经营活动的全过程都将由信息流把控，形成高度融合、产业化和低成本化的新的农业形态，是现代农业的转型升级。实现规模化的畜禽养殖场建设，日光温室、批发市场、物流中心的转型升级，工业化生产线和大型制造商的介入使农业生产更加产业化，各类技术的高度融合使农业生产更加低成本化。土地生产的成果不再是化肥农药超标、普通的农产品，更多的是质量提高、产量提高且更接近自然的无公害产品。因此，农业 4.0 是现代农业的最高阶段，但随着技术的发展，可能会出现农业 4.0 的初级、中级、高级和终级等不同时期。bilibili 网站有以“智能温室，物联网技术打造‘农业 4.0’”为题制作的视频，读者可以搜索观看，帮助学习。

第三节　现代农业产业发展趋势

改革开放以来，我国农业取得了举世瞩目的成就，农业生产的形式逐渐由以精细耕作为主的传统农业转向集约型的现代农业，农业的生产结构也逐渐从单一的以粮食种植为主转向了农林牧渔副业全面发展，农业产量和质量有了很大的提高，但目前存在的问题仍不可被忽视。

一、我国农业领域存在的问题

随着社会和经济的发展，人口数量不断增长，农村人口反向下降，工业化和城镇化的推进，农业领域出现了诸多问题。

1. 农业资源日益紧张

2021 年 8 月，自然资源部在新闻发布会上公布了第三次全国国土调查主要数据成果。数据显示，我国目前的耕地面积为 19.179 亿亩，园地 3 亿亩，林地 42.6 亿亩，草地 39.67 亿亩，湿地 3.5 亿亩。尽管我国耕地面积在世界排名第三，仅次于美国和印度，但由于我国人口众多，人均耕地面积排在了 126 位以后，人均耕地仅 1.4 亩，还不到世界人均耕地面积的一半，耕地资源非常短缺。此外受气候、地形等因素影响，我国水资源分布极端不均，再加上水资源利用率不高、污染和浪费严重等因素，水资源的短缺问题日益严峻。

2. 环境污染恶化蔓延

为保障耕地肥力、提升农产品质量，农药、兽药、化肥、农膜等被广泛应用到各类农业生产中，而且使用量逐年上升。大量农业化学品不合理使用，不仅会导致耕地土质污染、水体污染、重金属污染和微生物污染等，也会残留在农产品上，进而损害人体健康。

3. 农产品人均占有量较低

近年来我国谷物、肉类、棉花、油料、禽蛋等主要农产品的产量均居世界第一，但人均占用量相对较低，特别是肉类、奶类等与美国等发达国家相比仍有不少差距。此外大豆等农产品自给率较低，需要从国外大量进口，存在“卡脖子”风险。

4. 农业技术装备落后

我国农业科技进步对农业生产做出了巨大贡献，但仍存在农业科技的资金投入不够，农业科技推广人员不足，科技成果的转化度不高等问题，使得当前农业科技依然落后于实际生产需要，加上当前从事农业生产一线的农民文化教育程度不高和整体素质较低，对农业新技术的接受能力较差，使得高新农业技术应用情况不好，影响了劳动生产率和产品产量、质量。

二、现代农业的发展趋势

农业领域的相关问题严重阻碍了我国现代农业的进一步发展，同时也严重影响了人民群众的生活环境，对我们自身的健康产生了很大的危害。为此，党和政府接连出台了《中共中央国务院关于实施乡村振兴战略的意见》《乡村振兴战略规划（2018—2022 年）》《互联网＋现代农业三年行动实施方案》等政策，激励引导我国农业产业发展。

在政策红利引导、科技快速发展、人民群众需求不断提升等因素激励下，农业产业的发展呈现以下趋势：一是集约化趋势，要求集约、节约利用农业资源，提高单位农业资源的生产率，以养活、养好日益增长的人口及其需求；二是信息化趋势，作为现代高新技术之一的信息技术，将广泛应用于我国各地农业，精准农业、自控农业、智能化农业将有较大发展；三是健康化趋势，无公害食品、绿色农产品、有机农产品以及各种安全、优质、保健型农产品愈发受到消费者青睐，其产品种类将日益增多、生产规模将日益扩大，分布范围更加广泛；四是高效化趋势，由于生物技术、信息技术、新能源技术、新材料技术等现代高新技术广泛应用于农业的各个领域，农业效益将大幅度提高，农业将不再是弱质产业、低效产业；五是低碳化趋势，为应对全球气候变化、减少二氧化碳等温室气体排放，缓解世界能源紧张，低碳技术将广泛应用于农业生产，低碳农业将在全世界广泛推广和应用，低碳农业模式将成为世界农业发展的主导模式。

三、新型农业产业的主要类型

近年来，新型农业产业快速发展壮大，包括但不限于以下几种类型。

（一）绿色农业

绿色农业是将农业与环境协调起来，促进可持续发展，增加农户收入，保护环境，同时保证农产品安全性的农业。绿色农业是灵活利用生态环境的物质循环系统，实践农药安全管理技术、营养物综合管理技术、生物学技术和轮耕技术等，从而保护农业环境的一种整体性概念。

简单地说，绿色农业要求在“绿色产地”，采用“绿色技术”，生产出“绿色产品”，从“产前”产地选择，到“产中”（即生产过程）技术运用，直至“产后”的生产结果（农产品），都要求是“绿色”——“全过程”都是绿色。显然，绿色农业生产出来的产品是绿色产品。

（二）有机农业

有机农业是指在生产中完全或基本不用人工合成的肥料、农药、生长调节剂和畜禽饲料添加剂，而采用有机肥满足作物营养需求的种植业，或采用有机饲料满足畜禽营养需求的养殖业。

20 世纪 30 年代英国植物病理学家 Howard 在总结和研究中国传统农业的基础上，积极倡导有机农业，并在 1940 年写成了《农业圣典》一书，书中倡导发展有机农业，生产安全健康的农产品——有机食品。我国有机产品标志见图 2-8。

图 2-8 我国有机产品标志

与一般农业发展模式相比较，有机农业有以下特点：提供无污染、好口味、食用安全的环保食品，有利于保障人民身体健康，减少疾病发生；减轻环境污染，有利于恢复生态平衡；有利于提高我国农产品在国际上的竞争力，增加外汇收入；有利于增加农村就业、农民收入，提高农业生产水平。

（三）生态农业

生态农业是指在保护、改善农业生态环境的前提下，遵循生态学、生态经济学规律，运用系统工程方法和现代科学技术，集约化经营的农业发展模式，是按照生态学原理和经济学原理，运用现代科学技术成果和现代管理手段，以及传统农业的有效经验建立起来的，能获得较高的经济效益、生态效益和社会效益的现代化农业。

生态农业具有综合性、多样性、高效性、持续性的特点。发展生态农业能够保护和改善生态环境，防治污染，维护生态平衡，提高农产品的安全性，变农业和农村经济的常规发展为持续发展，把环境建设同经济发展紧密结合起来，在最大限度地满足人们对农产品日益增长的需求的同时，提高生态系统的稳定性和持续性，增强农业发展后劲。

生态农业已成为世界农业发展的重要方向和基本模式，同时也是我国各地农业发展的主导模式之一。

（四）蓝色农业

蓝色农业，是指在水体中开展的海洋水产农牧化活动。具体来说，蓝色农业包括所有在近岸浅海海域、潮带以及潮上带室内外水池水槽内开展的虾、贝、藻、鱼类的养殖业。充分开发和利用广阔的蓝色海洋资源，是未来地球农业发展的重要方向。

（五）白色农业

白色农业是指通过工厂化微生物工程，分解动植物废弃物资源，形成非绿色植物的、不污染环境的新型农业和产业。作为微生物资源产业化的工业型新农业，白色农业包括高科技生物工程的发酵工程和酶工程。由于白色农业的生产环境高度洁净，生产过程不存在污染，其产品安全、无毒副作用，加之人们在工厂车间穿戴白色工作服帽从事劳动生产，故形象化地称之为“白色农业”。

与传统农业模式比较，白色农业具有以下优点：一是不受限制，可规模生产。传统农业是以水、土为基础的绿色植物种植业，而白色农业是应用高科技开发丰富的微生物资源宝库的工业型农业，依靠人工能源，不受气候和季节的限制，可常年在工厂内大规模生产。二是拓展了生产领域。白色农业变革传统农业“单相形态”的生产模式为“多相形态”的生产模式，即绿色“露天农业”与白色“工厂农业”并存，绿色、白色的“陆地农业”与蓝色的“水生农业”共兴。白色农业的发展有助于传统的“二维”农业向新型的“三维”农业转变。三是节约资源。传统的绿色农业资源利用不经济，一年劳动生产出的产物，一般只能直接利用40%～50%，其余作为废弃物处理。而白色农业可将动植物的废弃物经微生物处理转化为饲料或食物，从而节约了资源，实现资源的循环综合利用。四是高效环保。白色农业把传统绿色农业向“光”（阳光）要粮、向地要粮的生产方式，转变为向“草”（秸秆）要粮、向废弃物要粮的生产方式。与传统种植业生产粮食相比，它具有生产周期短，高产、高效，产品无污染、无毒副作用，节约水土资源，不污染环境，资源可综合利用的特征。

因此，发展白色农业的意义是多方面的，如有利于缓解人口膨胀与资源缺乏之间的矛盾，有利于解决粮食紧张问题，有利于生态环境保护，实现农业的可持续发展。

（六）休闲农业

休闲农业是一种综合性的休闲农业区。游客不仅可以观光、采果、体验农作、了解农民生活、享受乡间情趣，而且可以住宿、度假、游乐。休闲农业的基本概念是利用农村的设备与空间、农业生产场地、农业自然环境、农业人文资源等，经过规划设计，以发挥农业与农村休闲旅游功能，提升旅游品质，并提高农民收入，促进农村发展的一种新型农业。

休闲农业与观光农业有相似之处。观光农业又称旅游农业或绿色旅游业，是一种农业和农村为载体的新型生态旅游业。农民利用当地有利的自然条件开辟活动场所，提供设施，招揽游客，以增加收入。旅游活动内容除了游览风景外，还有林间狩猎、水面垂钓、采摘果实等农事活动。有的国家以此作为农业综合发展的一项措施。

（七）工厂化农业

工厂化农业是综合运用现代高科技、新设备和管理方法而发展起来的一种全面机械化、自动化技术高度密集型产业，能够在人工创造的环境中进行全过程的连续作业，从而摆脱自然界的制约。当今世界，工厂化农业有了迅速发展，现已应用于蔬菜、花卉、养禽、养鱼乃至多年生果树栽培等许多领域，达到高效率、高产值、高效益。工厂化农业是设施农业的高级层次，是指在相对可控制的环境条件下，即借助于大型温室的工厂化农业，一般包括加热系统、降温系统、通风系统、遮阳系统、滴灌系统和中心控制系统等，采用工业化生产方式，实现集约高效及可持续发展的现代化生产方式，主要是利用成套设施或综合技术使种养业生产摆脱自然环境的束缚，实现全天候、反季节的企业化规模生产。工厂化农业通过工厂化育秧、工厂化生产禽畜等，突破了种植业和养殖业生产中的传统观念，最大限度地摆脱了自然条件的束缚。bilibili 网站有华南农业大学研究生以“什么是植物工厂”为题制作的视频，读者可以搜索观看，帮助学习。

（八）特色农业

特色农业就是将区域内独特的农业资源（地理、气候、资源、产业基础）开发区域内特有的名优产品，转化为特色商品的现代农业。特色农业的“特色”在于其产品能够得到消费者的青睐和倾慕，在本地市场上具有不可替代的地位，在外地市场上具有绝对优势，在国际市场上具有相对优势甚至绝对优势。

（九）立体农业

立体农业又叫层状农业，着重于开发利用垂直空间资源的一种农业形式。立体农业的模式是以立体农业定义为出发点，合理利用自然资源、生物资源和人类生产技能，实现由物种、层次、能量循环、物质转化和技术等要素组成的立体模式的优化。

（十）循环农业

循环农业指在农作系统中推进各种农业资源往复多层与高效流动的活动，以此实现节能减排与增收，促进现代农业和农村的可持续发展。通俗地讲，循环农业就是运用物质循环再生原理和物质多层次利用技术，实现较少废弃物的生产和提高资源利用效率的农业生产方式。循环农业作为一种环境友好型农作方式，具有较好的社会效益、经济效益和生态效益。只有不断输入技术、信息、资金，使之成为充满活力的系统工程，才能更好地推进农村资源循环利用和现代农业持续发展。

循环农业具有“3R”的特点，即减量化（reduction），尽量减少进入生产和消费过程的物质量，节约资源使用，减少污染物的排放；再利用（reuse），提高产品和服务的利用效率，减少一次用品污染;再循环(recycle),物品完成使用功能后能够重新变成再生资源。循环农业可以实现“低开采、高利用,低排放、再利用”。最大限度地利用进入生产和消费系统的物质和能量,提高经济运行的质量和效益,达到经济发展与资源、环境保护相协调,并符合可持续发展战略的目标。

(十一)低碳农业

低碳农业是为应对全球气候变化、减少温室气体排放、缓解能源紧张而提出来的新的农业可持续发展模式,其主要特征是“三低一高”,即低能耗、低污染、低排放和高效益。发展低碳农业,要求减少化肥、农药、农膜等各种化学制品的投入,走“资源节约、环境友好”之路。具体措施包括:节地、节水、节肥、节种、节电、节油、节柴(节煤)、节粮、节饲、节能、节时,以及省工节力等,降低农业生产成本,保护农业生态环境,增强土壤的固碳能力,减少温室气体排放。在当前“碳中和”概念日渐火热的今天,低碳农业是当今全世界都积极倡导并大力发展的新型农业模式,是农业发展的方向。

【案例分析】

喜萃植物工厂:把蔬菜种成高端超市爆品

随着经济和社会不断发展,食品安全和食品健康在国内受到的关注度越来越高。《2016—2022 年中国有机蔬菜产业专项调研与十三五发展商机研究报告》指出,高端蔬菜的消费在我国将呈现爆发式增长,市场规模的复合增长率将达到 20%。

植物工厂是指通过植物栽培系统,全部或部分控制植物生长所需的环境条件,使其生长完全或部分不受自然环境的影响的一整套系统。它的主要特点是种植空间封闭,由人造光源全面代替太阳光,二氧化碳、氧气、温度、湿度、肥料养分、光照等生产要素通过全面精准化控制,实现全年连续栽培,生产周期快,可按计划定制等。整个过程如同在工厂生产线上进行,从而使产品具有精细化、均质化和丰产性的特点。

图 2-9 喜萃植物工厂创始人受到李克强总理接见

(图片来源于喜萃)

植物工厂能很好解决极端环境下的蔬菜供应,近年在各国日益兴起,而国内的植物工厂也越来越受关注。一时间,植物工厂成为创业风口。在 2016 年 10 月的全国双创周,华南农业大学毕业校友蒋晶晶创业项目——喜萃植物工厂作为全国五家创业标杆企业之一受到了李克强总理的接见,得到了总理的高度认可。

喜萃植物工厂是华星环球(深圳)农业有限公司旗下业务,是国内首家大型商业化植物工厂。该公司成立于 2015 年 7 月,是一家致力于为人类健康事业保驾护航,同时注重环境保护的国家高新技术企业,已获得华大基因、松禾资本、中融信托等机构数千万投资。主营业务是现代化室内垂直农场技术研发、建设、运营,及高附加值植物研发、种植、销售。作为国家智慧植物工厂创新联盟常任主席单位,喜萃植物工厂引领植物工厂产业化进展,并积极推动行业标准发展，是目前国内首家获得全球良好农业规范（Global GAP）和中国良好农业规范（China GAP）的植物工厂，也是唯一获得供港资质认证的植物工厂。工业化的作物生产流程，革新的农业生产方式，成为未来高科技农业的典范。

图 2-10　喜萃团队将旧厂房改造成室内全人工光植物工厂

（图片来源于喜萃）

图 2-11　喜萃植物工厂里的蔬菜生长室

（图片来源于喜萃）

作为行业领先的室内全人工光垂直农场，喜萃植物工厂通过计算机精准控制植物生长过程中的关键环境影响因素，使植物生长不受气候、地理条件影响，实现农作物全年 365 d 连续生产。全环控的生长条件，使得喜萃植物工厂所培植蔬菜无须施用任何农药；12 层密植，极高土地利用率；高效节水，仅为传统农业 1/10 用水量。

喜萃植物工厂的产品为精准控制生长环境生产的洁净、无污染的叶菜等高级食材。主要包括沙拉用不同类型生菜、宝宝菠菜等叶菜；传统中式叶菜：紫青菜、皇帝菜；芽苗菜类：苜蓿苗、萝卜苗等；香料类：罗勒、薄荷、芝麻菜等；以及高档新型健康蔬菜：红叶、紫叶的高硫苷含量的 kale（羽衣甘蓝）、冰草等。在相关产品质量检测中，结果均为零农药、零重金属残留。

图 2-12　喜萃植物工厂产品在高端超市中陈列售卖

（图片来源于喜萃）

目前喜萃植物工厂在深圳大鹏新区官湖的 3 000 m^2 植物工厂，日产 1 万颗菜左右，产品定位中高端客户，零售终端产品已经进驻深圳及广州华润高端超市 ole'、永辉旗下新零售品牌超级物种华南地区数家旗舰店，并拓展至港澳地区、珠三角地区及长三角地区的高端餐饮品牌及高端酒店，广受欢迎，未来市场空间巨大。

分析：

随着时代的发展，人民对高品质生活的追求不断提高，食品安全和食品健康在国内外受到的关注度越来越高，高端蔬菜的消费在我国呈现爆发式增长。据估算 2020 年高端蔬菜需求就有接近 1 亿 t 的规模。然而，据联合国相关报告预测，至 2050 年世界人口将超过 90 亿人。人口快速增长除了给粮食供给和安全带来严峻挑战外，还容易造成自然环境的恶化，包括人为原因导致的土壤板结、土壤盐渍化、重金属污染、雾霾严重、沙漠化等。而伴随工业化、城镇化进展，未来农业人口比例会越来越少，使得农业劳动力成本迅速上涨。

喜萃植物工厂紧密把握农业发展趋势，运用和整合 LED 植物生长灯、农业智能物联网等技术，由人工光全面代替太阳光，对各生产要素（二氧化碳、氧气、温度、湿度、肥料养分、光照等）全面精准化控制，全年连续栽培，生产周期快，可按计划定制。整个种植过程如同在工厂生产线上进行，从而使产品具有精细化、均质化和丰产性的特点，受到市场极大欢迎。

（案例来源：植物工厂应用案例介绍[EB/OL]. https://www.sohu.com/a/292438722_235422，节选，有改动。）

【行动建议】

创新支撑保障体制机制，协同推进农业绿色发展

推进农业绿色发展，是贯彻新发展理念、推进农业供给侧结构性改革的必然要求，是加快农业现代化、促进农业可持续发展的重大举措，是守住绿水青山、建设美丽中国的时代担当，对保障国家食物安全、资源安全和生态安全，维系当代人福祉和保障子孙后代永续发展具有重大意义。党的十八大以来，党中央、国务院做出一系列重大决策部署，农业绿色发展实现了良好开局。但总体上看，农业主要依靠资源消耗的粗放经营方式没有根本改变，农业面源污染和生态退化的趋势尚未有效遏制，绿色优质农产品和生态产品供给还不能满足人民群众日益增长的需求，农业支撑保障制度体系有待进一步健全。为创新体制机制，推进农业绿色发展，中共中央办公厅、国务院办公厅印发了《关于创新体制机制推进农业绿色发展的意见》，现节选出以下内容：

1. 指导思想

牢固树立和贯彻落实新发展理念，以绿水青山就是金山银山理念为指引，以资源环境承载力为基准，以推进农业供给侧结构性改革为主线，尊重农业发展规律，强化改革创新、激励约束和政府监管，转变农业发展方式，优化空间布局，节约利用资源，保护产地环境，提升生态服务功能，全力构建人与自然和谐共生的农业发展新格局，推动形成绿色生产方式和生活方式，实现农业强、农民富、农村美，为建设美丽中国、增进民生福祉、实现经济社会可持续发展提供坚实支撑。

2. 基本原则

坚持以空间优化、资源节约、环境友好、生态稳定为基本路径。牢固树立节约集约循环利用的资源观，把保护生态环境放在优先位置，落实构建生态功能保障基线、环境质量安全底线、自然资源利用上线的要求，防止将农业生产与生态建设对立，把绿色发展导向贯穿农业发展全过程。

坚持以粮食安全、绿色供给、农民增收为基本任务。突出保供给、保收入、保生态的协调统一，保障国家粮食安全，增加绿色优质农产品供给，构建绿色发展产业链价值链，提升质量效益和竞争力，变绿色为效益，促进农民增收，助力脱贫攻坚。

坚持以制度创新、政策创新、科技创新为基本动力。全面深化改革，构建以资源管控、环境监控和产业准入负面清单为主要内容的农业绿色发展制度体系，科学适度有序的农业空间布局体系，绿色循环发展的农业产业体系，以绿色生态为导向的政策支持体系和科技创新推广体系，全面激活农业绿色发展的内生动力。

坚持以农民主体、市场主导、政府依法监管为基本遵循。既要明确生产经营者主体责任，

又要通过市场引导和政府支持，调动广大农民参与绿色发展的积极性，推动实现资源有偿使用、环境保护有责、生态功能改善激励、产品优质优价。加大政府支持和执法监管力度，形成保护有奖、违法必究的明确导向。

3. 目标任务

把农业绿色发展摆在生态文明建设全局的突出位置，全面建立以绿色生态为导向的制度体系，基本形成与资源环境承载力相匹配、与生产生活生态相协调的农业发展格局，努力实现耕地数量不减少、耕地质量不降低、地下水不超采，化肥、农药使用量零增长，秸秆、畜禽粪污、农膜全利用，实现农业可持续发展、农民生活更加富裕、乡村更加美丽宜居。

资源利用更加节约高效，到 2030 年全国耕地质量水平和农业用水效率进一步提高。产地环境更加清洁，到 2030 年化肥、农药利用率进一步提升，农业废弃物全面实现资源化利用。生态系统更加稳定，到 2030 年田园、草原、森林、湿地、水域生态系统进一步改善。绿色供给能力明显提升，到 2030 年农产品供给更加优质安全，农业生态服务能力进一步提高。

（内容来源：http://www.gov.cn/xinwen/2017-09/30/content_5228960.htm，节选。）

【本章小结】

本章介绍了农业的分类和功能、作用，以及农业在政治、经济、社会、生态等方面的重要性。学生需围绕农业的发展历程，掌握原始农业、传统农业、现代农业以及农业 1.0 到农业 4.0 时代的特征和区别，结合案例思考未来农业的发展趋势，引导学生主动了解党和国家相关政策意见，鼓励学生积极围绕乡村振兴战略投身农业发展建设。

【课后训练】

一、观看与思考

结合本章所学内容观看以下视频，建议以小组为单位，参考“思考题”和“相关阅读”进行讨论。

主题：剖析农业 1.0 到农业 4.0 的发展历程

（温铁军主讲“生态文明战略与农业转型”https://mbd.baidu.com/newspage/data/videolanding? nid=sv_7845198806755440489&sourceFrom=share）

思考题：

1. 与世界农业发达国家和地区相比，当前我国农业面临哪些问题？

2. 为什么近年党中央和政府花大力气去开展脱贫攻坚、乡村振兴？

相关阅读：

1.《现代农业发展战略与政策研究》（作者：黄季焜）

2.《现代农业创新与乡村振兴战略》（作者：闫玉科）

3.《农业 4.0——即将来临的智能农业时代》（作者：李道亮）

二、回顾与思考

1. 回首中国和世界历史，农业是怎样影响人类社会发展的？

2. 在农业漫长的发展历程中，哪些科学技术给农业带来巨大的影响？这些影响又如何作用于社会的发展？

三、行动与思考

1. 到你家乡的农村去调研，了解当地有哪些种植业、养殖业、林业、渔业和副业，着重了解种植作物品种、耕作模式、农机应用等情况；到当地农民家中访谈，了解他们对现在生活的看法和对未来农业发展的期望。将成果形成简报，以班级或小组为单位举行分享会。

2. 到你知道的现代农业产业园参观，了解园区的农业科技应用、示范推广等情况，思考当前5G、物联网等技术可怎样应用到农业生产中？其前景如何？目前是通过哪些方式进行推广和应用的？整理上述资讯，结合本章所学的新型农业产业类型，将相关技术与不同产业匹配起来，输出一张“现代化技术在农业产业中的应用情况表”。

第三章　现代农业创业环境及创业机会

【学习目标】

1. 了解现代农业创业法律法规知识。
2. 了解农业创业技术、经济、文化环境。
3. 掌握现代农业创业机会识别方法，掌握对现代农业创业机会评估的知识及能力。

【本章引例】

当番茄种植遇上“科技范儿”的新农人

种菜不见地，浇灌不见水。这个充满了未来感的玻璃大棚就是徐丹创办的。该农场位于北京密云，已有六年的历史。2011年，徐丹从四川农业大学毕业后，赴荷兰瓦赫宁根大学深造，从事有机农业研究。徐丹在荷兰首次对荷兰的设施农业技术有了初步的了解，见识到了设施农业技术的进步，徐丹决定将这项技术引进国内。怀着这种希望，徐丹放弃了申请瓦赫宁根的博士项目，转而在本地一家番茄公司工作。两年之后，他携着在荷兰所学到的技术与关系，回到国内开始了自己的事业，筹集到了将近两亿元的资金，把荷兰的全部技术都买了回来，之后，这个小型“玻璃厂”就成立了。

2021年8月，徐丹和陈宇冲得知由拼多多、中国农业大学、浙江大学联合筹划的第二届“多多农研科技大赛”即将举办，要求参赛团队需要运用前沿营养科学、设施农业、人工智能等技术，在6个月的时间里挑战远程在云南百余平方米的实验温室中种番茄。两人感觉比赛给他们从荷兰带回并钻研多年的温室技术，提供了一个展示的舞台，同时，他俩也希望通过本次比赛看到其他队伍的研究进程，在学习中进步。

他们的队名为“番茄快长”队，他们采用“人机融合智能”的算法策略，将自己多年积累的种植经验转换成算法模型辅佐种植。出色的技术优势和积累多年的实践经验，让“番茄快长”队顺利进入了决赛。

决赛阶段，“番茄快长”队、“喜柿”队与另外的两支队伍在算法、环境控制、农事操作等多个方面进行了激烈的比拼。四支队伍用线上系统远程控制着远在云南的实验温室，各队成绩的比拼是用番茄的产量和质量来衡量，这些显性指标背后，是各队多学科交叉研究成果科技水平的较量。在较量的过程中，他们取长补短，不断优化自己的技术。

决赛结果公布，决赛的四支队伍的番茄平均产量均达到传统种植的两倍以上，营养价值也均符合高品质的行业标准。正是因为他们取长补短、互相探讨、互相进步，才取得了共同的胜利。

番茄是三大世界性贸易蔬菜之一，在全球蔬菜贸易中占有重要地位。截至2020年，全球番茄种植面积达 505.5 万 hm^2。中国是世界番茄产量最大的国家，2020 年中国番茄产量为 6 515 万 t，接近全球番茄产量的 1/3，番茄种植面积达到 110.4 万 hm^2。即便是全球第一大番茄产地，中国与农业技术发达国家相比，番茄种植效率仍落后不少。2020 年全球番茄产量数据显示，中国番茄每平方米产量为 5.9 kg，而在荷兰，每平方米番茄产量可达 50.7 kg。正是因为通过温室技术对番茄的生长环境进行精确控制，极大地提升了荷兰的生产效率。

但是，徐丹、陈宇冲认为，即使可以引进荷兰的先进设备和技术，但要将该技术“本地化”到中国仍要走很长的路。“我们要做的，就是将这个技术推广到中国，中国必须要有自己的产业链条。”陈宇冲接着说道。

“中国的设施农场还处于初级状态，需要更多的专家参与进来，我们也经常和大学进行沟通，结果很多大学都有自己的科研项目，但他们从来没有想到，自己的研究成果能够在农业领域落地。”徐丹说道。接下来，将技术进行融合，取长补短，进行实践，找到适合在中国种植番茄的技术，是“新农人”不断追求的目标。

（案例来源：新华每日电讯，2022. 当番茄种植遇上“科技范儿”的新农人[EB/OL]. http://www.news.cn/local/2022-08/12/c_1128908674.htm，有删改。）

思考：

1. 上面导入的案例对你有什么启示？
2. 结合以上案例，谈谈对农业创业经济文化环境的理解。
3. 结合以上案例，谈谈你认为什么样的农业项目适合进行创业？这些项目的可行性如何？

第一节　现代农业创业的环境分析

现代农业创业的环境对创业项目的选择、创业模式的选择和创业结果等有直接的影响。现代农业创业的环境包含创业过程中的法律相关问题、技术环境以及文化环境等。

一、农业创业相关法律问题

习近平总书记在党的十九大报告中提出创新是发展的主要动力，是建设现代化经济体系的战略支撑。创新创业是一个较为综合的活动，其间可能面临诸多法律风险，如起草文件、审查合同、商务谈判等非诉讼事项，以及合同纠纷、股权纠纷、专利纠纷等诉讼事项。创业者必须具有一定的法律常识，能够避免或者降低由于法律上的争议而造成的损害。

（一）农业创业过程中面临的法律风险

在现代农业创业的过程中，每一个创业的阶段都会有法律上的风险，创业者必须要有一定的法制观念和法律知识，才能有效地防范和规避风险。法律风险主要存在于以下几个方面。

1. 创业项目及模式的选取方面

现代农业创业项目及创业模式的选择与创业结果是息息相关的，同时也蕴藏着法律风险，要识破法律风险，规避风险，才能为创业打下良好的基础。在选择创业项目时，若没有法律意识，不注重商标、专利、版权等方面的法律权属问题，不及时将自主研发的产品进行注册登记，就可能会导致农业创业项目出现法律纠纷,甚至是陷入赔偿的境地中。在创业模式方面,目前许多品牌推出加盟的创业模式,吸引大学生进行创业,该种创业模式可以减少创业成本,减少技术研发成本,提高效率,扩大利润。但如果创业者对加盟项目的合法性以及是否取得经营资格等问题缺乏一定的识别,贸然进行创业,也会产生法律纠纷,轻则影响经营,重则项目直接夭折。

2.租用场地方面

企业在进行经营时,往往会先选择租用办公场所或土地,但是在租用时,也要对土地所有权是否明确、程序是否完备、性质与实际使用情况是否一致等核查清楚,这些都要在签订合同时对证明原件进行一一核实,从而降低或避免法律风险。

3.聘用员工方面

在创业时,企业的劳动合同中也有一些法律上的风险。当企业发展壮大时,就需要招聘员工。招聘员工时,首先要根据《中华人民共和国劳动法》的有关规定,与员工订立劳动关系,确定双方的职责与义务,并按有关规定为员工购买五险一金等,并根据劳动法的有关规定,进行与其续签、解除、辞退等有关事项,避免出现违法用工、劳动合同签订不合规等问题,进而引起法律纠纷。

4.合作创业方面

创业需要多种专业的人才汇聚,所以合作创业是较为普遍的方式,为避免合作后期出现合伙人之间因利益分配不均而导致"散伙"的情况,合伙人需明确标出自身的投资方式、利润分配以及亏损等相关问题。除此之外,合伙企业性质不同,其承担的债务责任也不同,要注意识别和选择。这些都需要企业家对相关的法规和规则有明确的认识,然后才能做出最合适的投资方案,如果不能很好地理解,可以找专业的律师来进行分析。

5.税务方面

国家为部分农业项目或者大学生创业,在税收方面给予了相应的优惠政策,但同时这些政策在期限或减免等方面均有一定限制,这就需要创业者对于税收方面的法律知识有着正确认识,并按法律规定及时缴税纳税。部分创业者出于节约资金的考虑,会在创业之初自行掌管财务,或招聘来的财务人员缺乏工作经验,则会给企业带来偷税漏税的隐患。

(二)创办农业企业需考虑的法律问题

法律在一定程度上允许或者禁止创业者所做的某些决策和采取的部分行动。企业的建立需符合法律法规的要求,才能有良好的创业基础。有些创业者高估了自身对法律掌握的程度,导致新企业付出惨痛的代价,甚至是夭折。

在农业创业初期,需要考虑的问题有确定企业的法律形式,建立税务档案,进行租赁和融资的谈判,起草合同,申请专利、商标和产权保护等,以上法律相关知识对于农业企业经营来说至关重要,尤其是申请专利、商标和产权保护的法律问题中,一定要明确相关内容,很多企业的核心在技术,技术成果的产权所属会关系到企业的存亡。在经营中,要详细了解人力资源管理(劳动)法规、财务和会计法规、安全法规、市场竞争法规等法律法规,减少或者规避因不熟悉以上法律法规造成的损失。

二、农业创业技术环境

(一)农业创业技术环境的定义

农业创业技术环境是指农业企业所处的环境中科技要素及与该要素直接相关的各种社会现象的集合,包括国家科技体制、科技政策、科技水平和科技发展趋势等因素。对于农业企业来说,要密切关注农业相关政策、农业技术前沿发展动态和新产品发展趋势等,及时掌握现有技术的新技术,以及新技术的发展趋势,以上是影响企业发展的技术环境因素的关键。如"互联网+"农业创业的技术环境包括农产品成长过程中的实时监控、农业生产的质量把控、环境信息感应系统等,将数据直接上传到大数据系统,进行数据分析,从而进行温度、光照等生长因素的调整,通过网络技术实现农业的机械化、无人化发展。

(二)农业创业技术环境分析

农业创业技术环境包括国家科技体制、科技政策、科技水平和科技发展趋势等因素。进行农业创业项目时,需准确把握当前的创业技术环境,要有敏锐性和创新性,才能为企业打造良好的基础。农业创业中科技创新占重要的部分,在目前的技术环境中,有以下几种支持。

1. 建立企业孵化器

建立企业孵化器是鼓励技术创新的重要措施,也是技术创新政策的体现,是目前技术环境的重要组成部分。通俗来讲,企业孵化器就是协助创建高新技术企业的系统。政府从资金、物资、技术、人力等多个层面给予支持,目的在于快速、高效地培养高新技术企业。企业孵化器是促进科研成果尽快转化为生产力的重要途径。入驻企业孵化器的公司要与其签署一份孵化合同,相互约束,在有条件且双方同意的情况下,创业公司可以入股。创业公司还可以自己孵化。

企业孵化器分为以下四个级别。

一级孵化,即项目孵化,是科技成果转化为商品化、产业化、创建新型的中小型高科技企业。

二级孵化,即企业孵化,是培育成功的中小科技型企业和创业者。

三级孵化,即大孵化,从二级孵化阶段进入科技园区向大型科技企业发展。

四级孵化,即跨国孵化,通过高新技术园区的国际企业孵化器及海外孵化基地转化成外向型高新技术企业,引入国外尚未产业化的高新技术,实现跨国经营。

2. 法规支持

国家颁布《中华人民共和国科学技术进步法》和《中华人民共和国促进科技成果转化法》,鼓励科研机构和科研成员通过多种途径对高新技术成果进行有效的转化,既可以自己设立企业,也可以将成果作为资本投入其他公司,在法规的支持下,可在一定程度上促进高校科研成果转化,从而创业带动就业。

3. 财政支持

为了扶持高新技术企业成长和发展,国家制定了《国务院关于推动创新创业高质量发展打造"双创"升级版的意见》。聚焦减税降费,研究适当降低社保费率,确保总体上不增加企业负担,激发市场活力。将企业研发费用加计扣除比例提高到 75%的政策由科技型中小企业扩大至所有企业。对个人在二级市场买卖新三板股票比照上市公司股票，对差价收入免征个人所得税。将国家级科技企业孵化器和大学科技园享受的免征房产税、增值税等优惠政策范围扩大至省级，符合条件的众创空间也可享受。

三、农业创业经济文化环境

（一）农业创业经济文化环境的定义

农业创业经济文化环境是指以"经济、文化要素等"为核心的一系列经济文化要素及其与之相关联的社会文化环境，包括经济发展形势、经济发展趋势及文化风俗等方面。

（二）农业创业经济文化环境分析

1.农业创业经济环境分析

经济环境包括经济结构、经济发展阶段、经济周期、国民收入以及资本市场发育程度等因素，它们决定了企业潜在市场的大小。

（1）经济结构　经济结构是指一个国家或地区的产业结构、消费结构以及技术结构等。在这种情况下，产业结构与初创企业的关系最为密切，当国家（区域）在结构上不断提升时，就能创造更多的商机。

（2）经济发展阶段　企业的经营活动很大程度上要受到一个国家或地区整个经济发展阶段的制约。农业创业企业的发展受经济发展阶段的制约。

（3）经济周期　经济周期是现代社会发展过程中不可避免的经济波动，包括繁荣、萧条、衰退、复苏四个阶段。在一个循环过程中，经济的变化会对各个行业造成冲击，导致产量、就业、价格水平、利率等方面的变化，一般来说，经济周期的不同阶段都会产生创业机会，但是由于经济总量与结构在萧条、衰退阶段处于相对收缩的状态，因而不利于创业活动；在经济复苏、繁荣阶段经济活动十分活跃，因而有利于新创企业的发展。

（4）国民收入　国民收入是一个国家物质生产部门的劳动者在一定时期内所创造的价值总和，它反映一个国家的经济发展水平。人均国民收入包括每人的工资、奖金、津贴、退休金等各种来源所得的全部货币收入，反映了消费者的购买能力。

（5）资本市场　资本市场在现代经济中具有重要地位，是资本融通、调节投资的主要通道，其发展决定着企业可获得资本的数量和取得资金的难易程度，尤其对于农业初创企业而言，资本市场决定其能否度过初期的资本壁垒，进而发展壮大。

2.农业创业文化环境分析

任何企业的经营活动都必然要在特定的社会和文化背景下进行，所谓社会文化环境，是指国家、地区或民族的传统文化，通常由价值观念、信仰习惯、风俗习惯、社会群体及相互关系等内容构成。社会文化环境是影响人们欲望和行为的重要因素。人们在不同的文化背景下生活，建立起不同的观念和信仰，遵循不同的行为规范，因而也具有不同的购买观念，从而导致不同的购买行为。农业企业只有全面了解社会文化环境，做好前期调研工作，全面、认真、准确地判断和分析消费者所处的社会文化环境，才能较准确地把握消费者的需求，从而正确选择自己的目标市场。科普中国网站有以"种田还能这么玩？农民创收新模式"为题的视频，读者可以搜索观看，帮助学习。

第二节　现代农业创业机会识别

一、创业机会的内涵

创业机会主要是指具有较强吸引力的、较为有潜力、较为持久的有利于创业的商业机会。创业者可以在为顾客带来有意义的商品和服务的同时从中受益。创业机会是未明确的市场需求或未充分使用的资源或能力，它不同于有利可图的商业机会，其特点是发现甚至创造新的"目的-手段"关系来实现创业。企业家应该能够洞悉形势，并以此来捕捉和创造具有商业价值的机遇。

二、识别现代农业创业机会

现代农业创业机会识别，就是发现农业领域中产生的问题、创造性解决问题，并产生农业商业价值的过程。

(一)创新的七种来源

在发现问题方面，首提"管理学"概念并被誉为"现代管理学之父"的彼得·德鲁克在《创新与企业家精神》这本书里，根据一些成功的案例总结归纳了创新的七种来源，通过创新的七种来源，我们可以初步地察觉一些创业的机会。

1. 意外的事

意外的事分为意外的成功和意外的失败，意外的成功是最容易利用的机会；意外的失败则需从失败中寻找变化以及随变化而来的机遇。创业者应该善于发现失败的根源，并对其进行反思和归纳。

2. 不协调事件

不协调事件就是理论上是可行的，但现实中是不可行的，这种现象往往是创新机遇的一个突破口，如果我们可以分析出问题的根源，那么有可能就有了一个很好的创意。

3. 程序需要

在寻找流程的薄弱环节中发现创新。如改进现有程序，取代旧程序，用新的技术改造旧程序，修改程序等。

4. 产业和市场的变迁

产业与市场的发展将带来新的变革，例如互联网的发展、人工智能的发展等，以及在变革中的机遇。

5. 人口结构的变化

随着年龄结构、就业状况、教育状况等因素的不断改变，会带来一定的创业机会，如现在社会面临老龄化日趋严重，养老问题则是亟待解决的问题。

6. 认知、意义和情绪上的变化

意外的成败带来了认识上的改变，而改变中也隐藏着机遇。

7.新知识

基于知识的创新是企业家精神的“超级巨星”,全方位地掌握新知识,会带来新的机会,要树立终身学习的理念,不断吸收前沿知识并且依据自身特点进行运用。

(二)创业机会的来源

1.常见的创业机会来源

(1)变化的环境趋势　创业机会通常来源于多变的环境趋势。首先,可以从经济趋势中寻找机会,例如消费升级、人口老龄化等方面。跟随这些经济趋势,可以调整营销策略,甚至改变农产品销售的目标客户群体,以适应市场需求。例如,可以开发适合老年人口的农产品,或者针对消费升级的市场推出更高档次的农产品。其次,社会趋势也是创业机会的重要来源。比如,人们越来越关注健康、个性化、共享等方面。针对这些需求,可以培养新品种,让农产品更健康、更值得消费者信赖。同时,也可以考虑将这些社会趋势融入农产品的生产和销售中,创造新的商业模式。再次,技术趋势也是创业机会的重要来源。例如,人工智能、大数据、云计算等技术的发展,为农业提供了更多的可能性。可以通过改进智慧农业的发展,甚至扩大智慧农业的发展面,来提高农业生产效率,创造新的农业商业模式。最后,政策趋势也是创业机会的重要来源。例如,产业转型升级、“十四五”规划、乡村振兴战略等政策的实施,都为农业提供了新的发展机遇。在乡村振兴战略实施的过程中,可以通过挖掘农产品的特色,提高农民收入,构建农村发展新模式。总的来说,要依据多变的环境趋势来寻找商业创意实施条件成熟的领域,同时也要规避那些条件不成熟的领域。只有这样,才能更好地把握创业机会,实现商业成功。

(2)尚未解决的问题　尚未解决的问题是创业机会的主要来源之一。工作、休闲、日常生活中创业者感受到或发现问题,最终形成商业创意。如滴滴出行、美团外卖等都是在解决生活中发现的问题,最终实现盈利;如现在农业种植人工费用较高,如何在此方面降低成本,如何扩大某农产品的产量,提高品质,扩大销路等。在生活中要善于发现,善于思考,并付诸行动,下一个成功的创业者就是你。

2.大学生创业项目十大来源

(1)奇思妙想　大学生基础知识扎实,思想全面、灵活,思维缜密。在创业项目中,很多项目来自在校学生对身边事物的好奇,对问题的探索,从解决问题转变为创业项目,同时有些也来自大学生的兴趣爱好、自发创意、自主创新的创意。

(2)师生同创　学生有创新的想法或者老师有创新的想法,老师可以提供技术指导,同时也有着丰富的社会资源,师生共同实践也是大学生创新创业项目的重要来源之一。如“无人农场”等需要技术支持的项目,需要师生共同优化技术,实现创业。

(3)科技成果转化　科技成果的转化是大学生创新创业的一种方式,其对促进农村经济发展起着举足轻重的推动作用。以教学科研和大学生的创造性为一体,实现科研、教学和大学生创新创业的“三位一体”的模式。

(4)公益服务　政府简政放权,将通过面向社会采购服务的方式进行,存在巨大的创新创业空间。

(5)产教融合　大学生创新创业项目能够帮助当地农民企业转型升级,促进产业经济发展,而产业进步也将产生更多创新机遇。

(6)民营经济二次创业　基于家族产业与产权传承的大学生创新创业项目,也会成为未来大学生创新创业项目的来源之一。由于具备一定的现实基础,该类创业成功的可能性较高。

(7)专创融合　创业项目紧密结合本校专业与学科特色,将专业与创新创业结合在一起,在一定的基础上,在专业性较强的领域发光发热。

(8)新技术　将AI、物联网、大数据、云计算等新技术结合现代农业所打造的创业项目,其技术性较强,具有一定的独特性。

(三)机会识别

现代农业机会识别即识别农业创业的核心问题以及真实需求,识别项目是否具有可行性。

1. 认识需求层次,洞察客户需求

从马斯洛的需求层次理论可以看到人的五大需求,创业机会的识别可以通过五大需求来洞察客户需求。马斯洛需求层次理论分别为生理需求、安全需求、归属与爱需求、尊重需求和自我实现需求,详见图3-1。

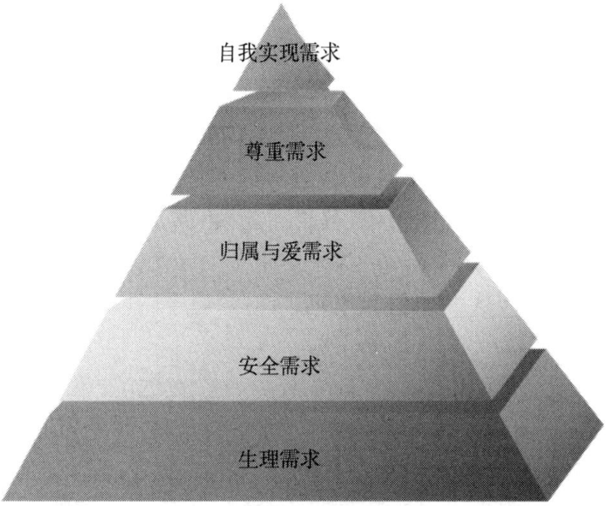

图3-1　马斯洛需求金字塔

(1)生理需求为人类维持自身生存的最基本要求,如衣、食、住、行等方面的需求。解决以上需求的企业有淘宝网、京东、大众点评和链家等。

(2)安全需求为人对劳动安全、职业安全、希望未来有保障等的需求。解决以上需求的企业有360安全卫士、中国移动等。

(3)归属与爱需求为个人渴望得到家庭、团体、朋友等的关心与爱,是对友情、爱情和亲情等的需求。解决以上需求的企业有微信、微博等。

(4)尊重需求为自我尊重,对他人尊重,被他人尊重。解决以上需求的有微博、腾讯等。

(5)自我实现需求为实现个人理想、抱负和价值,发挥个人的能力到最大程度。

2. 客户需求分析

洞察到客户需求之后,要对需求进行分析,挖掘可以成为创业机会的点。可从以下几个方面分析。

（1）问题背后的深层原因　通过洞察需求，可以剖析出问题背后的深层原因，找到原因后寻求解决办法，找到创业点。可以运用“5WHY”方法，即朝着解决问题的方向问五个为什么。如美国华盛顿广场的杰弗逊纪念馆大厦年久失修，表面斑驳陈旧，政府对此非常担心，派专家调查原因。问出如表 3-1 所示的几个问题，最后通过拉上窗帘解决了这个难题。

表 3-1　5WHY 的问题与解答

问题	答案
为什么大厦表面斑驳陈旧？	冲洗墙壁所用的清洁剂对建筑物有腐蚀作用，该大厦墙壁每年被冲洗的次数大大多于其他建筑，腐蚀自然更加严重。
为什么经常清洗呢？	因为大厦被大量的燕粪弄得很脏。
为什么会有那么多的燕粪呢？	因为燕子喜欢聚集到这里。
为什么燕子喜欢聚集到这里？	因为建筑物上有它喜欢吃的蜘蛛。
为什么会有蜘蛛？	因为墙上有大量蜘蛛爱吃的飞虫。
为什么墙上会有这么多的飞虫？	因为尘埃在从窗外射进来的强光作用下，形成了刺激飞虫生长的温床。

案例来源：寓言小故事《杰弗逊大厦》。

（2）触动人们情感的因素　通过洞察需求，从人们情感方面进行剖析，是否存在情感依赖，是否对此类需求情有独钟，是否此类产品可以引起人们的情感共鸣等，察觉情感因素，从情感出发，捕捉目标客户的情感需求，发现问题，解决问题，依此进行创业。

（3）难以解决的矛盾　通过洞察需求，基于需求中的矛盾点，探索出现的问题，察觉难以解决的矛盾，通过知识解决矛盾，从中寻找创业机会。

（四）机会可行性

当洞察到创业机会时，要进一步分析该机会是否可行，若判定可行，则可进行下一步的调研，若不可行则需要决定是进一步深入挖掘此创业点还是直接放弃该机会，转而寻求其他创业机会。在识别创业机会的过程中，一切都要基于创业机会具有可行性才能进行下一步的行动。分析机会可行性主要有以下几种方式。

1. 用户访谈

访谈法是通过和目标用户面对面地交谈来了解用户的心理需求和行为特征。通过招募访谈用户或者走访用户进行访谈，能够简单而直接地收集多方面的用户资料，并将资料进行分析，来确定选题是否合适，需要或者能够解决的问题是什么。

（1）制定访谈步骤。首先确定访谈目标，根据访谈目标特征以及访谈目的制定访谈提纲，之后对目标人群进行访谈，最后进行访谈内容整理。

（2）设计访谈提纲。了解访谈要点。访谈要点一般分为用户背景、相关的心理需求、现有产品使用环境、其他使用者、动机、现有产品使用评价等，详见表 3-2。访谈要以开放性问题为主，如有需要则说明保密原则后，一般先问简单的问题，逐渐深入，最后以简单的问题收尾。考虑提问的逻辑性，进而顺利地引导访谈进行。

表 3-2 访谈要点概要

访谈要点	具体内容
用户背景	职业、教育背景、家庭情况、社会关系等
相关的心理需求	喜恶、要求等
现有产品使用环境	生活、工作环境等
其他使用者	其他使用者的信息、使用情况等
动机	希望达到的目标、选择某些产品的原因等
现有产品使用评价	满意或者不满意、为什么满意
现有产品使用习惯	对产品的依赖原因
想要的功能	用户的预期

(3)注意采访的基本原则。重点需注意以下几个方面。

①以友善的欢迎开始采访。采访时要有一定的亲和力,表情和动作要让被访谈人感觉落落大方,自然。

②提出一系列有关用户背景的笼统的开放性问题,不要问“是/否”的选择性问题,例如“你愿意……”“你是不是……”这些问题容易限制被访谈人的想象力。可按“5W1H”的方式来提问,即“谁(Who)……”“什么(What)……”“哪里(Where)……”“什么时候(When)……”“为什么(Why)……”“怎么样(How)……”

③要非常熟悉自己访谈的内容,能够自然地引导被访谈者谈自己的想法,引导他们说出自己的想法。

④在访谈的过程中,要让用户说明问题所在,而不是让他们提供解决方案。

⑤要允许被采访者自由发挥,并跟着他的进度进行记录。

⑥在访谈的过程中,要保持好奇心,全神贯注在用户和他们的反应上,随机应变。

(4)整理访谈记录。访谈后通过“所听”(他/她听到的是什么?)、“所想”(他/她真正的想法和感觉是什么?)、“所说”(他/她说了些什么?)、“所看”(他/她看到的是什么?)、“所做”(他/她做了些什么?)进行记录整理,更好地理解客户的环境、行为、关注点和愿望。由以上整理,主要分析以下两个部分。

①这个客户的痛苦是什么?

他/她觉得最难的点是什么?在他/她和自己想要的事物或需要达到的目标之间有什么障碍?他/她会害怕承担哪些风险?

②这个客户想得到什么?

他/她真正想要和希望达到的是什么?猜想一些他/她可能用来实现其目标的策略。

2. 问卷调查

(1)问卷调查的概念　问卷调查是一种典型的定量研究方法。一般由研究人员围绕研究问题设计若干题目,按一定规则排列,由用户填写,然后回收整理、统计和研究。

(2)问卷调查的作用　问卷调查可覆盖大规模用户,在短时间内收集到大量数据。作为定量研究,问卷调查所提供的数据在支持决策方面所发挥的作用是用户访谈等形式的定性分析所无法取代的。

通过问卷获得的是用户“自我报告”的数据，不能等同于他们的实际行为。基于这个原因，需要结合访谈和 web 分析的结果来对问卷调查数据做出解释。

(3)问卷类型　从填写方式来看，可分为以下两种。

①自填式问卷：由调查者发给(或邮寄给)被调查者，由被调查者根据实际情况自己填写的问卷。

②代填式问卷：由调查者按照事先设计好的问卷或问卷提纲向被调查者提问，然后根据被调查者的回答进行填写的问卷。

(4)调查问卷的基本结构　一般来说，正式问卷需要包含以下模块。

①标题：标题要清晰、简洁地表明本次研究的课题，让填写问卷者能清晰知道此问卷研究的目的。

②说明信/填表说明：说明信要清晰地表明设置此次问卷的个人姓名或者单位，并且要标清此次问卷的用处，并且承诺该问卷仅用作本标题所研究的方向的研究，不做他用。

③正文：正文是呈现设置的问题，可以为单选题、多选题、填空题等形式，创业者要根据实际情况来进行设置，设置的问题要精简、有效。问题设置一般为 20～30 个，不能过多，过多容易导致填写问卷者失去耐心，出现乱填或者不填的情况。

(5)常用工具　线下多为纸质版的问卷，线上较为普遍的是使用“问卷星”这一调查问卷工具。一般来说，采用线下填写问卷的方式，有效问卷的占比较高，但比较耗费时间；而采用线上填写的方式，可在短时间内覆盖大量的目标个体，但可能会出现部分无效问卷。

3.创业的 SWOT 分析

(1)SWOT 的定义　SWOT 是基于内外部竞争环境和竞争条件下的态势分析，就是将与研究对象密切相关的各种主要内部优势、劣势和外部的机会和威胁等，通过调查列举出来，并依照矩阵形式排列，然后用系统分析的思想，把各种因素相互匹配起来加以分析，从中得出一系列相应的结论。

(2)SWOT 分析的步骤　主要分为以下三步。

①找出现代农业创业面临的优势、劣势、机会和威胁，绘制 SWOT 评价指标。

②对 SWOT 评价指标表的评价结果进行分析，通过分析图或表格定位创业现状。

③根据 SWOT 定位分析结果制定详细的创业策略。

(3)SWOT 分析的要素　主要从四个方面进行分析(图 3-2)。

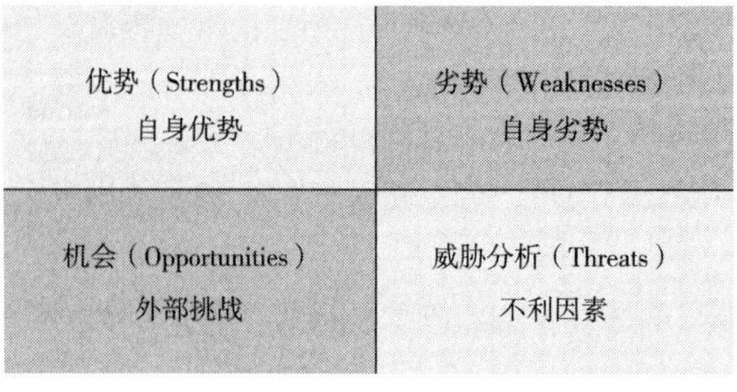

图 3-2　SWOT 分析

①优势分析：与目前和未来的竞争对手进行比较，分析创业者所拥有的竞争优势。

②劣势分析：主要分析创业者存在的劣势。

③机会分析：主要分析外在环境是否有利于创业和发展。

④威胁分析：针对整个农业创业企业层面分析不利于组织的威胁或状况或组织可能面临的不利因素或者干扰。

科普中国网站有以“80后女孩的创业梦——武祝琴”为题的视频，读者可以搜索观看，帮助学习。

第三节　现代农业创业机会评估

一、现代农业创业机会评估目的

创业初期，现代农业创业机会评估主要让创业者了解自己是否适合该项目，每个项目都是有独特性的，都需要一定相关行业的知识储备，对创业机会的评估可以让创业者了解自己和创业机会是否匹配。现代农业创业机会评估，可以使创业者对创业机会进行初始的判断，了解农业项目的发展方向和项目的潜力等。除此之外，现代农业创业机会的评估常用于企业规避创业风险，明确创业收益。

二、现代农业创业机会评估原则

（一）市场评估原则

1. 市场的定位

一个好的创业，必然具有特定的市场定位，更注重满足客户的需求，满足客户的需要。因此评估创业机会的时候，市场分析是至关重要的。主要分析企业的市场定位是否清晰、是否正确、客户需求分析是否清晰、客户沟通渠道是否顺畅、产品是否可持续发展，当结果较为正向时，创业的成功率会较高。当然，当你的企业为你的顾客带来更多的利益时，你就会有更多的机会获得成功。

2. 市场的规模

市场规模的大小对农业创业企业的成败有重要影响作用。一般而言，市场规模大者，因空间较大，进入市场阻力相对较小，在竞争中成功的概率会稍微大一些，有利于企业的发展。反之，企业的生存则会受限制，更有甚者会直接失败。目前，国家重视粮食自给率，积极保障国家粮食安全，在一定程度上增加了农业创业企业的市场规模。

3. 市场的结构

针对创业机会的市场结构分析，在农业创业企业发展的过程中，要进行自身产品的竞争力、替代性竞争产品的威胁以及市场内部竞争的激烈程度等调研分析，可以了解其在市场中的地位和对应竞争者的实力，依此来对企业进行战略调整及产品和技术的更新。

4. 市场的渗透

对于一个有巨大市场潜力的创业机会，市场渗透力评估将会是一项非常重要的影响因素。有远见的创业家懂得如何选择在最佳时机进入市场，也就是市场需求即将大幅成长之际，此时创业者已经做好准备进场，准备实施计划。

5. 市场的占有率

从创业机会预期可取得的市场占有率目标，可以显示这家新创公司未来的市场竞争力。一般而言，要成为市场的领导者，最少拥有20%的市场占有率。如果低于5%的市场占有率，则该农业创业企业的竞争力不大，需要考虑它的可行性。若处于需要高新技术产业支撑的行业里，则需要更强的实力来增加市场占有率。

6. 产品的成本结构

产品的成本结构，也在一定程度上反映企业的未来发展情况。例如，人工和物料的比例、经济规模产量大小、经济产量效益等，由此可以判断企业创造附加价值的幅度以及未来可能的获利空间。

(二)效益评估原则

1. 合理的净利润

在现代农业创业企业的创办初期，一定要合理地计算净利润，才能预估企业的生命力。具有吸引力的创业企业，能够长期健康发展的企业，至少需要能够创造一定的税后净利润。如果创业预期的税后净利润在5%以下，那么这有可能就不是一个好的投资机会，需要创业者重新进行评估，选择将项目进行调整或者直接放弃。

2. 合理的盈亏均衡期

企业的创办需要有一个合理的盈亏均衡期，这个盈亏均衡期预计为1～3年，如果超过3年，那就要考虑项目的价值。但是，因农业周期较长，有些农业创业企业需要经过比较长时间的酝酿时间、前期的投入以及中后期的持续投入，才能一定程度保证后期的获利。

3. 投资回报率

现代农业创业企业要考虑到创业可能面临的各项风险，合理的投资回报率应该在25%以上。通常来说，15%以下的投资回报率是不必考虑的创业机会。

4. 资本需求

投资者一般比较青睐资金需求低的项目。通常，知识越密集的创业机会，对资金的需求量越低，投资回报就会越高。一般情况下，一个企业的知识密度越大，所需要的资本越少，其投资收益越高。所以，在创业初期，最好的办法就是增加利润，增加资本，降低亏损。

5. 资本市场活力

当新企业处于一个具有高度活力的资本市场时，他的获利回收机会相对也比较高。不过资本市场的变化幅度极大，在市场高点时投入，资金资本较低，筹资相对容易。在资本市场低点时，投资新企业开发的吸引力则较低，好的创业机会也相对较少。然而对投资者而言，市场低点时投资回报会更高。通常来说，新创企业的资本市场较为活跃，更容易创造增值效果，因此资本市场成本较低，这也可以作为一项用来评价创业机会的外部环境指标。

6. 退出机制与策略

所有的投入都是为了再利用，因此退出机制与策略就成为一项评估创业机会的重要指标。

由于退出的难度普遍要高于进入，所以一个具有吸引力的创业机会，应该要为所有投资者考虑退出机制以及退出的策略规划。

【案例分析】

案例一　湛江徐闻"菠萝的海""火龙果海"搬进数字产地仓

9 月 22 日，湛江徐闻"菠萝的海"产地仓举办第一场丰收节原产地直播。主播在卖力地介绍着徐闻的产品，介绍在祖国大陆最南端徐闻，以及身后在运作的水果分选线，展示着农民伯伯刚摘下果子第一时间就送到仓里的菠萝和火龙果。

电商行业的兴起改变了传统的农产品的售卖模式，使当地的农产品可以为全国甚至全世界的人民提供了解和购买的渠道。徐闻，一个菠萝产量占全国 1/3 的地方，又被称为"菠萝的海"，自上半年产地仓建成以来，向全国发出的菠萝超 9 万单，直供超市的鲜切菠萝超 75 万 kg。同时，产量占全国 20%的湛江火龙果，也将通过产地仓与全国消费者见面。

在产地仓直播的背后，凝聚的是一名名创业者的创业历程。其中一名就是 90 后"菠萝小王子"，他是徐闻 90 后新农人——魏仕旗，他将 25 万 kg 鲜切小菠萝卖向全国。在直播的现场他紧张地通过屏幕实时查看大家对菠萝、火龙果的反馈，并进行记录，以便在日后的创业过程中，根据客户的反馈进行产品的包装与创新。

徐闻人生下来就带有菠萝基因。魏仕旗是徐闻县曲界镇愚公楼村人，100 年前徐闻籍华侨倪国良从南洋引进菠萝品种回国，种植第一站正是愚公楼村。大学毕业后，魏仕旗在广州从事电商创业，后来返乡帮乡亲们解决菠萝滞销问题。1993 年出生的他说起菠萝来头头是道，俨然一名农业专家。

在帮忙解决菠萝滞销的问题时，他发现菠萝这种水果在一个基地种出来也是有大的有小的，品质参差不齐，在以前，小果或者"长相"不过关的经常就会被当作损耗扔掉，但是，小菠萝口感其实也是不错的。魏仕旗说："菠萝一季要生长近 2 年，扔掉太可惜，后来我发现市场上有种泰国小菠萝卖得很好，于是我就开始研究它能火爆销售的原因。"

在研究的过程中，他发现了"鲜切小菠萝"这一销售产品，进而开始了自己的创业之路。他收集以前每亩地可能要扔掉的上千斤小果，制作"鲜切小菠萝"进行销售，由于他自己年纪也不大，勤劳、踏实、肯干，乡亲们亲切地称他为"菠萝小王子"。

根据魏仕旗的观察，他发现如今乡村最缺的并非好产品，而是供应链能力和销售渠道。得益于国家乡村振兴战略的实施，产地仓等基础设施的建设，魏仕旗的菠萝开拓了更大的市场，成本也降低了不少，有了产地仓的冷库，保存时间也更长了，更加降低了成本。返乡 4 年来，魏仕旗光菠萝就已经销售了 165 万 kg，获得市场认可的同时，乡亲们的每亩地也能增收近 2 000 元，提高农民收入，增加了农民的幸福感。

不仅有远近闻名的菠萝，最近产地仓来了的新客人还有火龙果。在湛江农业现代产业园"陈晓军工作室"附近，近千亩火龙果海沐浴着灯光，显得格外璀璨。

"很多人不知道，火龙果一年可以收获 6～7 季，但是随着科学技术的发展，我们现在通过调整日照时间等，让火龙果在秋冬季也能开花，现在每年可以收获 12 季以上。"湛江农垦广前名优公司总经理黄所介绍。

"陈晓军是我们农场的全国劳模，在他的带领下农场不断革新技术，火龙果年年丰产。"黄所介绍，“但丰产不等于农民能丰收，我们之前主要靠传统市场，由于保存期限和市场等问题，没有打开自己的销路，价格不稳定，有时候丰产会导致产品的价格降低，造成农民的收入降低，我们也一直在寻找办法，突破瓶颈，使我们的农产品丰产也丰收。”

2021年，当地企业与电商平台合作，为湛江丰富的水果找到了销路。“以前水果商一般给的价格偏低，现在通过徐闻产地仓对接到互联网平台，价格可以高不少，而且长期采购协议让我们心里更有数。”黄所介绍。

有了稳定的销售渠道，也为乡亲们提供了打工的场所。火龙果可以收获12季以后，乡亲们打零工机会更多了，在乡下靠这些收入足以养活自己，提供了挣钱的机会，提高了农民的收入，让农民在“家”就能挣到钱。

随着数字产地仓打通产供销全链路，我们农产品可以有更好的价格进行出售。

在徐闻产地仓，通过数字化分选线，菠萝按照特定的标准进行分选分级与自动化打包，并通过相应的冷链储运发向全国。这些菠萝是当地人最为看重的“红土金菠”，成为他们收入的来源。

在销售端，数字产地仓通过平台市场洞察，为“红土金菠”提供产业结构、品牌、商家、消费人群指引，在产地端，数字产地仓共同制定品牌标准，通过品牌建设带动徐闻菠萝产业发展。

“红土金菠”大多由超过500户种植规模的大农场种植，通过企业统采统销，中后期收购价格高于市场行情价10%以上。此外，在当地配套建设了数字供应链，包含大数据中心、智能产地仓、冷链等板块，为当地农人提供公共服务，实现物流成本降低20%，在多个方面为农民提供便利，增加收入。

华南农业大学数字乡村研究院副院长易法敏说，“在乡村振兴大背景下，企业从农业产业链发展短板处切入，通过提供数字技术综合服务，深入产业链全链条，开展各种展景化的数字化创新探索，推动数字化从消费端的‘餐桌’来到产地端的‘土地’，为农业全产业链创造价值增值。”

（案例来源：新华网，2022.湛江徐闻“菠萝的海”“火龙果海”搬进数字产地仓[EB/OL]. http://m.news.cn/gd/2022-09/23/c_1129025984.htm，有删改。）

分析：

农业已经成为中国经济新常态下重要的经济增长点。

1.保持敏锐，发现问题，解决问题。在本案例中，魏仕旗奔着帮助农民解决农产品滞销的问题进行创业。在创业的过程中，他积极发现问题，找寻解决问题的办法，才有了今天的繁荣之象。作为大学生的我们要学好本专业的知识，同时，培养自己发现问题和解决问题的能力，对世界保有好奇心。

2.紧抓时代潮流，树立终身学习的理念。现如今已经不是“酒香不怕巷子深”的年代了，互联网营销已经成为一门专业的学科，互联网营销是营销体系内最为直接、最为有效、成本最低的营销模式，越来越被重视。创业者们则是紧抓时代潮流，用电商帮农民找到销路，加入数字产地仓，增加农民的收入，切实地为乡村振兴做出自己的贡献。

案例二　“互联网＋”农村旅游扶贫引领农林旅融合

近年来，“乡村游”概念逐渐升温，各地方与时俱进，根据当地农业生产特色和优势等，不断地完善优化农旅融合的发展模式，积极探索特色农业产业与乡村游、生态游的结合、打造农产品，发挥品牌效应，赋能乡村振兴。

宁夏西吉县心雨林下产业专业合作社是在我国农、林业咨询、技术指导的基础上发展起来的一家实体经营型科技农民专业合作社，主要从事以下几个方面的工作：科技农业及林业项目的开发、推广；优质农业、林业的品种引进、培育、种植；林下养殖；森林旅游；林产品加工，规模农林业与现代休闲农业相结合的经营模式和循环经济生态模式的宣传与推广。

心雨合作社位于中国最美休闲乡村龙王坝，地处在火石寨国家地质公园和党家岔震湖两大景点之间，距离县城 8 km，距火石寨景区 19 km，北与 309 国道、南与西三公路相连接，交通便捷，环境优美。为带领村民脱贫致富，合作社投资建设了龙王坝休闲农业创客示范园，园区已完成投资 3 000 万元，拥有 66 栋回乡大学生休闲创意创业温室大棚、40 户乡村旅游创客精品民宿客栈、3 000 m^2 村民入股众筹餐饮中心，2 000 亩油用牡丹基地、万羽震湖生态鸡养殖基地、文化小广场等多样的可用于休闲农业开发、乡村旅游、林下经济三者融合发展的创业孵化硬件资源。

龙王坝村以发展休闲农业为基础，以脱贫攻坚为统领，以增加农民收入为核心，以旅游创客创新为发力点，依托本村丰富的自然景观资源，农村旅游＋互联网为创业项目，走“一二三”产业融合发展的路子，创新发展乡村脱贫模式，现已建成千亩林下油用牡丹基地、万羽林下生态鸡基地、林下梅花鹿养殖中心、农家餐饮中心、文化小广场、云台山寺庙群、山毛桃生态观光园等，形成了传统三合院、多种风格特色民居并存的美丽乡村风貌，贫困群众生产生活得到了明显改善，村容村貌焕然一新，已形成生态环境优美、布局合理、设施完善的乡村旅游创客基地，成为具有地方和民族特色的新农村。年接待游客达 60 000 人次，带动全村农民走出“1234”旅游扶贫致富路。

每户都建设 1 栋休闲采摘日光温棚。合作社采取“农户出地、政府补助、合作社出资的农村 PPP 模式”，即农户拿自己的 1 亩土地作价 3 000 元入股、政府补贴合作社建温室的 2 万元算作农户投入股份，合作社兜底 6.7 万元共同建设经营大棚，按投入资金分红。大棚建成对外出租 2 500 元/年，这样可以将农户以前每年 30 元都租不出去的山坡地一下子变成了每年有 800 元收入的香饽饽地，同时为支持龙王坝乡村旅游创客发展，合作社争取西吉县政府补助资金将大棚免费提供给创客发展创意果蔬，这种模式既提高了贫困农户收入，又让创客有了创业平台，并让合作社有地使用迅速形成规模。

拓宽旅游接待，修建 3 间客房。为了改变传统的农民观念，龙王坝推出“农房变客房、农民变创客”的发展思路，组织景区农户改造 3 间客房，用来发展民宿客栈这种农家乐高级版本，按照每间住 4 人、每天住宿 12 人、每人 30 元计算，每天可创收 360 元，这种模式不仅仅让农户赚到了钱，还培养了他们的创业创新意识，让农户尝到了创业的甜头。

农户人均饲养了 4 只林下生态鸡。坚持以“合作社＋农户＋市场”的方式发展畜禽，培育无公害中药材和畜、禽、蛋等无公害动物产品，打造以丰富的体育赛事主题、独特生态环境为特色的休闲度假基地。合作社会在每一户人家饲养 4 只鸡，由农户代购，这样不但能提高客栈的特色，还能把农户变成一家卖生态鸡的线下体验店，把农户家里转化成创客发展平台，可年创收1万多元。

在龙王坝建立旅游创客基地，首先要引进和培养创新创业人才，把大量的创客引入龙王坝乡来，这是一项积极的举措。组织引导大学生、返乡农民工、专业艺术人才、青年创业团队等“创客”到龙王坝乡发展，返乡创业，加深乡情，同时在创业的过程中可以提供一定的就业岗位，让农户可以就近参加工作，提高收入，促进龙王坝乡的休闲农业转型升级、创新发展，让农户户户创业，户户工作，人人有收入，用自己的双手创造自己的幸福生活。

目前，青年（大学生）、新农民的创业问题已引起了各级党委、政府的高度重视。为大学生创业提供支持和服务，是各级党委、政府工作的一项重要工作。西吉县龙王坝休闲农业创客基地的建设是深化全民创业的具体举措，是促进青年人才智力资源转化为现实生产力的重要途径，同时也是促进农民创业的一项切实措施，鼓励青年（大学生）回乡创业，增加家乡归属感，让青年（大学生）在外学习相关技术，提高综合能力后回乡，实现自己的人生理想，同时也为家乡的建设做出自己的贡献，为乡村振兴贡献了青年力量。

坚持、丰富和发展服务青年（大学生）、促进发展的工作理念，更好地为青年（大学生）服务、为社会服务，在西吉县建立“龙王坝”休闲农场，既能提高西吉县的招商引资和创业影响力，又能让政府工作更贴近市场，更好地为创客创业创造新的平台，推动全民创业事业的发展，提高收入，是一举多得的好举措。

（资料来源：中华人民共和国农业农村部网站，2016. 互联网＋农村旅游扶贫引领农林旅融合——宁夏西吉县心雨林下产业专业合作社[EB/OL]. http://www.moa.gov.cn/ztzl/scdh/sbal/201608/t20160830_5257916.htm，有删改。）

分析：

宁夏西吉县心雨林下产业专业合作社，通过推动休闲农业产业的发展，带动龙王坝经济的发展，最终带领村民致富，助力乡村振兴。我们有以下思考。

1. 适时对创业机会进行识别，善于抓住创业机会。龙王坝村把林下经济、乡村旅游、休闲农业结合起来，成为新型农村的典范，为农村脱贫致富发展出新路子。龙王坝村识别自身优势，利用自己的地理优势以及环境优势，建设新农村，成为现代农业创业成功的典范之一。大学生在创业的起初，应保持好奇心，保持热情，善于对优势资源进行利用，善于识别创业机会，进一步将创业机会进行实践，从而取得创业的成功。

2. 突出地方特色，形成连锁消费模式。龙王坝村创业的过程中，村容村貌焕然一新，已形成生态环境优美、布局合理、设施完善的乡村旅游创客基地，成为具有地方和民族特色的新农村。在村里把衣、食、住、行等都特色化发展，将原本的“一日游”变为“两日游”，将原本的“两日游”变为“多日游”，增加农民收入，造福农民，造福农村。

3. 贡献青年力量，建设美丽乡村。在龙王坝村中有为大学生提供的创新创业基地，支持全民创业，给大学生提供了创业平台和资源。作为大学生，我们可以抓住这样的机会，积极学习龙王坝村的创业模式，依据自身的创业想法，将自己的项目进行完善，利用资源，返乡创业，提高创业成功率，为乡村振兴贡献青年力量。

【行动建议】

农业农村部：目前全国各类返乡入乡创业人员超过 1 100 多万人

2022 年 4 月 20 日，国务院新闻办公室举行新闻发布会，介绍 2022 年一季度农业农村经济运行情况。

农业农村部总农艺师、发展规划司司长曾衍德指出，促进农民增收是农业农村工作的一个中心任务。今年一季度农村居民人均可支配收入 5 758 元，扣除物价因素实际增长 6.3%，快于城镇居民增速 2.1 个百分点。一季度农民收入快速增长有两个因素，一个是，春节农民工过年回家带回大量的钱。另一个是，农产品市场价格总体保持稳中有增，增加了家庭经营性收入。

2022 年，新冠疫情散发，对农民外出务工就业和农产品销售等都带来一定影响。农资价格持续上涨，农业生产成本提高，也影响农民收入。从工作来看，根据实际情况，下一步要采取以下措施，来稳住农民增收的好势头。

第一，发展乡村产业促进增收。乡村产业中，重点是发展农产品加工业，要引导农民就地就近就业，要基于乡村资源，挖掘乡村多元价值，推进农业与旅游结合，发展乡村休闲旅游业，通过多方面的联合来发展乡村产业，依此增加农民收入。另外，大力发展农村电子商务，畅通销售渠道，把优质农产品送到城里去，把农产品销出去，把好的产品销出去，打造特色品牌，吸引有志、有知青年回乡创业。

第二，促进农民就业稳定岗位。一是促进就近就地就业。包括发展乡村产业，以此吸纳农民就业，也包括在乡村开展现代农业产业园，优势特色产业集群等项目建设，提供就近就地就业岗位，让农民在家门口就业，提高农民收入。二是引导外出务工就业。加大对农民工特别是脱贫劳动力的技能培训力度，强化指导服务，提高就业技能，提高农民工外出务工质量，稳定就业。

第三，推进农村创业拓渠道。目前全国各类返乡入乡创业人员超过 1 100 多万人。从政策和资源等方面加强农村创业的吸引力，吸引多层次、多领域的创业者进入农村创业，助力农村发展和农民增收。同时，增强家乡的认同感和归属感，让在外的农民工和大学生有志返乡，为建设家乡贡献自己的力量。

经综合测算，一个返乡创业项目，平均可吸纳六七个农民稳定就业，17 个灵活就业。在目前的经济形势下，返乡创业成为多赢的就业方式。首先，返乡创业能够依托当地农业发展的优势，打造品牌，增加销售，能够使自身在创业活动中获得成绩，同时也能促进乡村产业的发展，提供一定量的农民就业岗位，对助力乡村振兴战略的实施有积极作用。

（资料来源：央视网，2022. 农业农村部：目前全国各类返乡入乡创业人员超过 1 100 多万人[EB/OL]. https://news.cctv.com/2022/04/20/ARTISEPkmP5PNxIv7AEJqvAi220420.shtml，有删改。）

【本章小结】

本章对创业相关法律进行初步的阐述，同时对现代农业创业的技术、经济和文化环境进行了初步的分析，让学生了解创业初期需要考虑的各种因素，引导学生注重培养搜集信息的能力,同时对搜集的信息进行整理,根据自身的需求进行分析,从而得出相对客观的分析结果,进而指导创业项目的发展。剖析现代农业创业机会的来源,如何识别创业机会,引导学生探究创业机会,引导学生要对世界充满好奇,发现创业机会,把握住创业机会。除此之外,引导学生学会对创业机会进行全面评估,经过调研后,确定项目的可实施性,鼓励大学生抓住创业机会,迎接挑战,书写青春篇章。

【课后训练】

一、观看与思考

结合本章所学内容观看视频,建议以小组为单位,参考"思考感悟"和"相关阅读"进行讨论。

主题:识别创业机会,抓住创业机会

(5G技术将会给农业带来哪些新变化?

https://cloud.kepuchina.cn/newSearch/videoDetail? id=6954954079908491264)

思考题:

1. 根据你目前所学,你觉得5G技术给农业带来的最大变化是什么?

2. 你觉得随着科技的发展,农业还有哪些创业机会?

相关阅读:

1.《创业思维》(作者:[日]柏野克己)

2.《元创业:业务变现的终极指南》(作者:[美]迈克尔·J.麦克福尔)

二、回顾与思考

1. 近期,国家和地方出台了较多支持青年人创业的政策,比如"资金补贴支持、导师全程辅导和联动资源优化服务等"。你觉得如果让你进行创业,你会选择什么类别的项目?为什么?

2. 回顾观察你身边的创业项目,他们是怎么发现该项目并将该项目运营的?你觉得他们具备什么样的品质?你对发现创业机会有了什么样的新认识?

3. 回顾你参加的需自定主题汇报的项目中,团队成员是如何选定题目的?选定这个题目的意义在哪里?

三、行动与思考

1. 创业机会往往来源于日常生活中容易被忽略的问题,因此需要大家具备一双善于发现的眼睛。请同学们从以下三个方面思考自己碰到的问题,每种类型不少于3个,并进行记录,将这些问题进行分类,与小组其他成员讨论,大多数成员都认为需要解决的问题,探讨如何解决?有什么更好的解决办法?

日常生活:如衣、食、住、行、游、购、娱;

技术商用:如前沿技术的体验问题VR/AR,语音机器人等(结合专业进行思考);

社会热点:如新冠肺炎、国企员工炫富事件等。

2. 通过查阅资料和书籍,按照你所认可的方式将现代农业企业类型进行分类,思考现代农业企业的创业机会的来源有哪些?它们面临的技术环境和文化环境是怎样的?

第四章　现代农业创业资源整合

【学习目的】

1. 了解创业资源的内涵。
2. 了解现代农业创业资源的分类。
3. 认识现代农业创业资源整合的方法。

【本章引例】

牛根生的创业资源整合与融资

蒙牛集团是中国家喻户晓的乳制品企业，拥有常温奶、低温奶、奶制品等产品。然而鲜为人知的是，蒙牛的董事长牛根生最初只是伊利集团的一名普通的洗碗工人。牛根生依靠自己的勤奋与聪明，成为生产部的总经理、伊利的副总裁。后来，由于某些原因，40 多岁的牛根生被伊利辞退了。此后，他曾去北京找工作，但由于年纪偏大，他的求职之路屡屡碰壁。无奈之下，牛根生回到呼和浩特，邀请了原来在伊利工作的同事一起进行创业。

在创业初期，牛根生一无所有。当他邀请原来伊利几个同事一起出来创业后，团队搭建起来了，就有了合伙人资源。但是，对于一个初创的奶制品企业来说，没有奶源，没有工厂，没有品牌，这些对初创企业来说都是致命的打击。

于是牛根生开始进行资源整合。首先，他通过人脉关系找到了哈尔滨一家乳制品公司。这家公司虽然生产的乳制品质量有问题，但是公司设备都是新的，正好可以为牛根生所用。接着，牛根生又找到另一家乳制品质量过关的企业，该企业的营销渠道一直没有打通，所以产品一直滞销。于是，牛根生马上找到这家公司的老板说："你来帮我们生产，我们这边都是伊利技术高层，帮忙技术把关，牛奶的销售铺货我们也承包了。"这位老板一听，马上答应下来。而且他们几个一起出来创业的伙伴也有了落脚的地方，解决了生存的问题。

接下来就是品牌的问题了。在乳制品这个行业，没有品牌很难销售，因为品牌代表着安全可靠。由于出身伊利，牛根生想到了借势伊利，于是打出口号："蒙牛甘居第二，向老大哥伊利学习"。口号一出，让伊利情何以堪，却又哭笑不得。就这样，一个名不见经传的名牌迅速挤入全国前列。牛根生不只是盯着伊利，而是把自己和内蒙古的几个知名品牌联系起来，说："伊利，鄂尔多斯，宁城老窖，蒙牛为内蒙古喝彩!"因为前三个都是内蒙古驰名商标，自己放在最后，给人感觉就是内蒙古的第四品牌。牛根生对品牌资源的整合，让蒙牛没有花一分钱，让自己的品牌成为知名的品牌。

第三个问题，没有奶源怎么解决？自己买牛去养，但牛很贵，也没有那么多人员去照顾。于是，蒙牛整合了三方面的资源：第一是农户，第二是农村信用社，第三是奶站的资源。用信用社借钱给奶农，蒙牛担保，而且蒙牛承诺包销路。奶牛生产出来的奶由奶站接收，蒙牛又找到奶站。蒙牛定时把信用社的钱还了，把利润又给了奶农，趁机喊出一个口号："一年养10头牛，过的日子比蒙牛的老板还牛"。

通过种种资源整合的策略，牛根生的蒙牛从无到有。蒙牛目前已经成为能够冠名赞助世界杯的国际企业。

（案例来源：编者根据网络素材整理）

思考：

1. 牛根生的创业经历过程中，整合了哪些创业资源？
2. 牛根生的资源整合案例给了我们哪些启示？

第一节　创业资源整合概述

创业资源是创业企业开展创业活动不可或缺的条件。创业企业为了提高创业绩效、促进企业成长必须获取其所需的创业资源。

一、创业资源

（一）创业资源的含义

创新创业的重要前提条件，就是创业者拥有或能够支配的与创新创业目标相匹配的一定资源。依据战略管理较具影响力的资源基础理论的相关界定，资源是指企业在向社会提供产品或服务的过程中，所拥有的或者所能够支配的用以实现目标的各种要素及要素的组合。

创业资源是指新创企业诞生以及成长过程中所需要的各种生产要素和支撑条件。对于创新创业的个体而言，凡是能够对其创业项目或创业企业具有一定益处的要素，都可以看作是创业资源。

现代管理学之父彼得·德鲁克在《管理的实践》一书中指出，创业战略就是管理者找出新创企业所拥有的资源，并在此基础上决定新创企业应该做什么。彼得·德鲁克的战略定义强调了创业者必须识别和找出自己所拥有的资源，并根据自身的资源特点来确定创业的方向。

尽管资源有不同的形式，但所有资源都有许多共同的特征。首先，资源是被消费的，它们被转化为客户购买的产品。其次，企业尤其是创新企业都存在对资源的竞争，企业的管理者会愿意花钱来获得资源。最后，资源代表一定的成本，资源的成本体现了企业如何使用资源以创造新价值。资源由企业买入和卖出，其成本由针对一定资源而创造的市场所决定。具有创造大量新价值潜力的资源，其价格也相对高昂。对特定企业而言，这里的价格并不等同于资源的价值，因为，资源的价值在于企业如何使用它、如何利用它进行创新以及如何发挥它的作用。

一种类型的资源可转化为另一种类型的资源。一般而言，这个过程涉及交易某种资源，以此将其转化为现金的形式，而后使用该现金购买新事物。而在某些情况下，也可以直接通过"资产互换"实现资源的交换，如在金融市场未充分发展的地方，物物交换就可能变得更为重要。但并非所有的资源市场都同样开放，有些资源的市场化程度高，而有些资源的市场化程度低，如流动性资源可轻易变现，非流动性资源则难以变现。

创业者必须积极为其企业争取资源。从某种意义上说，企业所处的网络是由资源的获取和交换途径构成的。从长远来看，创业者最终只会拥有与其他企业一样获得相同资源的机会。市场竞争力往往是无法基于拥有独特的资源投入而得以维持的，假如某项投入十分有价值，则其他企业会最终找到获得它或其他相似物的方法。为了保持竞争力，创业者必须以独特、具有重要价值的方式组合他们能够获得的资源，即利用它们实现创新，然后形成自己独特的竞争优势。

（二）创业资源的分类

创业资源的类别是多样的，根据不同的标准，创业资源的分类方式也不同。本书列举三种不同的创业资源分类方式。

1. 按资源的来源分类

创业资源按其来源可以分为自有资源和外部资源。

自有资源是指创业者或创业团队自身所拥有的可用于创新创业的资源，如创业者自有的资金、团队掌握的技术资源、团队具备的信息资源、创业者积累的人脉关系等；外部资源是指创业者从外部获取的各种资源，包括借取或融资的投资资金、租用的经营场所、购买的设备等。

外部资源可以通过获取成为自有资源，自有资源的拥有状况（特别是技术和人力资源）会影响外部资源的获得和运用。

2. 按资源的形态分类

创业资源按其存在形态可以分为有形资源和无形资源。无形资源往往是撬动有形资源的重要手段。

有形资源是具有物质形态的、价值可用货币度量的资源。有形资源主要包括金融资源、实物资源与组织资源三大类。金融资源，主要是企业物质要素和非物质要素的货币体现，主要表现为已经发生且能用会计方式记录在账的，能以货币计量的各种经济资源，包括资金、债券以及其他形式。实物资源，主要是企业从事生产经营活动所需要的一切生产资料，其构成状况按实物资源在生产经营过程中的作用，划分为劳动对象和劳动手段。组织资源，主要是企业为了实现既定目标，按照一定规则和程序，而设置的多层次岗位及其相应的人员隶属关系、权责角色结构等，主要包括企业的战略规划、员工开发、评价和报酬系统等内容。

无形资源是非物质形态的、价值难以用金钱精确度量的资源，如人力资源、技术资源、品牌资源、政策资源、市场资源以及企业信誉等。人力资源、技术资源、企业信誉相对好理解。品牌资源可以是一个名称、名词、符号或设计，或是它们的组合，其目的是识别某一销售者，或某一消费群体的产品或服务，并使之与竞争对手的产品和服务进行区别。品牌资源又可细分为产品品牌、服务品牌与企业品牌三大类。市场资源，主要包括营销网络与客户资源、行业经验资源以及人脉资源等软资源。政策资源，主要是基于政府制定和落实的关于创新创业行业或领域的鼓励扶植政策等，以及开展的与创新创业教育相关的培训或技能提升等，具体包括专项资金扶持、财政补贴、社会保障等鼓励创业者创新创业的政策文件，为创业者提供的相关信息与管理咨询，以及其他专业化的服务或项目支持等。

3.按资源的性质分类

根据资源的性质，可将创业资源分为多种不同的类型，如财务资源、人力资源、社会资源、科技资源、管理资源、信息资源和政策资源等。

(1)财务资源　财务资源是指能够支持创业者开展创业活动的资金、资产以及股票等资源。创业离不开资金的支持，创业者如果可以合理灵活运用一些财务资源，也许可以产生更多的资源，创造更大的价值。比如在资本市场合理运作，可以保证企业股权的流动性，通过反复的交易，达到资金资源的价值最大化。

(2)人力资源　主要是指存在于企业组织系统内部的有经验的、掌握特殊技能的员工等和可供企业利用的外部人员的总和。它主要包括创业者与创业团队的知识、训练、经验，也包括组织及其成员的专业智慧、判断力、视野、愿景，甚至是创业者、创业团队的人际关系网络。创业者是创新创业中最重要的人力资源，其价值观和执行力更是创新创业的基石。合适的员工也是创新创业人力资源的重要部分，他们是企业可持续发展的关键因素。人力资源是企业资源结构中较为重要的核心资源，是企业技术实现以及信息转化的主体和载体，以及其他资源的实际操作者。这些人力资源决定着所有资源效力的发挥水平。

(3)社会资源　主要指由于人际和社会关系网络而形成的资源。社会资源可以是人力资源的一部分，或者说是特殊的人力资源。首先，创业者在创业之前与创业过程中都应该重视社会资源的积累与挖掘，比如在平时经常帮助别人，一旦遇到困难时就更容易寻求到他人的帮助。其次，需要注意的是，创业者要用真心去维护现有的以及潜在的社会资源，比如在多次合作中以及交流沟通中维护人际关系等，在维护的同时，说不定会认识对自己更有帮助的人，形成新的人脉关系。正所谓“你的朋友可能帮不了你，但或许你朋友的朋友可以提供帮助”。

(4)科技资源　创业企业的科技水平是决定创业产品是否具有市场竞争力和能否获利的根本因素。比如寻找适合的研究机构、高效科研力量以及所需要的专业的科技实验平台等科技资源。创业企业可以与科研机构、技术前沿人才合作，掌握科技资源。需要注意的是，科技资源可以与其他资源相结合，通过法律手段予以保护，比如自主研发与知识产权等。

(5)管理资源　管理资源是指创业者为了更好地开展创业活动而需要的管理能力以及管理人才等。比如专业的市场营销策划，规范化的企业管理制度，合理的企业人力管理、财务管理、营销管理机制以及专业人才等。国内研究者姚梅芳曾把人力资源、管理资源、科技资源归纳为核心资源。由此可见管理资源对于创业企业的重要性。

(6)信息资源　信息资源是指创业者开展创业活动所需要的各方面信息。创业企业的决策至关重要，而决策建立在信息的基础上。信息可以是关于销售渠道的消息，也可以是关于竞争对手的行动等。对于创业者而言，这些信息都是有用的信息。但是信息不对称却是摆在创业者面前最大的困难。所谓信息不对称是指在进行市场经济活动的过程中的各类人员对同一信息的掌握程度是不同的。对信息掌握比较充分的人无疑是处在有利地位的，反之则处于不利地位。而对于信息而言，创业者所能了解到的关于竞争对手、政府政策、合作伙伴、客户、渠道等的信息是有限的，因此限制了创业者的信息资源。正所谓“知己知彼，百战不殆”，只有掌握充分的信息，创业活动的成功性才能提高。

(7)政策资源　政策资源是指对创业活动的各种优惠扶持政策。比如扶持创业专项基金等财政扶持政策、鼓励商业银行调整信贷结构等融资政策、对于符合政策的中小企业给予优惠税收政策、支持创办中小企业的创业扶持政策、支持中小企业开拓国外市场的对外经济技术合作与交流政策等。充分准确地掌握政策资源可以减少创业过程中的阻力，在创业过程中少走弯路，同时应使政策资源成为创业的助推器，达到事半功倍的效果。

二、创业资源整合

创业资源对于创新创业活动具有重要的意义。企业创立以后，创业者需要积极地从外界不断获取创业资源，以支撑企业的稳步发展。同时，作为创新创业活动的核心管理者，创业者如何在其创新创业活动中有效地将创业资源进行整合，使有限的创业资源发挥到最大效应，进而推动初创企业的快速发展，有着非常重要的意义。

（一）创业资源的获取

通常而言，创业者可以利用市场交易途径与非市场途径两种方法获取创业资源。

1. 通过市场交易途径获取资源

市场途径是指创业者在市场上有偿购买相关资源。比如通过支付报酬来雇用专业的市场营销策划与管理人才而获得管理资源、通过与科研机构合作开发或者与高校合作而获得科技资源等。通过市场途径进行相关资源获取的方式主要包括购买、联盟和并购等。

（1）购买相关资源　主要是通过市场购入的方式，利用财务资源获取资源。比如购买厂房、装修布置、购买设备等物质资源，以及购买专利技术，聘请有经验的职员等。需要注意的是，知识领域内的资源特别是隐性知识等，是难以通过市场渠道直接购买的。因此，新创企业需要借助非市场渠道进行相关的开发或累积。对于大部分创业者而言，购买资源可能是较为常见的获取资源的渠道，大部分资源，特别是物质资源、人力资源以及技术资源等通常依靠市场途径进行必要的获取。

（2）联盟方式获取相关资源　联盟泛指通过联合其他组织，对一些企业或个体难以独立实现的资源开发，实行联盟方式进行共同开发的方式。该种方式能够实现对相关资源价值及其使用价值达成一定的共识，并且还能共同对相关技术的研发或使用实现共享。这也是一些技术类企业广泛采用的方式，如选择与地方高校或科研机构实行联盟，能够在不增加设备投入的同时，及时得到企业发展所需的相关技术资源，促进企业的持续稳定健康发展。

（3）并购方式获取相关资源　该方式主要是通过股权或资产收购，将企业的外部资源进行内化的一种企业交易方式。资源并购的重要前提是并购双方的资源，特别是知识等新资源具有较高的关联度。该方式可以有效地帮助创业者，减少进入一个崭新领域的时间成本，进而较好地实现创业机会的掌控。

2. 通过非市场途径获取资源

非市场途径是指利用社会关系或者较小的代价，甚至无偿获取相关资源。比如基于信任或者血缘关系向朋友或者亲人借款而取得的资金资源、通过社会人际网络关系而获得的关于销售渠道的信息资源等。通过非市场途径进行资源获取的主要方式包括资源吸引和资源累积。

（1）资源吸引　主要是指发挥无形资源的杠杆作用，利用新创企业的商业计划，通过对创新创业前景的描述、创业团队的声望等来获取相关创业资源。此处的创业资源可以是创业所必需的物质资源、技术资源以及人力资源等。创业者在进行融资或技术获取过程中，可以通过恰当地展示其创业项目以及创业团队声誉等,获得天使投资人或风险投资机构的认可和信任,进而吸引到其所需的相关创业资源。

(2)资源积累　主要是指创业者利用现有的资源,在企业内部通过技术研发、员工培训等方式,形成其所需的资源。在企业内部开发新技术,以及对组织内部员工的素质进行提升和培训等方式可以实现企业内部资源的自我积累。很多创业者会采用资源积累的方式,实现企业所需人力资源以及技术资源的自我积累。市场实践证明,通过资源积累的方式获得人力资源可作为一种激励方式,激发创业团队或员工的工作积极性,进而提高工作效率。

任何一个创业企业,不论是创新创业初期,还是成长或成熟阶段,都离不开对相关资源的获取,可以说是贯穿整个创业活动。大部分初创企业都经历过初期阶段资源匮乏的情况,所以在起步阶段的创业者通常利用非市场途径获取创业资源,通过社会网络关系降低获取资源的成本。但对于任何一个创业者来讲,如何利用多种途径实现资源的有效获取,都将是企业发展过程中需要重点关注的课题。

(二)创业资源的整合

创业资源整合指的是利用现有的资源能力,挣脱资源束缚,构建新的资源组合。资源整合涉及现有资源、资源将就和资源重构三个核心概念。“现有资源”是指创业者拥有的但却未完全意识到其全部价值的资源;“资源将就”是指创业者在资源束缚时急于利用现有资源的一种行为偏见,常常会即兴创作或者积极行动;“资源重构”是指创业者会根据其目的、策略与使用方式去整合资源。

创业资源整合并不是简单地将各种资源相加,而是一项复杂的行为。首先,在进行创业资源整合时,创业者要利用的是现有的、零成本的、看似无价值的资源。其次,它需要创业者对资源进行重新思考,以达到重构的目的,即创造性地利用整合的资源。再次,创业资源整合活动甚至会影响创业机会的识别与开发,所以资源整合行为并不是一蹴而就的,它要求创业者要突破资源异质性的思维,要善于利用现有的不同资源。

需要注意的是,创业资源整合存在动态性与复杂性的特点。资源整合方式的不同会引起创业资源和绩效之间调节作用的不同,而且环境的不确定性必然会影响资源整合,创业企业应在不同的创业阶段与不同的环境下,采取不同的资源整合策略。在此介绍四种较为普遍的资源整合策略:步步为营整合策略、创造性整合策略、杠杆整合策略、拼凑整合策略。

1. 步步为营整合策略

步步为营整合策略是指创业企业在资源限制的情况下,分多个阶段投入资源,且每个阶段尽量投入最少的资源,以自力更生为主,最大限度地降低对外部融资的需要。

2. 创造性整合策略

创造性整合策略是指创业企业存在资源束缚,但又需要解决新问题,在此过程中发现现有资源的新用途,并创造出新的价值,由此实现资源的整合。

3. 杠杆整合策略

杠杆整合策略是指创业企业利用外部闲置的资源弥补内部缺乏的或者短时间难以获取的资源。

4. 拼凑整合策略

拼凑整合策略是指创业企业将手头已有的资源进行整合或者将就使用，包括全面拼凑与有选择性拼凑。

（三）新创企业不同发展阶段的资源需求

新创企业的发展，一般要经历种子期、起步期、成长期、成熟期四个发展阶段。在不同的发展阶段，企业的资源需求状况会发生相应的变化，也就是新创企业的资源需求重点会发生转移。由此，在企业的不同发展阶段，应有不同的资源整合策略。

1. 种子期

在新创企业的种子期，企业所需要的各项资源都是比较匮乏的。尽管新创企业的商机项目具有巨大的潜力，但同时存在很大的不确定性。企业所拥有的资源非常有限，使得商机和资源之间存在着一种极不平衡的状态。项目尚未形成完整的商业计划，创业者之间也只是有初步的合作意向，企业还没有完成注册登记，产品与营销模式还没有确定，创业资金更没有落实。在该阶段，企业所拥有的社会资源发挥着举足轻重的作用，广泛有效的社会资源将成为自主创业的保障，如果能够很好地利用社会资源，处理好与政府部门、潜在消费者、供应商、分销商等之间的关系，那么将为企业未来的发展提供强有力的保障。

2. 起步期

经过种子期阶段的努力，新创企业获取了相应的资源。在新创企业的起步期内，资金资源和技术资源是企业进行资源配置的重点。资金资源的解决，能有效地带动其他相关资源的获取；同时，其他资源的需求得到满足，对于资金资源的满足也是有力的保证。而新创企业对技术资源的成功开发，将在整个市场中建立自身的独特优势，对于开拓市场、提高市场占有率具有积极的作用。虽然整个资源需求是一个互动的过程，但在该阶段，企业更应将资金需求作为工作的重点，这对企业的进一步发展具有至关重要的作用。

3. 成长期

企业经过生存危机的起步期后，完成了四大积累，即人才积累、经验积累、客户积累和资本积累，会迅速进入成长期，也会很快面临成长危机。在新创企业的成长期，最重要的资源是人力资源。企业的规模进一步扩大，员工进一步增加，各个部门之间的分工也逐渐清晰和明确，管理开始逐步系统化。人才的重要性对企业的稳定有着至关重要的作用。

4. 成熟期

在企业的成熟期，组织结构完整，经营状况较好，市场占有率较高，拥有持续稳定的现金流量。但同时因为市场需求的变化或者竞争对手的超越，企业也会逐渐丧失在原有的技术、服务、管理等方面的优势，难以有更大的市场突破。于是，寻求新的发展空间就成为企业发展的必由之路。开拓新的市场或者通过并购获得技术和资源，将成为企业在该阶段运营的重点。此时，企业各方面的发展已经成熟，资金充裕、技术完备、人才充足，拥有比较稳定的客户群，产品在市场上也逐渐树立了自身的品牌效应，社会资源将成为企业资源需求的重点。在这样的情况下，创业者要想帮助企业获得更大的发展，就应该广泛利用社会资源，获取更加深厚的社会关系网络，不断提高企业的知名度和影响力。

第二节 现代农业创业中的人力资源整合

人力资源是初创企业的实际开发者和操作者，决定着企业的步伐和方向。其中最重要的人力资源便是创业者或创业团队。好的现代农业创业人力资源的整合实际上是农业创业团队组建与管理的过程。

一、人力资源的类型

1. 合伙人资源

“一个篱笆三个桩，一个好汉三个帮”。创业要想成功，需要找到好的合伙人。合伙人是指投资组成合伙企业，参与合伙经营的组织和个人。有些想要投身创业的人，往往因为势孤力薄而打消创业念头，他们需要有志同道合的合伙人才能启动创业。合伙人资源是一种重要的资源，但往往是难以轻易获得的。幸运的是，在互联网发展的今天，我们可以通过网络平台广泛招募合伙人。

2. 技术型人才

专业人才能够为企业发展提供一定的指导和帮助，是不可多得的人力资源，如高等院校创新创业的专职教师、律师事务机构的专职人员、银行机构的专业人士以及风险投资机构等单位的专职人员等。

3. 管理型人力资源

随着创新企业发展到一定阶段，管理体系逐渐健全，规章制度逐渐完善，组织架构也日益明晰。这时，企业还需要从外部引进一些专业的管理人才，他们能够为企业带来有益的建议，以及创新性的管理思路。需要提及的是，正是因为专业人员具有外来性，因此管理风格与理念也可能与原本创业团队中的核心成员不同，甚至可能出现一定的矛盾。

4. 投资人资源

创业者缺的不是想法和创造力，往往缺的是资金。投资人对创业者最直接的帮助，就是充当创业者的“钱袋子”。创业公司早期的业务扩张、人员扩充、资源对接都需要消耗大量资金，这就需要投资人的扶持，纵观当今叱咤商界的商业巨擘，在创业初期都少不了背后投资人的“及时雨”。当然，投资人能做的不仅仅是给钱，他们的创业经验、对行业的洞察，以及所拥有的其他大量资源，也能为创业者提供更多帮助。

二、人力资源整合的原则

1. 符合创业目标与价值观

共同的价值观、统一的目标是组建创业团队的前提，团队成员若不认可团队目标，就不可能全心全意为此目标的实现而与其他团队成员相互合作、共同奋斗。不同的价值观将直接导致团队成员在创业过程中脱离团队，进而削弱创业团队作用的发挥。没有一致的目标和共同的价值观，创业团队即使组建起来也缺乏战斗力，无法有效发挥协同作用。

2. 优势互补原则

创业团队中创业者知识、能力、心理等特征和教育、家庭环境等方面的差异，会对创业活动产生不利影响，通过组建创业团队来发挥各个创业者的优势，相互补充对方的不足之处，从而形成知识、能力、性格、人际关系资源等全面具备的一个优秀创业队伍。创业者之所以寻求团队合作，其目的就在于弥补创业目标与自身能力间的差距。只有当团队成员相互间在知识、技能、经验等方面实现互补时，才有可能通过相互协作发挥出"1＋1＞2"的协同效应。

从人力资源管理的角度来看，建立优势互补的创业团队是保持创业团队稳定的关键。在创建一个团队的时候，不仅要考虑成员相互之间的人际关系、亲情关系，更重要的是要考虑成员之间能力上和技术上的互补性。

3. 动态开放原则

创业过程是一个充满了不确定性的过程，团队中的成员可能因为能力、观念等多种原因离开，同时也有人要求加入。因此，在组建创业团队时，应注意保持团队的动态性和开放性，使真正完美匹配的人员能被吸纳到创业团队中来。

三、人力资源整合过程

1. 明确创业目标

创业企业人力资源整合的总目标就是要通过完成创业阶段的技术、市场、规划、组织、管理等各项工作实现企业从无到有、从起步到成熟。总目标确定之后，再将总目标加以分解，设定若干可行的、阶段性的子目标。

2. 制订创业计划

在确定了一个个阶段性子目标以及总目标之后，紧接着就要研究如何实现这些目标，就需要制订周密的创业计划。创业计划是在对创业目标进行具体分解的基础上，以团队为整体来考虑的计划，创业计划确定了在不同的创业阶段需要完成的阶段性任务，通过逐步实现这些阶段性目标来最终实现创业目标。

3. 寻找合适的人力资源

寻找合适的人力资源也是创业团队组建最关键的一步。关于创业团队成员的招募，主要应考虑两个方面：一是互补性，即考虑其能否与其他成员在能力或技术上形成互补。这种互补性的形成既有助于强化团队成员间彼此的合作，又能保证整个团队的战斗力，更好地发挥团队的作用。一般而言，创业团队至少需要管理、技术和营销三个方面的人才，只有这三个方面的人才形成良好的沟通协作关系后，创业团队才可能实现稳定高效。二是适度规模，适度的团队规模是保证团队高效运转的重要条件。团队成员太少则无法实现团队的功能和优势，而过多又可能会产生交流的障碍，团队很可能会分裂成许多较小的团体，进而大大削弱团队的凝聚力。一般认为，创业团队的规模控制在2～12人最佳。

4. 职权划分

为了保证团队成员执行创业计划、顺利开展各项工作，必须预先在团队内部进行职权的划分。创业团队的职权划分就是根据执行创业计划的需要，具体确定每个团队成员所要担负的职责以及对应的权限。团队成员间职权的划分必须明确，既要避免职权的重叠和交叉，也要避免无人承担造成工作上的疏漏。此外，由于还处于创业过程中，面临的创业环境又是动态复杂的，会不断出现新的问题，团队成员可能不断更换，因此创业团队成员的职权也应根据需要不断地进行调整。

5. 构建创业团队制度体系

创业团队制度体系体现了创业团队对成员的控制和激励能力，主要包括团队的各种约束制度和各种激励制度。一方面，团队通过各种约束制度（主要包括纪律条例、组织条例、财务条例、保密条例等）指导其成员避免做出不利于团队发展的行为，对其行为进行有效的约束，保证团队的稳定秩序。另一方面，创业团队要实现高效运作必须制定有效的激励机制（主要包括利益分配方案、奖惩制度、考核标准、激励措施等），使团队成员看到随着创业目标的实现，其自身利益将会得到怎样的改变，从而达到充分调动团队成员的积极性、最大限度发挥团队成员作用的目的。要实现有效的激励首先就必须把成员的收益模式界定清楚，尤其是股权、奖惩等与团队成员利益密切相关的事宜。需要注意的是，创业团队的制度体系应以规范化的书面形式确定下来，以免带来不必要的混乱。

6. 创业企业人力资源的调整融合

完美组合的创业团队并非创业一开始就能建立起来的，很多时候是在企业创立一定时间以后随着企业的发展逐步形成的。随着团队的运作，团队组建时在人员匹配、制度设计、职权划分等方面的不合理之处会逐渐暴露出来，这时就需要对团队进行调整融合。由于问题的暴露需要一个过程，因此团队调整融合也应是一个动态持续的过程。在完成了前面的工作步骤之后，团队调整融合工作专门针对运行中出现的问题，不断地对前面的步骤进行调整直至满足实践需要为止。在进行团队调整融合的过程中，最为重要的是要保证团队成员间经常进行有效的沟通与协调，培养强化团队精神，提升团队士气。

第三节　现代农业创业中的生产资源整合

生产资源是指生产某产品所需投入的资源。广义的生产资源可以是完成产品整个生命周期的所有生产活动的软、硬件元素，包括了设计、制造、维护等相关活动过程中涉及的所有元素。农业创业最主要的生产资源是土地资源。

一、土地资源的经济特性

土地资源是现代农业创业最基本的生产资源。要利用和整合土地资源，必须先要了解土地资源的经济特性。

1. 土地供给的稀缺性

由于人口数量的不断增加和社会经济文化的迅速发展，人类对土地的需求不断扩大，而可供人类利用的土地又是有限的，因而产生了土地供给的稀缺性且供需矛盾日益尖锐。土地供给的稀缺性，不仅表现在土地供给总量与需求总量的矛盾上，还表现在由于土地位置固定性和质量差异性导致的某些地区（如城镇地区和经济文化发达、人口密集地区）和某种用途的土地（如农业用地）供给的特别稀缺上。

2. 土地利用方式的相对分散性

由于土地位置的固定性，土地只能就地分别加以利用，因而土地利用方式是相对分散的。这一特点在农用地的利用上表现得更为明显。种植业利用绿色植物从土地中吸取的营养物质，将太阳的光、热能转化为生物能，进而生产出农产品。没有一定面积的土地就不能转化一定量的光、热能，也不能生产足够人们需要的农产品。因此，农业生产必须分散在广大面积的土地上进行。即使在非农产业中，由于土地位置的固定性，人们只能对非农产业进行相对集中和实现产业集聚，提高单位土地面积上的产业容积率，或按产业分类分别加以利用，因而相对来说仍然是分散的。

3. 土地利用方向变更的相对困难性

一块土地往往有多种用途，当土地投入某项用途之后，欲改变其利用方向，往往比较困难，会造成较大的甚至巨大的经济损失。首先，受土地自然条件的制约，现有的用途往往会与现有的土地自然条件相互匹配。其次，由于土地利用要根据某种用途的需要进行专项开发，需投入大量的资金和劳动，因而这些投入往往与土地资源结合为一个整体，难以分离。如果改变土地用途，前一用途的土地开发投资不仅会失去价值，甚至会成为另一用途使用的“障碍”。

4. 土地报酬递减的可能性

由于土地报酬递减规律的存在，在技术水平不变的条件下对土地的投入超过一定限度，就会产生报酬递减的后果。这就要求人们在增加土地投入时，必须寻找一定的技术、经济条件下投资的适合度，确定适当的投资结构，并不断改进技术，以便提高土地利用的经济效果。

5. 土地利用后果的社会性

土地是自然生态系统的基础因子，互相联结在一起，不能移动和分割。每一片区域土地利用的后果，不仅影响本区域土地的自然生态环境和经济效益，还会影响到邻近区域甚至整个区域或国家的生态环境和经济效益，产生巨大的社会后果。如在一块土地上建设一座污染性的工厂，不仅会给周围环境带来污染，同时会影响周围的农业生产和农作物的种植、牲畜的养殖等。

二、土地资源的整合

土地资源的开发利用与整合，对于农业创业企业具有重大的意义。所谓整合土地资源，就是要整合与发挥土地资源的功能与作用。

1. 整合土地资源的养育功能

“万物土中生”，具有肥力的土地是农作物吸收营养的主要源泉，是农作物正常生长发育不可缺少的水分、养分、空气和热量的供应者与调节者。土地的养育功能可为人类生存提供必需的农畜产品。土地农用首先体现的是土地的养育功能，农业创业企业对农业用地的需求实质上就是对养育功能的需求。

2. 整合土地资源的承载功能

土地资源在建筑业、交通运输业、工业中作为地基、场地和操作基础发挥作用，是人类修建的一切建筑物（住宅、工厂等）和构筑物（交通设施、工程管道等）的载体，为人类提供居住、休息、娱乐和工业生产的场所。家庭农场、休闲农业等典型的农业创业形式，正是整合利用了土地资源的承载功能。

3.整合土地资源的景观功能

土地自然形成的各种景观,如秀丽的山川、浩瀚的江河、无垠的沃野等,都为人类提供了丰富的风景资源,提供了舒适性和美学价值。风景旅游用地、自然保护区用地就是发挥土地景观功能的土地利用方式。农业创业中常见的乡村旅游就是整合利用了土地资源的景观功能。

第四节 现代农业创业中的技术资源整合

现代农业是在现代工业和现代科学技术基础上发展起来的农业,其主要特征是广泛地运用现代科学技术,由顺应自然变为自觉地利用自然和改造自然,由凭借传统经验变为依靠科学,成为科学化的农业。由于现代农业从1.0时代发展到4.0时代,应用的现代技术除了我们熟知的工程技术、生物化学技术外,还更依赖现代信息技术。因此本书对农业创业的技术资源整合,主要指的是对信息技术资源的整合。

一、农业技术的分类

农业4.0是充分利用物联网、大数据、云计算、移动互联网、空间信息技术、人工智能等新一代信息技术与农业的跨界融合,创新基于互联网平台的现代农业新产品、新模式与新业态,是以“互联网+”为驱动,努力打造“信息支撑、管理协同,产出高效、产品安全,资源节约、环境友好”的现代农业发展升级版。农业4.0需要现代信息技术的强力支撑。

(一)物联网

物联网作为农业4.0应用的重要组成部分,是新一代信息技术的高度集成和综合运用,具有渗透性强、带动作用大、综合效益好的特点,在农业领域具有广阔的应用前景。物联网技术的核心是赋予农业设施和装备以能够识别的有效身份,并通过信息技术实现物与物之间的通信。物联网技术是支持无人系统、无人作业的关键技术,是农业4.0时代技术应用的重要标志。应用农业物联网技术,有利于促进农业生产向智能化、精细化、网络化方向转变,对于提高农业生产经营的信息化水平,完善新型农业生产经营体系,提升农业管理和公共服务能力,带动农业科技创新与推广应用及推动农业产业结构调整和发展方式转变具有重要意义。物联网技术与先进农机装备的联动应用,可以提高农业生产全程自动化水平,减少农药、化肥的施用量,减少劳动力投入,实现大田种植、畜禽养殖、水产养殖和设施园艺等农业的无人化、高效化生产。

(二)大数据

农业大数据是融合了农业地域性、季节性、多样性、周期性等自身特征后产生的来源广泛、类型多样、结构复杂、具有潜在价值并难以用通常方法处理和分析的数据集合。它保留了大数据自身具有的规模巨大、类型多样、价值密度低、处理速度快、精确度高和复杂度高等基本特征,并使农业内部的信息流得到了延展和深化。根据农业的产业链条划分,目前农业大数据主要集中在农业环境与资源、农业生产、农业市场和农业管理等领域。农业自然资源与环境数据主要包括土地资源数据、水资源数据、气象资源数据、生物资源数据和灾害数据。农业生产数据包括种植业生产数据和养殖业生产数据，其中种植业生产数据包括良种信息、地块耕种历史信息、育苗信息、播种信息、农药信息、化肥信息、农膜信息、灌溉信息、农机信息和农情信息；养殖业生产数据主要包括个体系谱信息、个体特征信息、饲料结构信息、圈舍环境信息、疫情情况等。农业市场数据包括市场供求信息、价格行情、生产资料市场信息、价格及利润、流通市场和国际市场信息等。农业管理数据主要包括国民经济基本信息、国内生产信息、贸易信息、国际农产品动态信息和突发事件信息等。

农业农村是大数据产生和应用的重要领域之一，是我国大数据发展的基础和重要组成部分。农业 4.0 时代，随着信息化和农业现代化深入推进，农业农村大数据将与农业产业全面深度融合，成为农业生产的定位仪、农业市场的导航灯和农业管理的指挥棒，是智慧农业的神经系统和推进农业现代化的核心要素。

（三）云计算

云计算是利用互联网技术将信息技术处理能力整合成以大规模、可扩展的方式对多个外部用户提供服务的一种计算方式，被信息界公认为是第 4 次 IT 浪潮。其优势表现在以下几个方面。

(1)摆脱了摩尔定律的束缚，从提高服务器 CPU 的速度转向增加计算机的数量，从小型机走向集群计算机、分布式集群计算机，从而优化了计算机计算速度增长的方式。

(2)我国第一台性能超千万亿次的超级计算机曙光“星云”具有大规模数据的计算能力，在新能源开发、新材料研制、自然灾害预警分析、气象预报、地质勘探和工业仿真模拟等众多领域发挥重要作用。

(3)具有大规模数据的存储能力，智能备份和监测使系统的稳定性大幅提高，宕机概率减少。

(4)以计时或计次收费的服务方式为客户提供 IT 资源，减免客户对于设备的大量采购，而且具有可伸缩的、分布式的设备扩充能力，大大节约了客户信息化建设成本。

农业云是指以云计算商业模式应用与技术（虚拟化、分布式存储和计算）为支撑，统一描述、部署异构分散的大规模农业信息服务，能够满足千万级农业用户数以十万计的并发请求，及大规模农业信息服务对计算、存储的可靠性、扩展性要求。在农业 4.0 时代，用户可以按需部署或定制所需的农业信息服务，实现多途径、广覆盖、低成本、个性化的农业知识普惠服务，通过软硬件资源的聚合和动态分配、实现资源最优化和效益最大化，降低服务的初期投入与运营成本，极大地提升我国农业信息化的服务能力。

（四）移动互联网

移动互联网是一种通过智能移动终端，采用移动无线通信方式获取业务和服务的新兴业务，包含终端、软件和应用三个层面。终端层面包括智能手机、平板电脑、电子书、MID(移动互联网设备)等；软件层面包括操作系统、中间件、数据库和安全软件等；应用层面包括休闲娱乐类、工具媒体类、商务财经类等不同应用与服务。移动互联网具有以下四个特性。

(1)终端移动性。移动互联网业务使得用户可以在移动状态下接入和使用互联网服务，移动的终端便于用户随身携带和随时使用。

(2)业务使用的私密性。在使用移动互联网业务时，所使用的内容和服务更私密，如手机支付业务等。

(3)重视对传感技术的应用。有关的移动网络设备向着智能化、高端化、复杂化的方向发展,利用传感技术能够实现网络由固定模式向移动模式的转变,方便广大用户。

(4)有效地实现人与人的连接。在移动互联网的未来发展方向中,实现人与人的连接。人的联网,是移动互联网应用的一个非常重要的方面。任何的时代产物必然是产生于人们的需求中,在移动互联网的发展过程中,注重客户和消费者的需求、市场的发展状态,将会获得更为宽广的发展前景。

(五)空间信息技术

空间信息技术是20世纪60年代兴起的一门新兴技术,于20世纪70年代中期以后在我国得到迅速发展。该技术主要包括卫星定位系统、地理信息系统和遥感等的理论与技术,同时结合计算机技术和通信技术,进行空间数据的采集、测量、分析、存储、管理、显示、传播和应用等。

在农业4.0时代,空间信息技术将在土地利用动态监测与资源调查、农业自然灾害监测与评估、农业精细作业、农作物长势监测与估产、农业病虫害监测等方面得到广泛应用。加快对空间信息技术研究,并在农业中推广应用,将会推动农业资源利用的精准化,促进农业可持续发展。

(六)人工智能技术

人工智能(AI)是研究、开发用于模拟、延伸和扩展人的智能的理论、方法、技术及应用系统的一门新的技术科学。人工智能是计算机科学的一个分支,它企图了解智能的实质,并生产出一种新的能以人类智能相似的方式做出反应的智能机器,该技术的研究领域包括机器人、语言识别、图像识别、自然语言处理和专家系统等。人工智能从诞生以来,理论和技术日益成熟,应用领域也不断扩大,可以设想,未来人工智能带来的科技产品,将会是人类智慧的"容器"。

在农业4.0时代,人工智能在农业中的应用主要体现在农业智能装备及机器人、虚拟现实技术等方面。人工智能技术将贯穿于农业生产的产前、产中、产后各阶段,以其独特的技术优势提升农业生产技术水平,实现智能化的动态管理,实现以机器全部或部分代替人的劳动,减轻农业劳动强度,具有巨大的应用潜力。

二、我国农业技术资源整合存在的问题

1.农民素质不高,信息化意识和利用信息的能力不强

截至2022年4月的统计,在全部农民工中,大专及以上仅占12.6%,尽管该比重逐年上升,但是对比发达国家来说,我国农民工的文化程度大大低于发达国家的水平。低学历水平的直接结果是农民的素质不高,信息素养低。

2.农业产业化程度不高,难以形成正常的信息需求

农业产业规模化是信息化的基础,只有在足够大的生产规模下,农业生产才会以市场为导向,产生对信息化的大量需求及提高效率的强烈愿望。简单来说,一个小规模的农业作坊,不可能对信息技术有需求,因为信息技术的支付费用高昂,投入和产出不成正比。

3. 信息技术资源成本高，阻碍农业信息化的普及

在我国，大多数农民还停留在农耕经济的作业方式，其收入有限。一台计算机对他们来说已经是奢侈品，更不要说支付高昂的网络费和信息费用。

4. 农业信息化基础薄弱

农业信息化的基础指的是农业信息技术的基础软硬件设备，这些设备用于收集信息、处理信息、传播信息。当前，农业产业的基础信息网络体系不健全，信息来源可靠性差，缺乏信息管理人员，最重要的是缺乏大型实用数据库。这些都制约着农业信息现代化的建设。

5. 信息技术实用性差，未能结合农业发展需求

目前从事农业应用软件开发的人员比例较少，且开发的技术品种不多，适应性差，加上目前农业应用软件出现供求之间的矛盾，更加阻碍了农业信息化的普及。

6. 农业信息服务体系还没有完成

尽管目前农业电子商务发展得很快，但实际上由于农业信息化建设缺乏政府的宏观指导与必要引导，信息服务尚未完全形成，因此发展电子商务还处于初级阶段，其所需配套条件和市场机制尚未形成。

7. 农业信息网络人才缺乏

农业信息网络的建设离不开具备信息素养的人才队伍。他们除了精通网络技术，而且熟悉农业经济运行规律，能为农产品经销商提供及时、准确的农产品信息，对网络信息进行收集、整理，分析市场形势，回复网络用户的电子邮件，解答疑问等。当前，由于对农业信息网络人才不够重视，投入经费少，加上培训机制的不完善，目前农业信息网络人才相当缺乏，使得农业信息专业库的建设、更新速度缓慢。

三、现代农业技术资源整合方向

我国目前对现代农业技术的整合还处于初级阶段，考察借鉴国外的农业信息技术应用现状，能够给予我们启发。总的来说，农业信息技术资源整合的 4 个方向如下。

1. 数据库与网络

农业信息量大、面广而分散，目前国际上最普遍、最实用的方法是将各种农业信息加工成数据库并建立农业数据库系统。

2. 精确农业

精确农业发源于美国，是信息技术与农业生产全面结合的一种新型农业，是 21 世纪农业的发展方向。精确农业主要由 9 个系统组成。包括全球定位系统、农田遥感监测系统、农田地理信息系统、农业专家系统、智能化农机具系统、环境监测系统、系统集成、网络化管理系统和培训系统。其中，遥感技术已被欧洲、美国、日本、中国和澳大利亚等国家广泛应用于农业资源调查、农业生态环境评价、作物产量预报和农林牧灾害监测等各个方面。农作技术已精确定位到以 10 m^2 为单位的小块土地上，大大降低了作物生产成本。

及至 1999 年，美国使用精确农业技术约达 90%，英国、德国、法国、荷兰、西班牙、澳大利亚、加拿大等发达国家正在迅速发展精确农业，不少发展中国家也在酝酿实施这一项目。近年来，以航空为主的遥感技术开始应用于农田信息采集，虽处于起步阶段，但发展势头迅猛。

3. 专家系统

国外农业专家系统的应用始于20世纪70年代后期，最早是美国Illinois大学的植物病理学家和计算机学家共同开发的大豆病害诊断专家系统PLANT/ds。

20世纪80年代中叶有了迅速的发展，美国、英国、荷兰、澳大利亚、加拿大等国相继在作物栽培、畜禽饲养、农业经济效益分析、农产品市场销售管理等方面研制出不少农业专家系统。据统计，1995年美国正在使用或准备使用的农业专家系统有1 000多个，日本有400多个。

从开发总量看，美国占绝大部分，几乎占80%，其他国家(包括中国)只占20%。专家系统今后的研究重点：建立模型以描述农业生产中非结构化、非系统化的知识，最终建立以主要农作物、畜禽、水产为对象的生产全程管理系统和实用技术系统，促进农业生产的科学管理和先进技术的推广利用。

4. 虚拟农业

虚拟农业是20世纪80年代中期问世的一种农业信息技术的高新产品，是作物生长模拟模型的进一步发展。它利用计算机虚拟现实技术、仿真技术、多媒体技术建立数学模型定量而系统地描述作物生长发育器官建成和产量形成等生理生态过程与环境之间相互作用的数量关系，在此基础上，设计出虚拟作物、畜禽，从遗传学角度定向培育农作物，改变传统的育种和科研方式。目前世界上仅有少数几个研究机构在开展这方面的研究，研究内容为虚拟主要农作物、畜禽的育种和管理。

【案例分析】

华农院士打造“无人农场”

7月的广州，正是早稻收获的季节。增城宁西基地金灿灿的稻田里，一台无人驾驶收获机和一台无人驾驶运粮车自动从机库中开出，精准抵达田中作业，收割完后将粮食顺利卸至运粮卡车中。

这里，就是中国工程院院士、华南农业大学罗锡文教授牵头建成的水稻无人农场。

从2003年启动农业机械自动导航技术研究开始，18年过去了，罗锡文团队实现了从耕整、播种、施肥、喷雾到收获等环节全部由无人驾驶农机完成的目标，其中多项核心技术达到了国际先进甚至是领先水平。

在2021年11月3日召开的国家科学技术奖励大会上，以华南农业大学为第一完成单位、罗锡文作为第一完成人的项目——“基于北斗的农业机械自动导航作业关键技术及应用”获得了2020年度国家科技进步奖二等奖。

“农机精准导航是智能农机装备的重要支撑。”从2003年开始，罗锡文带领团队开展了农业机械导航技术的研究。

罗锡文告诉新快报记者，采用农机自动导航作业技术可以提高作业质量、作物产量、土地利用率和农机利用率，减少肥料和农药用量，降低生产成本，缓解农村劳动力短缺问题。

“一定要在农业机械导航领域有我们的话语权。”从那时起，罗锡文团队潜心钻研，经过10多年的努力，团队研究成功的农业机械导航与自动作业系统突破了导航定位、导航控制、转向轮偏角检测、遥控离合与启动、油门自动调节、机具自动操控、遥控熄火停车控制、自动避障、系统集成和监控终端10项关键技术，取得了三大创新成果。

与国外相比，团队的多项核心技术达到了国际先进甚至是领先水平。其中，采用基于水田农机侧滑在线识别的路径跟踪控制方法的水田路径跟踪控制精度为4.4 cm，比国外10 cm的精度高。罗锡文介绍，我们在农机导航技术方面的研究成果打破了国外技术垄断，保障了我国农机导航装备的自主安全可控，为我国智慧农业提供了重要支撑。

据悉，该项目至今已获授权发明专利17件，制定技术标准1项，发表论文46篇(SCI/EI 33篇)。

在应用推广和社会经济效益方面，项目成果已形成系列产品，包括无人驾驶旋耕机、播种机、插秧机、喷雾机和收获机等。2017年至2019年装机2 272台，新增产值8 316.97万元，利税2 927.83万元。目前已在新疆等10省、市、区推广应用，2017年至2019年累计应用面积871.5万亩，节本增收10.79亿元，经济效益显著。

罗锡文还告诉记者，因自动导航的农机作业时走得直，作物的行间通风透气采光好，作物长得好，可提高产量2%～3%。另外，还可提高土地利用率0.5%～1%，减少肥料和农药用量5%～10%。

“自动导航作业技术的精准性和可24小时不断作业的连续性，进一步提高了农业生产效益。”罗锡文表示，自己的农机梦，就是“将农民从繁重的劳作中解放出来”，解决好“谁来种地的问题”。

罗锡文说，他与农机结缘，离不开三位好老师——农村、工厂、学校。

出生在湖南农村的他，从小就和大人们下地干活。“‘耕种管收’的每个环节都干过”，想起小时候的经历，年过七旬的罗锡文仍历历在目。

“那时候在田里插秧，累了总是习惯性站起来伸伸腰，母亲看到了就会说：‘小孩子有什么腰，赶快插！’”罗锡文回忆，因为体会了农业的苦，所以“小时候看到《三国演义》里诸葛亮发明的木牛流马能‘特行者数十里，群行三十里’时，就想，要是干农活也能自动化就好了”。

1970年7月，罗锡文毕业于华中工学院(现华中科技大学)无线电技术专业，分配到贵州省铜仁市农机厂工作，一干就是9年。

“我现在还会和我的学生讲，这9年的经历对我这一辈子影响非常大。”罗锡文说，就是这9年，他靠着“知识的力量”，做了不少小改革小发明，将诸如挑铁块和抬铁水等繁重的人力活，让他自制的皮带运输机、轨道车等机械替代了。1978年，他主持研制的锦江18型机动喷雾机，获得了贵州省科学大会奖。

“我一生遇到很多好人。”罗锡文说，1978年，本不知道研究生恢复招生的他，在“中国喷雾机之父”、镇江农业机械学院(现江苏大学)教授高良润的指引下积极备考。第二年，他被华南农学院(现华南农业大学)录取，师从我国著名的农机专家邵耀坚教授。

自此，罗锡文开启了人生新旅程。2006年，罗锡文研究的第一台无人驾驶插秧机正式下田。那时61岁的他，又想起了50多年前在田里插秧时妈妈说的那句话：“小孩子有什么腰，赶快插”。心里想：“要是妈妈也能看到，她该多高兴啊！”罗锡文说，“未来希望通过我们的努力，将农民都从繁重的劳动中解放出来。”

如今，“无人农场”已成为当下的热词，全国多个地方都在建设和布局。已经76岁高龄的罗锡文，也一直奔波在全国各地探索无人农场的基地一线。

罗锡文介绍,“无人农场”是智慧农业的一种生产方式。“无人农场”应有五个功能,分别是耕种管收生产环节全覆盖、机库田间转移作业全自动、自动避障异况停车保安全、作物生产过程实时全监控、智能决策精准作业全无人;它依托生物技术、智能农机和信息技术三大技术支持,具有智能感知、自动导航、精准作业、智能管理四个功能。

罗锡文告诉记者,“无人农场”技术刚刚起步,现在主要是试验示范,要大范围推广,还需要一段时间。推广无人农场应有较好的基础条件,包括地块较大,机耕道和灌排设施较好,卫星信号和网络信号好等。

当前,我国农业机械化水平和农机装备制造水平还有待提高。据调查,2019 年我国农作物耕种收综合机械化水平为 70.2%,而世界上许多发达国家早已实现了全面机械化。

此外,还需要进一步提高产品的可靠性,我们的农机作业效率和综合利用率仍有待提高。未来,“无人农场”要走的路还很长。

(案例来源:网易新闻. 2021. 华农院士成功研究出“无人农场”誓将农民从繁重劳动中解放出来)

分析:

“无人农场”通过智能终端控制,无人驾驶机启动、转弯、进地、收割、播种等一系列的自动化操作,提升了农业生产质量、提高了生产效率、降低了成本。“无人农场”广泛并深入地应用了农业技术资源(除了机械技术,最主要的是信息技术)。但是当前无人农场的推广还存在一定的难度,原因在于本章所提到的“农业信息基础薄弱”“农业产业规模不大”“农业信息化人才缺失”等。在我国,像“无人农场”这样的农业信息化建设,还任重道远。

【行动建议】

在大学期间锻炼获取创业资源的技能

获取创业资源需要一定的技能,这些技能主要包括应变技能、合作技能、沟通技能以及信息获取与利用技能等。下面分别进行简要的介绍。

1. 应变技能

创业者在获取资源的过程中往往不可能是一帆风顺的,可能会遇到许多预先尚未预料到的事情。此时需要创业者随机应变,能够根据当时的情景进行适应性调整。应变技能的培养,重在平时的积累和不断的学习,只有拥有良好的心态和丰富的经验,才能做到处变不惊、从容应对。

2. 合作技能

创业活动本身是一种社会活动,离不开与创业团队、利益相关者以及社会团体的合作,所以学会合作至关重要。在与他人的合作中,创业者可以降低获取资源的难度与成本。对于合作技能的培养,要求创业者树立共赢意识,真诚对待合作成员。

3. 沟通技能

良好的沟通是产生信任的前提。创业者只有能够与别人进行良好、有效的沟通,才能与他人建立信任,从而高效率地获取资源。对于沟通技能的培养,要求创业者经常保持微笑与乐观的心态，学会说话与倾听的技巧，建立广泛的社会关系网络。

4.信息获取与利用技能

创业者需要对信息拥有较高的敏锐度，以此获取别人看到了却没有引起注意或者没有引起触动的信息。对获取的信息进行有效的加工处理和利用，有利于创业者获取新的资源及对资源进行进一步的整合。平时注意对生活中的事物仔细观察和缜密思考，养成良好的习惯，非常有助于创业者信息获取与利用技能的提升。

（参考资料：编者整理）

【本章小结】

本章首先介绍了创业资源的内涵和分类。接着对农业创业的人力资源、生产资源和技术资源进行了介绍，并结合各类资源的特点，给出了不同类型资源的整合原则、建议和方向。

【课后训练】

一、观看与思考

结合本章所学内容观看视频，建议以小组为单位，参考“思考感悟”和“相关阅读”进行讨论。

主题：创业资源是创业成败的关键

（电影《中国合伙人》；电影《硅谷传奇》）

思考感悟：

1.初创公司一般通过什么方式整合人力资源？

2.在创业公司发展的不同阶段，哪些资源是最重要的？

相关阅读：

1.《农业经济学》（作者：朱道华）

2.《现代农业概论》（作者：王海萍，高广金）

二、回顾与思考

1.参加我校的大学生创新创业训练计划项目。思考一下，如果你要申报创业实践项目，你需要整合哪些人力资源（从团队、指导老师、学院领导等方面进行思考）？

2.对近年来华南农业大学参加“互联网＋”创新创业大赛（红色筑梦之旅赛道）的项目进行考察，思考一下这些项目应用了哪些现代农业技术？

三、行动与思考

1.关注中国智慧农业发展大会。2022 年 3 月，农业农村部印发了《“十四五”全国农业农村信息化发展规划》（以下简称《规划》），《规划》提出充分发挥数据生产要素作用，解放和发展数字化生产力，全面推动现代信息技术与农业农村各领域各环节深度融合，统筹推进智慧农业和数字乡村建设，促进农业全产业链数字化转型，提升乡村治理和公共服务信息化水平，以信息化引领驱动农业农村现代化、助力乡村全面振兴。2022 年中国智慧农业发展大会重点聚焦“智慧农田”“智慧种植”“智慧渔业”“智慧农机”“智慧种业”“数字乡村”等农业农村相关热点话题，旨在为中国农业农村高质量发展提供科学解决方案。

请同学们关注大会所展示的现代农业技术，搜索相关资讯，分组选取大会其中一个热点话题展开研讨,分析目前该领域的相关技术发展现状及未来展望。

2.利用假期时间,组织一次高中同学聚会,了解一下同学们目前所学的专业和正在关注的领域。思考一下,假如你要进行某个项目的创业,哪些同学可能会帮助到你,甚至会成为你的合伙人,整理出一份属于你个人的人力资源清单。

第五章　现代农业创业商业模式

【学习目标】

1. 了解创业商业模式的内涵。
2. 了解常见的农业创业商业模式。

【本章引例】

农业产业化经营的温氏模式

广东温氏食品集团有限公司是一家涵盖养殖、食品加工、农牧设备、房地产开发、实业投资等几大产业的大型现代化、信息化的农牧公司。其前身是创立于1983年的新兴县勒竹养鸡场，其探索发展了“公司＋农户”的温氏模式并取得了巨大成功。2013年，集团上市肉鸡8.48亿只、肉猪1 013万头、肉鸭1 472万只，总销售收入352亿元。温氏模式的特点是通过“公司＋农户”的生产合作方式，将分散的农户组织连接成为温氏集团的终端生产者。首先，农户自愿申请入户后，公司指派人员上门指导鸡舍建设，然后双方签订合同，公司为农户建立信息化档案并设立专用账户、农户按照每只鸡3～5元的标准缴纳合作保证金，在指定时间领取鸡苗、饲料及药物等，在合同规定的时间里，公司对农户进行技术指导，及时收购达到公司饲养日龄的成鸡，在扣除鸡苗、饲料、药物等物料成本费后按照公司与农户1∶1的分配比例兑付现金。

温氏模式获得巨大成功的经验有以下几点：第一，构建了多元主体共同参与的利益共同体。通过分担固定资产投资和生产成本支出、签署保价协议、制定最低限价收购和二次分配机制等，温氏集团在大量吸收运用民间资金的同时，将农户和自己结成风险共担、利益共享的紧密联合体。通过员工持股计划将员工利益与公司发展协同起来。通过维护公司与客户、公司与竞争者之间的良好关系，维护了良好的市场秩序，为公司发展创造了良好的外部环境。第二，打造了科学的组织架构。在“公司＋农户”基本组织架构之上，不断创新组织形式，实施一体化公司经营方式，通过扁平化组织结构的推行，调动了区域一体化公司的积极性，提高了公司的市场竞争力。第三，专注农业一体化经营。温氏集团坚持以农业产业化经营为发展目标，以养殖业为主导产业，使自身的竞争力不断得到巩固和增强。

（案例来源：胡晓云，黄连贵，2013. 模式制胜——中国农业产业化龙头企业群像解析）

思考：

1. 温氏模式是什么模式？

2. 为何温氏模式能够取得成功？

3. 你认为温氏模式目前还有哪些改进空间？

第一节　认识商业模式

管理学大师彼得·德鲁克曾说过："当今企业之间的竞争不是产品之间的竞争，而是商业模式之间的竞争。"前时代华纳CEO迈克尔·邓恩认为在经营企业的过程当中，商业模式比高技术更为重要，因为前者是企业能够立足的先决条件。不管这种观点是否正确和完整，一个不争的事实是，企业必须选择一个适合自己的、有效的和成功的商业模式，并且随着客观情况的变化不断加以创新，获得持续的竞争力，从而保证企业的生存与发展。

一、商业模式的概念

商业模式是从全新的角度来考察企业，是一个正在形成和发展中的新的理论和操作体系，具体的概念和内涵至今还没有统一的说法。但可以确定的是，商业模式涵盖了企业资源获取、生产组织、产品营销，售后服务、研究开发、合作伙伴、客户关系、收入方式等几乎一切活动的内容。

目前关于商业模式的定义大致可以归纳为三类：盈利模式论、价值创造模式论和体系模式论。

盈利模式论认为商业模式就是企业的运营模式、盈利模式。对于企业来说，盈利的概念包含现金流和利润两个元素，因此所谓商业模式就是企业探求所经营业务的利润来源、生成过程和产出方式的系统方法，并围绕企业如何盈利这个核心来配置企业资源和组织企业所有的内外部活动的一个行为过程。

价值创造模式论认为商业模式就是企业创造价值的模式，更加强调企业为客户创造价值。该理论认为商业模式是企业为了进行价值创造、价值营销和价值提供所形成的企业结构及其合作伙伴网络，以产生有利可图且得以维持收益流的客户关系资本。

体系模式论则认为商业模式是一个由很多因素构成的系统，是一个体系或集合。

综合以上观点，商业模式可以概括为为实现客户价值最大化，把能使企业运行的内外各要素整合起来，形成一个完整的、高效率的、具有独特核心竞争力的运行系统，并通过最优化实现形式满足客户需求，实现客户价值，同时能使系统达到持续盈利目标的整体解决方案。

二、商业模式的核心要素

商业模式的核心三要素是顾客、价值和利润。一个好的商业模式，必须回答下面三个问题。

①企业的顾客在哪里？

②企业能为顾客提供怎样的（独特的）价值和服务？

③企业如何以合理的价格为顾客提供这些价值，并从中获得合理的利润？

当评价一个新创业企业是否提出了真正具有创新性的商业模式时，需要从逻辑上回答上述问题，判断他能否为顾客、股东和员工甚至其他利益相关者带来实际的价值和利益，总之好的商业模式应该能够为多方创造价值。

在商业活动中，我们把“如何获得资本”的方法称为融资模式；把“如何赚钱”的方法称为盈利模式；把“如何使整个系统高效率运作起来”的方法称为管理模式；把“如何生产产品”的方法称为生产模式；把“如何卖产品”的方法称为营销模式。现在我们通常所说的商业模式其实就涵盖了融资模式、盈利模式、管理模式、生产模式和营销模式，其中任何一种模式的改变，都能为商业模式带来变化。

三、商业模式的模型

一般来说，商业模式包含 9 个要素，这 9 个要素的组合方式构成了商业模式的全貌，我们常常用商业模式画布来表现，如图 5-1 所示。

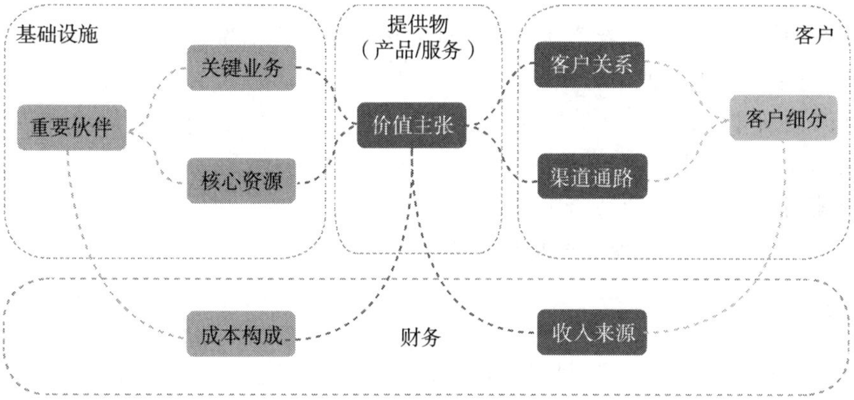

图 5-1 商业模式的画布

（一）价值主张

企业通过其产品和服务向目标客户群体提供价值。价值主张确认了公司对消费者的实用意义，解决了客户的问题或满足了其需求。价值主张的核心有四个：

①我们为用户创造了什么价值；

②我们要传递什么样的价值；

③我们要满足客户什么样的需求；

④我们为客户提供什么样的产品和服务组合。

（二）客户细分

企业要明确为哪些群体提供服务，帮助哪些群体解决问题，哪些群体会成为企业产品和服务的忠实客户群。企业对客户进行细分遵循以下五个条件。

①客户产生的利润有明显区别；

②客户的需求催生了新的供给；

③需要建立新的营销渠道；

④需要建立一种新的客户关系；

⑤客户会为企业产品或服务的改进买单。

(三)渠道通路

渠道通路即公司用来接触并与目标客户群产生联系、开拓市场的各种途径。从类型上来说,渠道可分为企业自有渠道与合作方渠道。无论是哪一种渠道,都要经历以下五个阶段。

①扩大产品及服务知名度;

②帮助客户评价价值主张;

③客户通过什么样的方式购买产品与服务;

④产品或服务向客户传递的是什么样的价值主张;

⑤如何向客户提供售后支持。

(四)客户关系

客户关系即公司同其消费者群体之间所建立的联系。当消费者使用了企业的产品与服务后,企业需要更多考虑以下四个方面。

①如何开发新客户;

②如何留住原有客户;

③如何使用户经常使用产品与服务;

④如何变用户为粉丝,使他们愿意持续买单。

(五)收入来源

无论构建什么样的商业模式,最终的目的还是盈利。商业模式收益来源多分为两种不同类型:第一,由客户一次性支付的交易收入;第二,由向客户传递新价值增长或售后支持而获取的持续收入,比如海底捞将产品与服务做到极致,并以此获取持续收入。

(六)核心资源

核心资源即资源和活动的配置。通过对企业自身所拥有的技术、系统、人才、知识等资源的整合,保证企业所有的模块能够正常运转。比如,腾讯的核心资源为一流的人才、合作进取的价值观、常年积累的用户关系链、技术架构、稳定的产品与运营等。

(七)关键业务

每一种商业模式都需要一系列关键业务。同核心资源一样,关键业务是为企业创造、提供价值主张,维护客户关系,以及使企业获得一定的收益所必需的业务。在不同的商业模式中,关键业务的类型也是不同的。比如,对于麦肯锡咨询公司来说,关键业务是为客户提供解决方案。

(八)合作伙伴

合作伙伴是保证一个商业模式顺利运行所需要的供应商和合作伙伴网络。企业通过联盟或优化自身的商业模式来降低风险,获得资源。企业与合作伙伴的合作方式一般可分为以下四种。

①非竞争对手之间的战略联盟;

②竞争者之间的战略合作；
③筹建新业务合作公司与供应商(上游)之间建立的可靠供应关系；
④筹建新业务合作公司与采购商(下游)之间建立的可靠供应关系。

(九)成本结构

成本结构指运营一个商业模式过程中所发生的重要的成本总和。无论是维护客户关系，还是传递价值、创造收益等，都会产生成本。比如，对于一家游戏公司来说，工资成本、服务器运维成本、推广渠道成本、新人培训成本、税收成本、租金物业装修水电费成本、电脑打印机等硬件成本、与合作伙伴的分成成本等，都是必须要考虑的事情。因此，在这个过程中，如何以低成本结构运营成了商业模式中必然要重点考虑的问题。

第二节　典型农业企业的商业模式

一般来说，农业企业多为生产加工或直销型企业，其商业模式比较单一。而在“互联网＋”时代，基于产业升级和技术进步，以及消费习惯的转变，涌现出一批典型农业企业的商业模式，具体包括诱钓模式、低价优质模式、垂直整合模式、连锁模式等。

一、诱钓模式

诱钓模式是一种通过将产品或服务分拆成两部分的商业模式，把其中一部分作为基础来长期使用，而另一部分则需要不断更换。通过这样的方式来增加用户的黏性，从而从中源源不断地获得收益。

(一)经典案例——雀巢奈斯派索：咖啡机＋胶囊咖啡玩出新花样

雀巢公司于1866年在瑞士沃韦(Vevey)成立，其最初以婴幼儿食品起家。雀巢育儿奶粉的销路一直很好，进入20世纪初，公司开始实行多样化生产。

在20世纪30年代，咖啡的重要产地巴西连年丰收，产能过剩，于是向雀巢公司寻求“供给侧”改革措施，即寻求咖啡长期保鲜的方式。当时双方都没有意识到，这是一个改变咖啡生产和销售历史的时刻。雀巢瑞士实验室马克思·莫根特尔(Max Morgenthaler)带领团队经过7年的长期努力，终于研制成功了既能保存咖啡品质又速溶于热水的“固体咖啡”。30年代末雀巢速溶咖啡上市，“雀巢咖啡”品牌创立。

第二次世界大战时期，速溶咖啡易于携带、方便冲调的便利特性使得战争期间的士兵能在紧张的警备间隙享受一下时尚饮品。因此雀巢咖啡成为必备的军需采购品，并依靠战争期间培养的消费忠诚度成为战后流行世界各地的饮品。

然而，速溶咖啡对咖啡豆的烘焙不够，口味毕竟不如现磨的咖啡新鲜和有味道，无法完全体现咖啡豆的香味。有条件的人还是喜欢喝现磨的咖啡，但自己动手制作咖啡是一件非常麻烦的事情。今天，大家可以很方便地到星巴克买到一杯现磨的咖啡。但假如不方便外出或者家里有客人要招待的时候呢？即便是熟练工人，从磨咖啡粉、压饼、打奶泡、拉花到成品也需要十来分钟。做完后为了保持整洁，还需要花大约10 min清理。这样半个多小时就过去了。制作过程中还需要考虑水温等问题，如果技术不过关或者有点紧张，泡出来的几杯咖啡的味道可能还不太一样。

基于此，雀巢在1970年左右想打造一个既能保持咖啡原汁原味的品质，又能方便快速泡制的高端咖啡产品，这就是后来的奈斯派索(Nespresso)。奈斯派索开始于一个简单的想法：使任何人都可以像技艺娴熟的咖啡师一样冲泡出一杯完美的意式浓缩咖啡。雀巢的工程师Eric Favre受到奶精球的启发，发明了胶囊咖啡机的原型。后来受到罗马咖啡店冲泡咖啡的启发，改良了工艺，让热水流入胶囊咖啡，将空气泡沫溶入热水中，便使得冲制过程中咖啡能与空气充分混合，香味更浓郁。1976年，胶囊咖啡正式成型。但由于当时速溶咖啡杯正火爆，直到1986年高端胶囊咖啡品牌——奈斯派索才被正式推出。

胶囊咖啡的品质远远好于速溶咖啡，奈斯派索重新定义并革新了数百万人享受意式浓缩咖啡的方式，专注于提供最优质的咖啡和极致的咖啡体验。奈斯派索胶囊里隐藏的是严选自全球的上乘咖啡，由奈斯派索的咖啡专家施以精湛技艺进行混合、烘焙、研磨而成的咖啡胶囊品质过硬，相对于自己动手制作，其口味固定，且操作简单方便，就算是咖啡菜鸟，看一下说明也能制作出一杯好咖啡。

但胶囊咖啡刚推出的时候并没有一炮而红，因为胶囊咖啡的客户群体和原来速溶咖啡的客户群体明显不同，胶囊咖啡还不为市场所知。在Jean-Pau的领导下，经过一段时间的摸索，奈斯派索重建了销售系统。其在全世界拥有几百家独特的零售店和咖啡屋，在诸如梅西百货等合作商场里都设有专卖点，或者在繁华地带建立精品店面让客户体验，加深客户的第一印象；通过网络和电话渠道进行直销，通过俱乐部的方式“网络”了几百万会员，通过培训高级酒店和航空公司占领公司客户，这些渠道的开拓确保了顾客尽可能方便地获取产品。

当然，最让人印象深刻的还是其盈利的逻辑，即商业模式。

一是由于胶囊咖啡机和胶囊咖啡紧密配套关联且分开销售，于是咖啡领域的诱钓模式随即启动。对比自动咖啡机，胶囊咖啡机的价格便宜，利润有限。而胶囊咖啡凭借其卓越的咖啡品质(据称可以保鲜一年)和简单的操作流程，销量极其惊人，利润颇高。更关键的是，奈斯派索胶囊咖啡只能与其胶囊咖啡机配合使用，形成了一个密闭的产品组合。加上专利被雀巢牢牢掌控，所以局外人只能眼睁睁地看着。

二是奈斯派索制定了合理的定价策略。一个胶囊咖啡5～6元，比速溶咖啡和自己手工冲泡要贵一些，但比一杯星巴克咖啡还是便宜不少。巧妙的定位帮助奈斯派索抢占了市场，销量急剧上升，每年增长量高达20%～30%。奈斯派索的营业额曾一度与星巴克相当，但产生的利润高达30%，远远超过星巴克10.7%的利润。到了2015年奈斯派索的专利失效，市场上其他胶囊咖啡才如雨后春笋般出现，但无一例外地采用了诱钓模式。

(二)诱钓模式总结

(1)诱钓模式是一个非常有竞争力的模式，它的两部分相互配合，构成了外人难以攻破的堡垒，并且使得产品和客户的黏性更强，见图5-2。

一般情况下卖一次产品只能赚一笔钱，而诱钓模式可以与客户保持长久联系，源源不断地从客户那里获利。所以一旦有机会采用诱钓模式，就应积极考虑。

(2)诱钓模式需要把产品或者服务拆分成两部分，一部分是可以长期使用的，另一部分则是要经常更换的，这是基本前提。我们在这里把诱钓模式分为两种，一种是“实体产品＋配件(耗材)或服务”的模式，另一种是“实体产品＋软件平台”的模式。

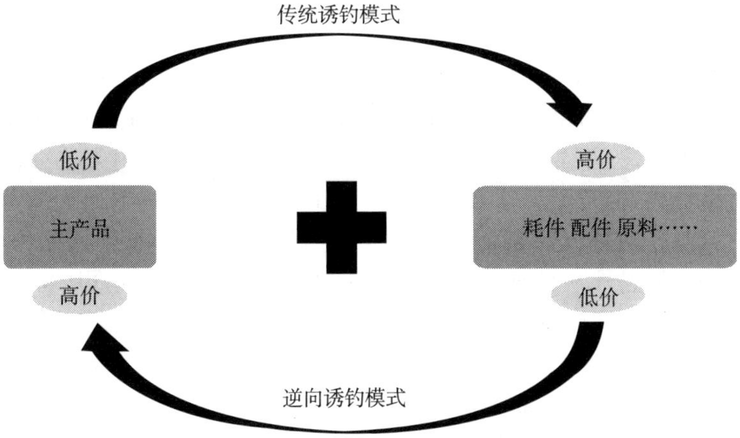

图 5-2　诱钓模式示意图

(3)“实体产品＋原料、配件(耗材)或服务”形式一般是封闭的，自己产品对应自己的耗材或者配件，别人进不来。当然，这种略显霸道的做法建立在对自身产品、技术、服务和品牌绝对自信的基础上。这种形式多为产品便宜，耗材或者配件稍贵。

(4)现代农业创业采用“诱钓模式”比较常见的是“实体产品＋农业原料”，如豆浆机＋大豆、玉米汁机＋玉米粒。

二、低价优质模式

提到低价，大家首先想到的估计是“便宜没好货”，“高价”意味着“优质”。如果有人听说哪里能买到便宜的东西，第一反应可能就是要谨防被“忽悠”，而第二反应大概就是：哪里有？我要去买！因此，若能把产品或服务做到优质而成本又能控制在低水平，并形成口碑和规模效应，无疑是极具竞争力的。

低价优质实际上是常见的一种商业模式，在服装、消费电子、家具、汽车等行业广泛存在，在农业商业中也是如此。其产生的逻辑是：在一个充分竞争的领域，凭借卓越的管理效率和独到的技术能力，使得生产成本大大降低，同时借助品控能力，使得质量得以保证。低价优质的背后是作业效率和技术能力的体现，这绝不是轻易能实现的。

(一)经典案例——老干妈：低价却优质的辣酱大王

一直以来，老干妈都秉承其低价模式，创始人陶华碧还曾公开表示，老干妈经典辣酱“不涨价”。老干妈经典辣酱的价格一直在 8～12 元区间，其他产品根据规格不同也多集中在 7～10 元的区间。以主打产品风味豆豉为例，210 g 规格此前多年在 8 元左右，目前天猫旗舰店售价 9.9 元。对比市场上同类型辣椒酱在各天猫官方旗舰店的价格，虎邦辣酱 210 g 规格售价 16.9 元，李锦记豆豉辣酱 205 g 规格，售价 13 元。相比而言，老干妈的产品价格仍处在低位。

老干妈将产品价格死死卡在 8～12 元区间，无形中筑起了一道价格壁垒。如果对手定价低于老干妈，利润几乎为零；定价高于老干妈，如果缺失战略引领，也难以撼动老干妈的领导地位，这使得二十多年来竞争对手始终没能对老干妈带来太大威胁。

除了价格壁垒，老干妈的定价策略还帮助品牌快速建立起规模壁垒。主打高性价比的老干妈，抓住了销量最大化的市场机会，通过薄利多销的方式快速占据了庞大的市场份额，为晋升行业领导品牌铺平了道路。

消费升级大背景下高端成为热点，但中国是一个市场规模庞大、低端占比偏高的特殊市场，大众市场仍然占据绝对的市场份额。销量是硬道理，为了追求高大上而忽略了销量最大化的市场机会可能得不偿失。

老干妈的价格低廉，但是不意味着品质低下。1994 年，老干妈创始人陶华碧开始向货车司机免费赠送自家制作的豆豉辣酱，大受欢迎。货车司机们的口头传播成为最佳广告形式，“龙洞堡老干妈辣酱”的名号不胫而走，深受以农民工为代表的普罗大众所喜爱。当时，以广州为代表的农民工进城浪潮开始爆发，于是老干妈顺势在广州爆发，继而逐渐实现全国扩张。在中低端消费者中形成口碑之后，老干妈开始慢慢地向上渗透进高收入人群，开始通吃各消费阶层。近几年，伴随着出国留学热，老干妈被海外留学生带出国门，在留学圈备受追捧，并逐渐开始被外国消费者所接受。从货车司机、农民工、高收入人群、海外留学生、再到外国人，老干妈基于源点人群进行层层扩散，成为家喻户晓的中国品牌。

（二）低价优质模式总结

低价优质模式是一种很常见且在各行业中都能发挥作用的商业模式。像餐饮行业的“外婆家”（浙江外婆家餐饮有限公司），菜品价格不贵且好吃，餐厅布置和装修极有特色，服务周到，于是每家店都门庭若市，为了吃一顿饭顾客有时候要排队两三个小时。又如美国健身行业的 Curves、德国健身行业的 McFit，它们都提供了低价但有良好体验的健身服务。下面总结一下低价优质商业模式的特点。

(1)“低价”与“优质”同行。印度塔塔公司曾于 2009 年推出了 Nano 汽车，售价 2 000 美元，号称世界上最便宜的汽车。但由于取消了很多现代汽车中必要的一些高科技配件，使得 Nano 只有价格优势，而没有舒适的乘坐体验，最终导致 Nano 汽车没有取得预期的成功。对于客户来讲，产品质量和必要的服务体验都必须“在线”，当客户享受到了高性价比的产品和服务且产品价格很低时，客户的满意度相应就会提高。

(2)低价格往往依靠的是强大的技术生产能力、工艺的革新、高效率的管理等，这能够构成竞争壁垒，而不是单纯的低价。比如福特靠的是生产工艺的革新和流水线作业降低价格，宜家靠的是平板包装、采用先进材料和生产工艺来降低价格，美国西南航空公司对流程和时间的把控做到了极致从而降低了成本。

如果低价模式缺乏上述核心竞争力，则容易被模仿和超越。

(3)低价优质模式往往具有破坏性，能够开辟竞争中的“蓝海”。但有些行业可能不适合，比如奢侈品行业。

(4)商业战略一开始是有雏形的，比如美国西南航空一开始在餐巾纸上画了点对点的飞行路径，福特的起始目标要制造廉价汽车。但商业模式和竞争优势是逐步形成的，如福特的流水线、西南航空的 10 min 过站、宜家的平板包装都是逐步积累完善的。

(5)低价优质这个看似矛盾的商业逻辑背后其实考验的是商业领导者的智慧。只有发挥自己的核心优势，准确洞察商业机遇，才能给出不一样的商业模式。

三、垂直整合模式

垂直整合商业模式在农业领域又叫全产业链模式。农业创业的全产业链模式可以理解为,以消费者为导向,从产业链源头做起,经过种植与采购、贸易及物流、食品原料和饲料原料的加工、养殖屠宰、食品加工、分销及物流、品牌推广、食品销售等环节,实现食品安全可追溯,形成安全、营养、健康的食品供应全过程。

(一)经典案例——中粮集团:稳中思变求进 创新“全产业链”战略

中粮集团是中国最大的农产品贸易、加工和食品制造企业,是农业产业化国家重点龙头企业和中央管理的53家国有重要骨干企业之一。2009年以来,由于我国粮油行业存在食品企业规模小以致食品安全事故多发,产业链松散、脆弱、联系不紧密导致供需难以对接等问题,中粮集团意识到实施创新“全产业链”战略的必要性。

中粮的全产业链是整体产业链,是企业作为一个整体来构建价值链不同环节的链条关系,通过控制或可影响的资产实现链条的整体可控。在“全产业链”战略系统下(图5-3),集团内业务通过积极、主动、有效的内部协同,形成因规模、布局及内部协同而带来的系统低成本,通过产业链组合形成整体的核心竞争力。

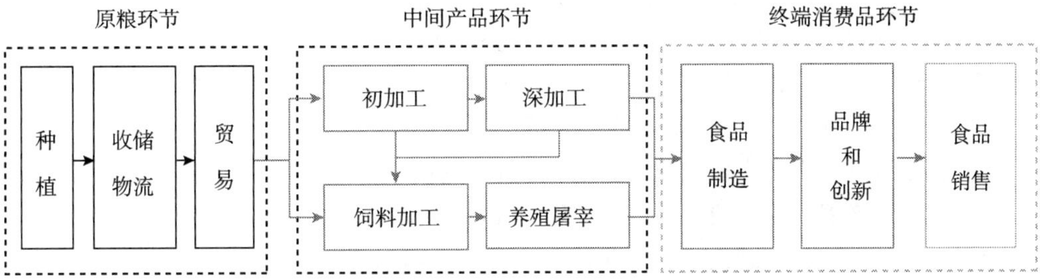

图5-3 “全产业链粮油食品企业”战略示意图

中粮集团实施“全产业链”战略的三大举措如下:

(1)向上游农业领域延伸,实现产业链源头可控。农业业务领域是粮油食品产业链的源头,很多食品安全问题往往是由于对上游原料环节的掌控能力不足而引起的。为了从源头上控制风险,保证食品安全,中粮全产业链战略首先瞄准向上游农业领域延伸,进入种子、种植/养殖(自种/自养、订单农业/合同养殖)等业务领域,通过订单农业、合同养殖、融资支持、技术帮扶等措施与农民建立起更加紧密的合作关系。

(2)打造完整产业链,实现内部不同环节与品种的协同。中粮集团“全产业链”战略系统通过原料采购和收储物流协同、上下游购销协同、供应链布局协同、大客户销售和服务协同、B2C销售渠道协同、品牌统一管理等方面,打造完整产业链,在产业链不同环节、不同品种间建立起协同关系,从而扩大品牌食品的终端出口,推动价值链前移。

(3)建立全产业链品质提升管理体系,确保食品安全。保障食品安全是全产业链战略的核心,中粮通过构建全产业链品质提升管理体系,以消费者需求为目标,以技术研发为依托,将从“田间到餐桌”的活动过程分解为选种、种植/育林、采收、加工、储运、包装和服务七个关键管理过程;沿着该七个关键过程,回顾历史运行、总结现有行业基础情况,分析、识别影响优良品质特性指标的关键环节;针对关键环节分析、识别和确定安全、美味、健康关键因素;通过系统化管理的方法,针对关键因素确定关键操作规程;采取过程控制和监视测量的方法和手段,最大限度保持产品的安全、健康、美味特性。

如今的中粮，已建立起一个较为完善的全产业链系统，从上游源头抓起，注重内部不同环节间的协同效应，建立品质提升管理体系，构建多方面保障系统，它的目标很明确也很坚定，就是要实现从田间到餐桌的无缝对接，带动我国粮油食品行业的转型升级与快速发展。

（二）垂直整合模式总结

在工业化早期阶段，相关配套产业不完备，一家企业往往需要自己把生产链条上的所有环节都解决掉才能生产出产品。简单来说，就是什么都要自己干，没有旁人能帮忙，或者旁人帮忙了，效率反而不如自己干高。比如在福特生产T型车的年代，几乎所有的汽车配件都要自己加工，甚至连钢材、玻璃、橡胶都要自己加工。毫不夸张地说，福特“吃”进去的是矿山等原材料，“吐”出来的是T型车。

后来随着产业分工越来越细，一些公司专门制作某一件产品，做得越来越精细，其他需要该产品的企业就放弃自己生产，转而采购该产品了。于是，水平分工模式开始出现，比如现在的波音飞机，有上千家配套企业为其生产零配件。一般来说，水平分工模式下配套企业可以提供更价廉、优质的产品，因此水平分工模式逐渐成为主流。

但还是有些企业反其道而行之，在当今配套分工如此发达的年代仍然采用纵向一体化模式，且取得了不错的效果，这是为什么呢？我们从早期采取垂直整合模式的企业开始讲起，并选取当代仍然在使用该模式的企业来进行分析。

(1)如果我们把垂直整合模式比作盖房子：为了盖用户喜欢的房子，自己开砖厂造砖，开水泥厂生产水泥，开炼钢厂炼钢，自己成立建筑公司来盖房子。这听起来似乎不太合理，原因在于这需要投入太多的精力和资金，整合难度太大。当今社会分工足够发达，每一个环节几乎都能找到供应商和服务商，所以垂直整合模式在今天并不多见。

(2)垂直整合模式既有对零部件供应的垂直整合，也有对相邻业务模式的整合。而对于后一种，现在有一个时髦的说法，叫“生态链”。如三星、卡内基钢铁、比亚迪都具备这两种整合模式。在垂直整合模式中，比亚迪所采取的模式相对来讲更加轻盈，生产线固定投资较少，对国内企业来讲有一定借鉴意义。SpaceX公司所处的火箭发射业属于高科技又小众的行业，采取垂直整合模式也有其合理性。

(3)垂直整合模式的优点在于当终端业务量足够大的时候，比如需要盖的房子非常多的时候，自己生产砖、水泥、钢材，自己建设，能够节省成本，并且能够按照盖房子的要求灵活供应。如果运营得好，每一家子公司(以盖房子为例，子公司可以为砖厂、水泥厂、钢铁厂以及建筑公司)既自给自足，又能够对外开放，承接业务。比如三星公司下面的各子公司所生产的存储器、手机芯片等，除了供应自己，也供应全球，对于一些紧俏的器件，可以做到优先供应自己。

(4)垂直整合模式的风险在于链条长、投资大，子公司在整个业务链条中容易对母公司终端形成依赖。一旦母公司终端产品业务下滑，整个子公司的业务很有可能受连带影响。另外，受到长链条的影响，公司的转型和变革会更加困难。

(5)模式是固定的，到底是采用灵活的社会分工模式，还是采用略显“笨拙”的垂直整合模式，取决于决策层对形势的判断。

四、连锁模式

连锁模式是指经营同类商品或服务的若干个企业(或企业分支机构)，以一定的纽带和形式组成一个联合体，在整体规划下进行专业化分工，并在分工和商圈保护的基础上实施集中化管理，把独立的经营活动组合成整体的规模经营，从而实现规模效益。

连锁模式可以追溯到 1859 年，乔治・富・吉尔曼和乔治・亨廷顿・哈斯福特在美国开了两家茶叶店，其公司名为“大美国茶叶公司”。为了发挥规模效应，他们采取了集中采购的方式来降低茶叶的进价，然后又采取了多开分店来增加销量，茶叶可以卖得比别人便宜很多，连锁模式就此产生。到了 1865 年，其发展到了 26 家分店。1869 年，该公司更名为“大西洋与太平洋茶叶公司”。1880 年，其连锁店开到了 100 多家；1936 年，连锁规模达到了 5 000 多家。

差不多同一时期，另外一家美国公司也采用了连锁模式，出售的产品可比茶叶重多了，这就是 1865 年成立的美国胜家缝纫机公司。这家公司不仅采用连锁经营的分销网络，还在世界上首推分期付款业务，再加上本身的产品质量过硬，其迅速成为行业领导者。

在此之后，大家逐渐明白连锁模式的妙处：规模化经营、产品集中采购、品牌统一、质优价廉。于是，大家纷纷效仿，在小百货领域出现了大量的连锁店。很多不具备连锁能力的商家吃不消了，感觉就与今天传统企业碰到了互联网思维一样，觉得同样是卖东西，自己怎么用力都比不过那些连锁店。甚至有人向政府告状，称连锁模式破坏了竞争，造成了失业。但洪流终究不可阻挡，连锁模式至今已遍地开花。

连锁模式为什么会在这个时期首先在美国出现？大概有两方面的原因：一是通信技术的进步使得沟通更加方便，统一采购商品和统筹经营管理成为可能。1837 年电报诞生，通信可以即时进行，人们不必望穿秋水等待信使到来。二是交通方式的革新使得货运物流更加方便，货物从采购到分销变得更容易。1850 年，美国铁路总长超过了 14 000 km，突破了以往河运冬季受到水面结冰的限制，货物运送迅速且畅通无阻。这些技术的进步为异地连锁加盟模式的诞生打下了基础。

（一）经典案例——煌上煌：连锁经营撬动鸭子全产业链

1993 年初，就职于南昌市肉食品公司的徐桂芬萌发了独创赣味品牌特色的烤卤食品与南昌市肉食品公司竞争的念头，自筹资金 1.2 万元，在南昌绳金塔附近办起了“南昌皇上皇烤禽社”，依靠选料、配料、工艺、风味的与众不同打开了南昌的市场，“皇禽”酱鸭在市场竞争中大获全胜。

1996 年，她的丈夫褚建庚加入“煌上煌”。这是“煌上煌”从创业到成长的关键一年。在解决了企业家族式公司的弊端后，褚建庚开始着手扩大“煌上煌”的经营规模，调整市场布局。半年内，开了十余家分店，开一家火一家，这一年，“煌上煌”的产值翻了一番。

到了第二年，褚建庚认识到，为了在烤卤市场站稳脚跟，“煌上煌”必须进一步拓展销售渠道，扩大市场份额。但是，仅靠自有资金在短时间内迅速增加营业网点的想法是不现实的，他决定引入连锁代理制，借助别人的力量，做大“煌上煌”。

又是半年多的时间，按照统一装修、统一标识、统一配货、统一价格、统一管理的要求，80 多家连锁店先后加盟，“煌上煌”的销售收入再次翻番。

1998 年，“煌上煌”开始构建覆盖全省并且辐射省外的销售网络，以南昌市场为依托，大力发展加盟，销售网络开始向全省地、市、县二、三级市场延伸发展，以行政区划为单位实行总代理制，将公司专人管理与区域分片管理有机结合，同时强化监督体系，完善市场反馈机制。

这一年，“煌上煌”连锁店发展到 130 多家，销售收入达到 1 350 万元，南昌市场占有率超过 80%，产品也发展到烧烤、卤制、煎炒、凉拌 4 大系列 60 多个品种。同时，积极向深圳、沈阳、北京市场拓展。至 2001 年年底，各地市场专卖店数达到 200 余家。从 2000 年开始，连续三年产值、销售收入超亿元。2001 年，成立了江西煌上煌集团有限公司，开始进入成熟发展，公司连锁专卖体系发展日臻成熟。对如何建立高效率的区域市场管理队伍、如何借助加盟商运作现代渠道、如何通过掌控终端门店来维护连锁网络体系的稳定都积累了较丰富的经验。

在“煌上煌”第一个五年发展规划期间，公司提出“坚持以销售为龙头，继续稳定并扩大省内市场，大力开发省外市场，形成多层次、多地区、跨国门的市场营销网络”战略。经过一个五年发展计划，至 2005 年年底，通过推进专卖网络在省外和省内地市中心市场、县区市场、乡镇市场以及超市卖场等不同层面的立体化规模拓展，公司专卖店（柜）500 余家，销售超 3 亿元，“煌上煌”品牌知名度和市场占有率得到了有力的推广。

在“煌上煌”第二个五年发展规划期间，公司又提出“立足江西，调整、巩固现有市场，积极开发新市场；走出去，对接长珠闽，连接港澳台，着力开发新市场；坚持不同产品不同市场，同一个产品多个市场，同一市场多个客户的发展战略，建立全方位的营销格局和体系”的营销战略措施。对此，“煌上煌”以科学发展观为指导，做到“六坚持、两挖掘、三统筹”。“六坚持”，即坚持做优南昌市场，坚持做强省内市场，坚持做实省外市场，坚持做好旅游市场，坚持做活省际交界市场，坚持做进国外境外市场。“两挖掘”，即挖掘单店销售潜力，挖掘包装产品销售潜力。“三统筹”，即统筹广告策划，统筹激励机制，统筹终端维护。“煌上煌”决策层以大市场大流通观念为指导，通过“六坚持、两挖掘、三统筹”大力推动省内外各区域市场的快速发展，以每年平均增长 30%以上的速度大幅攀升。

“煌上煌”连锁店在一线城市以直营店为主，在二线城市则以加盟店占大多数，至 2011 年年底，连锁专卖店达到 1 798 家，销售额近 10 亿元，市场从江西发展到广东、上海、北京、福建、沈阳、西安、海南、广西等全国 20 多个区域。

（二）连锁模式总结

有两个术语叫“复制”“粘贴”，凡是用过计算机的人都不会陌生。在日常生活中我们经常看到外观看起来一样的酒店、餐厅，就像“复制/粘贴”的。这些酒店和餐厅背后都用同一套模板，而这就是连锁模式。连锁模式的出现使得优质的商品和服务获得规模化扩张，开启了商业史上的一段新传奇。

（1）连锁模式是一个能在消费品、餐饮、服务等领域扩大规模、降低采购（生产）成本、提升品牌形象的有力武器。现有技术手段的发展对于连锁模式的品质控制和标准化管理有促进作用。互联网、视频系统、信息系统等都成为远距离管理的利器，可以与各家门店实时沟通甚至实现监控。连锁模式可以分为直营、特许加盟和准连锁三种类型。其中准连锁只是品牌统一各自为政，这里我们不做过多介绍。

（2）首先需要有优质而成功的产品，这是连锁复制的前提，如果第一家店都不能成功，那就没有复制的必要；其次需要打造标准化作业流程，以提高连锁复制的效率；最后需要强有力的管理，以保证连锁品质，很多公司采用巡查制度来确保连锁标准得以落实。

（3）直营模式能够实现统一管理、统一采购、统一标准，是连锁模式中能较好保持品质的方式。但这种模式对于资金和管理有更高的要求，发展速度和规模会受到限制。此外，各分店自主权小，其主动性、积极性、创造性将难以发挥。星巴克采用的就是直营模式（大约有 10%的特许加盟），统一垂直管理，确保用最优质的咖啡豆做出最优质的咖啡，以树立品牌形象。

（4）加盟模式能够实现快速扩张，并且能够收取加盟费。这种模式被各行各业纷纷采用，但加盟店的管理却是一个不大不小的难题。麦当劳的加盟模式管理比较严格，对加盟店的区域有严格的划分，不授权区域代理人以避免无序竞争。赛百味则采用了更为开放激进的加盟模式，允许有区域代理，其带来的结果是扩张很快，但单店利润率下滑，品牌吸引力下降。虽然麦当劳的店面没有赛百味数量多，营业额和影响力却在其之上。

（5）对于创业者或经营者来讲，究竟是采用直营还是加盟模式需要具体问题具体分析，根据自身和竞争对手情况来确定。以国内的快递行业为例，顺丰采用直营模式稳扎稳打，而“四通一达”则采用加盟制以迅速扩张。

【案例分析】

颠覆性创新，蒙牛特仑苏终结乳业薄利时代

2008 年的婴幼儿奶粉事件，让国内知名乳品企业全年亏损，受到巨大影响，蒙牛作为被检测出三聚氰胺的三大乳品企业之一，也付出了惨重的代价。但就在大部分产品都被迫下架整改的非常时期，有一支产品，依旧销量坚挺，并且在短暂下挫后强势反弹，这就是“特仑苏”，可以说“特仑苏”作为中国第一支高端奶，成为蒙牛在风雨中依然能够支撑品牌价值的台柱。

很多人并不知道，特仑苏作为高端牛奶是中国乳业最具颠覆精神的战略产品，它的出现，打破了中国乳业的“黑铁时代”。在国内乳企的竞争已近白热化阶段，面对利润空间不断被挤压，甚至“奶贱于水”的现状，蒙牛跳出竞品之间越陷越深的价格泥潭，以颠覆者的姿态奉献出影响了其后数年的——特仑苏高端牛奶，确实是石破天惊，引领中国高端奶市场风生水起。

蒙牛特仑苏，是蒙牛集团沉淀多年，看准市场先机，颠覆乳业市场格局，最成功的战略新品。它不只是突破，而是完完全全地推翻原有消费者对于牛奶的消费认知，这一史无前例的创新为蒙牛带来数倍于普通白奶的利润，成就了中国乳业真正的高端价值。

1. 颠覆乳业薄利时代，突破国家标准

国家标准每 100 g 牛奶中蛋白质含量是 2.9 g，从未有人想过可以超越这个标准。但是 2005 年特仑苏的问世却颠覆了这个标准，让 100 g 牛奶中蛋白质含量天然达到 3.3 g（每百克牛奶）。使乳业进入了一个崭新的“黄金时代”，开辟了一片新的“蓝海”。蒙牛集团从建造位于北纬 40°、乳都核心区的特仑苏专属牧场开始，每年牧场日照 3 000 h，汇集四大洲的名种奶牛，精选 12 国牧草，在动物专家指导下精心饲养，成就特仑苏最高端的品质保证。

同时特仑苏的市场零售价，从上市开始，就高于竞品最高价格牛奶 3 倍之多，这无疑一石激起千层浪，业内争议四起，对这个创造了乳业新标准的产品，所有人，都在等待市场检验的结果。

2. 颠覆市场售卖传统，突破消费习惯

凭借 3.3 g 这个全新升级的品质标准和醒目标签，标新立异地证明了“廉价”并不是唯一打动消费者的杀手锏。特仑苏在为消费者提供高品质营养与品位的同时，让消费者接受了他天然的“高价格”。

这还没有结束，特仑苏再抛新概念——整箱买，不单只零售！

这无疑又是在颠覆市场售卖传统，一件特仑苏12支装，消费者只能整箱购买，一次性消费一箱就是60元。而这一次，市场再一次地证明了这个颠覆有理，特仑苏具备的强势高端特性，从战略层面，让市场消费习惯重新养成，一举站在高端液态奶市场前沿。

3. 颠覆单一品牌建设，打造全新产品理念

蒙牛显然很清楚推出特仑苏，是不断挑战的一个过程，而这一切高消费必须建立在更创新的品牌传播上和全新的产品理念上。

第一，蒙牛颠覆了以往以企业整体品牌驱动子品牌并建立子品牌知名度的模式，让特仑苏独立于蒙牛的品牌系列之外，在弱化蒙牛品牌影响的同时，强化了特仑苏的品牌形象。从这一点看，蒙牛成功地借鉴了成功品牌的做法，因为让特仑苏拥有了一个很高的起点，使得特仑苏在品牌建设上能够快速获得成功。

第二，特仑苏这个产品在被蒙牛发掘出来之前，只在有限的范围内传播，这给了蒙牛全新的塑造品牌的空间。特仑苏从诞生之日起就被蒙牛赋予了高端牛奶产品的含义，并很快形成了品牌认知。对于这一点，品牌专家李光斗先生认为，特仑苏拥有了品牌等级和容易被识别的特性。在蒙语中，特仑苏就是金牌的意思，而它的品质也增加了成功的筹码。

第三，特仑苏致力于树立"金牌牛奶，特仑苏人生"的主张，传递出特仑苏与消费者共鸣的品质，一如进取、坚持、追求完美等独特文化元素，使得特仑苏的产品理念能够以一种积极参与的方式进入主流人群的日常生活当中。

第四，特仑苏用一句"不是所有的牛奶都叫特仑苏"确立了自己的身份辨识，也树立了由特仑苏建立的高端品牌进入壁垒。对于消费者来说，"不是所有的牛奶都叫特仑苏"的潜台词就是不是每一个人都可以喝特仑苏牛奶，这种产品理念诱惑是无法拒绝的。

第五，特仑苏凸显了它的气质完全不同、包装完全不同、终端陈列不同。据调查发现，特仑苏在其销售终端KA里，总是处于比较显眼的位置，用最霸气的堆头，最精美的端架，完成了整体产品的理念打造！

4. 颠覆传统推广模式，打造整体传播方案

特仑苏在产品理念完善的基础上，将最后的推广模式完全颠覆。不再拘泥于普通牛奶影视明星、体育明星的广告代言，直接和被誉为"金牌出演者"的郎朗携手，顶级"金牌牛奶"特仑苏和顶级钢琴家合作，让品质感深深镌刻在生活中。

郎朗这样说："特仑苏创造了不一样的牛奶，并且赢得了世界的认可。特仑苏是我代言的第一个中国食品品牌，因为'中国制造'正在改变世界，而特仑苏如此优秀，它在未来将征服世界。"

此后，特仑苏更进一步，打造整体传播方案。联手国内最高规格的艺术团体及指挥家，在北京、上海、西安、南京、武汉、沈阳、广州等全国八大中心城市带来重量级的音乐盛会——特仑苏之声交响音乐会，为"名仕会"会员奉上高雅艺术的听觉盛宴。

（案例来源：李志起. 2013. 大农业模式）

分析：

与本章介绍的"低价优质"的商业模式不同，特仑苏走的是高价高质路线，然而也获得了巨大的成功。这说明，农业商业模式并非一成不变，也不是放之四海而皆准。必须要根据市场的

变化、消费者观念的转变、产品和服务的性质以及竞争对手的优劣势等因素，因地制宜，因时而变，才能在残酷的商海浮沉中，乘风破浪。

【行动建议】

用商业模式画布设计你的职业生涯

一、使用商业模式画布设计和管理职业生涯的优势？

使用商业模式画布帮助我们高瞻远瞩地分析生涯机会和客观看待自己的职业生涯，并懂得如何从人生大局出发应对个人职业生涯问题和挑战。

身处VUCA时代，你不得不学会去应对那些复杂的情况、棘手的问题和富有挑战性的职业决策。当我们站在整个职业生涯高度思考时，将能够从传统的职业规划藩篱中跳脱出来，着眼于更大的人生“运营环境”。你可以集合组织和行业发展现状及趋势提出疑问，并质疑在此方面提出的种种职业生涯假设。通过收集复杂但必要的生涯构成要素并进行分析，帮助你做出明智的职业选择，并确定合适的生涯行动方案。

之所以会建议并一再推荐商业模式画布设计职业生涯，有以下益处：

(1)从企业商业模式画布演变而来，借助这套模式有利于我们把自己当作一家企业来经营，从潜意识牵引我们提高思维高度，去思考战略层面的事情，而不是长久地陷于运营层，拘泥于“我到底适合哪份工作”“我可以做什么”这类的细节问题；

(2)这不仅仅是职业生涯设计工具，还可以作为职业生涯诊断和管理工具来用，通过诊断自身当前职业生涯状态，帮助你真正地思考职业生涯现状，从而为后续的职业生涯调整提供依据：

当前的职业生涯现状问题出在哪儿；

如何优化职业生涯方向；

随时随地调整我的职业生涯。

二、如何设计和规划职业生涯现状？

个人职业生涯画布共分为九个要素，彼此互相关联和影响。因此，从哪个要素开始诊断都是可以的，但从实操性角度看，建议可以按照如下步骤来进行诊断规划：

第一步，我能帮助谁(谁是我的客户)？

客户：指付费享受服务或产品的人，也包括那些免费享受利益但必须通过其他人付费补贴的群体。

这里包括企业内部和外部的人，即需要依赖你完成工作的人。企业内部的比如老板，以及你所支持的部门/岗位，外部的比如客户。

说简单点，客户群体就是那些给你钱的人，或者是间接给你钱的人。这么看来，你的老板、上司也属于你的客户群体。

第二步，我可以提供的服务是什么(价值主张)？

这其实是两个问题：

客户请我完成什么工作？

我完成这些工作能给客户带来哪些价值或解决了什么问题？

个人职业生涯规划过程中，对价值主张的思考是非常重要的。因为这是客户付钱给我们，为我们的服务买单的基础。

所以，在职业生涯管理过程中要时刻提醒自己：我给哪些人带来了哪些价值和服务？

千万不要把关键业务和价值服务混为一谈。举个例子：苹果手机，可能是因为这个品牌的手机可以提高格调，而买华为手机呢，更多可能是国货情怀。

所以作为个人来说，我们每个人都要有自己的价值定位。价值主张更多的是结果和影响，而不是具体的任务。

第三步，我可以做什么(关键业务)？

如果你有明确的职业生涯目标，比如你想做 CS，那就把 CS 的关键业务想好；如果你暂无职业目标，那就写当前的工作现状，想想你目前工作中主要在做什么。

这里有两点需要注意：

1. 如果你写的是职业生涯目标，建议目标不要离你太远

如果目标太远，你可能根本不知道如何下手；且过于遥远的目标，发生变化的可能性就会很大，中途调整目标而浪费的资源就会更多，建议写未来三到五年的目标比较合适。

2. 关键业务不要写得太细，两三个最重要的业务是合适的

比如做 CS，关键业务就三点：第一，精准寻找客户；第二，推进销售；第三，售后服务。这也是训练你结构化思维的过程：把你细碎的工作事件归纳成为几个大的任务。

第四步，我怎样宣传自己、交付产品(渠道通路)？

前面你盘点了服务对象，厘清了自己的核心价值，并通过关键业务奠定了你的职业生涯基础。

接下来的问题就是：如何向客户传递价值。它包括如何宣传价值、卖出服务以及递交服务。

比如笔者自己，对于我的客户来说，我的价值就是帮他们提升个人情商管理水平和组织幸福度。如何宣传这个价值呢，可以通过参加线下论坛、写公号、头条文章等。如何卖出服务呢，跟客户面对面，介绍曾经服务过的×××案例等。

第五步，我怎样和对方打交道(客户关系)？

你如何跟客户打交道、处理好跟客户的关系，也十分重要。

比如销售人员通过跟客户一起吃饭、打球等建立关系；很多互联网培训通过私域流量来建立跟用户的关系。

第六步，我是谁，我有什么(核心资源)？

关于“我是谁”，具体来说包括你的兴趣、能力、优势。关于“我拥有什么”，具体来说包括你的知识、经验、人脉以及其他有形的、无形的资源或资产。

优势即体现你内在独特个人优势的因素，比如同理心、谦逊、助人、精力充沛、完美主义等。

兴趣即那些令你感到兴奋的事物，兴趣是你最宝贵的资源，兴趣是催生职业满足感的动力。

知识很容易盘点，你学的专业、考过的证、看过的书，都可以算在知识里面。

能力比如 PPT 美化能力等，还包括你与生俱来的禀赋，比如空间感知、人际沟通能力等。

以上几点，你也可以请他人给你反馈，因为有时候你觉得自己某些能力很强，但别人未必这么认为，所以可以寻求身边同事和朋友的反馈，通过对比分析之后，发现你的优劣势。

第七步，我的重要合作（谁可以帮我）？

你通常不会是单打独斗的。

而且，你也不可能是一个完人，所以你需要有能帮你提供资源的盟友、合作伙伴，这些都属于重要合作对象。

第八步，我的成本结构（我为这份职业的付出）？

这里的付出包括你的时间、精力、金钱，甚至你的心理压力……

第九步，收入（我在这份职业中获得的收获）？

这里的收入是广义的概念，包括物质回报和非物质回报。其中物质回报包括薪酬、福利等；非物质回报则包括幸福感、发展机会、成就感……

从以上九个要素当中你会发现，个人跟企业的商业模式画布其实是有区别的：

对企业来说，成本和收入更多是财务上的；但对个人来说，你还需要考虑工作是不是开心，有没有发展等。

三、如何管理你的职业生涯画布：画布的两大用途？

至此，你的个人职业生涯画布设计已经完成，接下来就可以去管理了。这里给大家分享几点用途：

1. 职业诊断

诊断的核心是发现九个要素中互相不匹配的情况，列了几个常见的不匹配情形如下：

情形一：价值服务跟客户群体不匹配

例如你从售后转到售前，归销售总监管。那你的客户群体就从“售后总监”变成了客户和“销售总监”。这时候，你的价值服务如果仍然只是：做好服务、让客户满意，那就会有问题。

根据你的内部客户“销售总监”需求，你还需要为公司带来更多生意、把产品卖出去。所以你的价值服务需要调整，你需要思考，如何从技术角度来打动客户，并转化为购买行为。

情形二：关键业务跟核心资源不匹配

例如你的核心资源是人脉广、喜欢挑战、善于沟通和专业技术过硬，现在转做售前，不用做售后服务，那么，这个关键业务显然并未发挥出你的核心资源优势。

可以调整到售前技术支持，既能充分利用本身的技术知识，又能发挥与人打交道的专长。

情形三：渠道通路与客户不匹配

如你打算跳槽去某上市公司做 HR 总监，却在某 8 看机会、写简历，效率也是不高的，因为某 8 服务的更多是基层就业者。

综上，画布中九个要素之间都要相互匹配才行。如果存在错位情况，那就意味着你的个人商业模式是有问题的，需要做出相应调整，要么是客户群体，要么是价值主张，要么是渠道通路，……，一定要有所调整。

2. 生涯优化

职业生涯画布也是一个生涯优化的好工具。

例如你目前的困境是收入不高，那么可以画出“收入来源”，然后尝试想好如何提高收入的动作，比如调整客户群体，寻找合适的渠道通路……

我们可以定期做这样的生涯分析，就如同组织定期回顾战略一样，若出现以下情况，你也需要重新调整画布，对未来重新设计：

(1)外界环境变化,比如新冠疫情的到来,你的收入来源会有变化吗?

(2)客户群体发生变化,比如升职、跳槽、转行等,你的客户需要关系调整吗?

(3)核心资源发生变化,比如一个人突然遭遇车祸,康复后身体行动不便,不再能像一个正常人一样来求职,你需要如何重新组织个人的能力、技能和资源?

总之,做任何职业生涯规划,我们都要明确自己要做什么,不要做什么。通过权衡决策,你可以帮助自己侧重于可接受的生涯行动方案,并制定或维护确保成功的生涯规划路线。

(参考资料:职业经理研习,2019.如何用个人商业模式画布设计和管理你的职业生涯? https://www.shangyexinzhi.com/article/4459634.html)

【本章小结】

本章对商业模式的内涵进行了讲解,通过展开阐述商业模式的9个要素,促进学生深入认识商业模式的内涵。本章还介绍了几种常见的农业商业模式,包括诱钓模式、低价优质模式、垂直整合模式、连锁模式,并辅以案例加深学生的理解。通过本章的另外一些案例的分析,学生应意识到,没有一种商业模式能够放之四海而皆准,应该根据自身实际情况制定适合自己企业的商业模式。

【课后训练】

一、观看与思考

结合本章所学内容观看视频,建议以小组为单位,参考"思考感悟"和"相关阅读"进行讨论。

主题:学习日本农业的商业模式

请通过浏览器观看:(第一期《植物工厂模式》,第二期《日本农场直供餐厅的运营模式》,第三期《日本农场直供产地直销所模式》,第四期《农产品产地直供自动贩卖机模式》:https://space.bilibili.com/501233267? spm_id_from=333.337.search-card.all.click)

思考感悟:

1.通过观看视频,总结日本在农业商业上的几种模式。

2.同学们觉得农业商业模式还可以在哪些方面进行创新?

相关阅读:

1.《商业模式新生代》(作者:[瑞士]亚历山大·奥斯特瓦德)

2.《商业模式革新》(作者:[荷兰]帕特里克·范德皮尔)

二、回顾与思考

1.考察华南农业大学"趣乡村""雨蔬农业""彰诚农业"几个典型的农业创业项目,总结他们的商业模式,谈谈对自己的启发。

2.结合本章介绍的几种商业模式,在现实中寻找符合或接近这些模式的创业企业(最好是农业企业),印证该商业模式在现实中的实践情况。通过访问企业负责人,加深对商业模式的理解。

三、行动与思考

1.采访一位农业创业的人物,实地考察他/她的农业创业项目,对其商业模式进行探究。

2.小组进行模拟创业,设计一种农业商业模式,并在校园内进行小范围的落地试验。

第六章　现代农业生产品质管理

【学习目标】

1. 了解现代农业技术发展趋势。
2. 掌握绿色农产品质量安全标准、法规，认识农产品相关产品和体系认证。
3. 掌握农产品质量安全溯源概念，了解当前常用的溯源技术及应用。
4. 掌握物联网的概念，了解其在农业上的应用。

【本章引例】

鱼菜共生——绿色生态循环农业系统

近年来，随着我国经济、社会的不断发展，人们对饮食的要求趋向健康化、营养化，消费方式也从数量导向型转向质量导向型，水产品因其具有较高的营养价值和特殊的健康功能被越来越多的消费者所选择，并在我国膳食结构中的地位逐渐提高。然而，传统水产产业通过沉淀或过滤等物理分离方法去除悬浮污染物，大量溶解在水中的污染物却难以净化，因此需通过更换水体以维持良好水质，产生的巨量废水容易带来富营养化等环境问题。将水产养殖和无土栽培互利结合的鱼菜共生系统，不仅具有高效的特点，还具有绿色健康和可持续的特点，因而被认为是传统水产养殖的替代技术。

鱼菜共生系统原理是鱼类消化饲料产出排泄物以及残留饲料，在养殖水体中产生氨氮，需氧微生物将氨氮先转化为亚硝酸盐(此时的亚硝酸盐对鱼类是有毒性的)，亚硝酸盐再通过好

图 6-1　华南农业大学老师在给学生讲解鱼菜共生系统

氧微生物最终转化成植物可以吸收利用的硝酸盐(此时的硝酸盐对鱼类毒害最弱),水体中的硝酸盐被植物通过固氮作用同化吸收后,再作为养殖水体循环流入鱼池使用,形成鱼菜共生的氮循环,由此产生了营养物质再循环的鱼菜共生系统。鱼菜共生系统在有限的空间里,最大限度地减少了对养分的输入以及废物的输出,相对于传统的种植养殖而言,同样的养分输入、同样的空间,通过整个系统立体的生产模式,却可同时高效生产出两种经济产物。

鱼菜共生系统科技含量、观赏价值高,还可用作观光旅游和科普教育。在华南农业大学实践教学基地,鱼菜共生培养基地通过 pH 探测器和氮磷钾探测器实时调控培养基的养分,形成了智能管控的鱼菜共生系统,每年吸引了众多师生和校外中小学生参观学习。

鱼菜共生生长周期短,可实现周年生产、持续供应市场,具有长期、稳定的高经济效益,成为近年来农业赛道的创业热点。2022 年"广东青年五四奖章"获得者罗伟特是一名在粤港澳大湾区创业的香港青年,他从 2016 年开始便在广东江门国家农业科技园区展开了鱼菜共生技术的前期创业。经过不断研究和改进,他们克服了种种困难,推动技术更新迭代,在"创青春"中国青年创新创业大赛上获得了农村农业初创组的金奖,并在广东江门国家农业科技园区落地。目前,他们每年的蔬菜产量可以达到数百吨,并做起了观光农业建设的鱼菜共生科普教育基地,单日的最高游客量已超过了 1 万人次。

(案例来源:1. 南方都市报新闻,2019. 揭秘华农最受学生欢迎的农事训练课[EB/OL]. http://edu.hebnews.cn/2019-04/15/content_7384345.htm,节选,有改动。

2. 广州日报新闻,2022."鱼菜共生",这位香港青年湾区创业带动 251 户农民增收[EB/OL]. https://baijiahao.baidu.com/s?id=1731814627304186624&wfr=spider&for=pc,节选,有改动。

思考:

1. 随着科技发展,你认为未来农业技术发展趋势是怎样的?
2. 华南农业大学鱼菜共生系统建设情况和罗伟特的创业故事对你有什么启发?

第一节　农业技术发展趋势

近年来,随着科学技术的不断发展,农业在市场经济框架下,广泛运用现代工业成果和科技、资本等现代生产要素,传统农业从业人员不断减少,与之相对的是具有丰富现代科技和经营管理知识的新型农业从业人员逐渐增多,需求也不断增大,农业生产经营活动越来越呈现专业化、集约化和规模化,农业生产效率得到了大幅度提高。

一、现代农业的发展趋势

1. 集约化趋势

过去粗放经营的农业是在较低的技术水平下,以在一定面积的土地上较少的投入为特征,主要靠扩大种植面积来增加产量。然而当前人口日益增长、土地资源愈发紧张,这就要求集约、节约利用农业资源,提高土地利用率和土地生产率,增加农业经营的经济效益,避免由于不断扩大耕地面积而带来的生态问题和社会经济问题。

2. 信息化趋势

随着科学技术的进步，网络化、信息化和数字化已经成为时代的发展潮流。近年来，物联网、5G网络等信息技术开始尝试应用到农业生产管理中，精准农业、自控农业、智能化农业等取得了较大发展。由此可见，农业信息化必将成为农业经济和农村社会发展的新的增长点。对于我国而言，农业信息化既可以促进农业经济快速增长，又能加快建设社会主义新农村的步伐，是我国农业现代化的必然选择。

3. 健康化趋势

多年来，在农业发展过程中，也造成了农业资源承载超限，过量使用农药、化肥等弊端，带来了农药残留、激素滥用、土壤污染和酸化、微生物减少、地表水污染等问题，农产品和食品安全问题时有发生。我国城乡消费者对农产品和食品的消费需求不断升级，当前对食物的消费需求是既要吃得安全，又要吃得健康，把品质放在第一位。在这一强大内需驱动下，绿色农产品、有机农产品和各种安全、优质、保健型农产品越来越受到民众重视和青睐。可以说，健康农业是满足广大人民群众获得感、幸福感的迫切需要，是现代农业发展的必然趋势。

4. 高效化趋势

近年来，生物技术、信息技术、新能源技术、新材料技术等现代科学技术不断被运用到农业生产管理中，通过充分合理利用农业资源环境，实现各种生产要素的最优组合，使经济效益和生态效益、社会效益达到平衡。农业的高效化发展，不仅能促进农民增收，是农业结构调整和农业产业化发展到一定阶段的必然要求，也是加快工业化进程、扩大消费需求的迫切需要。

5. 低碳化趋势

联合国粮农组织等国际机构研究表明，世界约有20%的温室气体来自农业，如畜牧和渔业养殖、生产等。为应对全球气候变化，减少温室气体排放，延缓气候变暖和减少极端灾害天气发生，确保粮食稳产和保障全球粮食安全，一些低碳技术开始应用到农业生产中。低碳农业是新形势下转变农业发展方式、实现农业可持续发展的必然选择，未来将会在全世界广泛推广和应用，低碳农业模式将成为世界农业发展的主导模式。

二、农业生产新技术

（一）立体农业技术

随着世界人口的不断增长，农产品的需求量不断上升。面对有限的土地面积和不断恶化的生态环境，利用立体空间开展高效农业生产的技术成为当今世界农业科技的发展趋势之一。

立体农业，又称层状农业，就是利用光、热、水、肥、气等资源，同时利用各种农作物在生育过程中的时间差和空间差，在地面地下、水面水下、空中以及前方后方同时或交互进行生产，通过合理组装、粗细配套，组成各种类型的多功能、多层次、多途径的高产优质生产系统，来获得最大经济效益。

构成立体农业模式的基本单元是物种结构（多物种组合）、空间结构（多层次配置）、时间结构（时序排列）、食物链结构（物质循环）和技术结构（配套技术）。目前立体农业的主要模式有：丘陵山地立体综合利用模式；农田立体综合利用模式；水体立体农业综合利用模式；庭院立体农业综合利用模式。

立体农业具有以下特点：

(1)集约　即集约经营土地，体现出技术、劳力、物质、资金整体综合效益。

(2)高效　即充分挖掘土地、光能、水源、热量等自然资源的潜力，同时提高人工辅助能的利用率和利用效率。

(3)持续　即减少有害物质的残留，提高农业环境和生态环境的质量，增强农业后劲，不断提高土地或水体生产力。

(4)安全　即产品和环境安全，体现在利用多物种组合来同时完成污染土壤的修复和农业发展，建立经济与环境融合观。

科普中国网站有以“立体农业的秘密”为题的视频，读者可以搜索观看，帮助学习。

(二)超级型农业技术

超级型农业是利用高新生物技术对动、植物进行研究，培育出新型杂交品种，实现高产高效。超级型农业具有超高产、超优质、超级发展特点，如我国启动的“中国超级稻育种”项目，已育成了一批具有自主知识产权的品种，其中袁隆平院士团队孕育的超级杂交水稻平均亩产超1 100 kg，具有产量高、米质好、抗寒、抗病、抗倒伏等特点。此外还有高油玉米、高赖氨酸玉米、高蛋白小麦、高碘蛋等。

超级型农业一般有两个趋势。一个趋势是大。科学家研究利用高新生物技术把大型动物的生长基因引入体型较小的动物体内，以培育出个体粗壮的大型动物，如美国加利福尼亚州一农场养育有全球体型最大的牛，高达1.9 m、重达1 043 kg，相当于一头大象。此外还有通过倍性进行育种，以获得株高、茎粗、叶大的高产蔬菜或奇特的观赏植物。

另一个趋势是小。科学家研究培育精、优、小巧的微型动植物品种，如我国的藏猪、五指山猪、版纳小耳猪、巴马香猪、香猪、荷包猪、乌金猪等小型猪和微型猪品种，体重不超过35 kg，具有体型小、性成熟早、抗逆性强、肉质好等特点，是烤乳猪和实验动物的优良品种；墨西哥科研工作者运用生物遗传学原理，以品种优良的巨型瘤牛为母体进行缩微，成功地培育出“微型牛”牛种，其身高只有60～100 cm，成年牛体重可达150～200 kg，具有对气候环境适应力强、生长快、皮薄肉质嫩、产奶量高等优点，一般饲养6个月即可宰杀食用，具有投资少、收效快、饲养成本低等优点。目前，畜牧研究专家尝试把猪、兔、羊培育成小到可放在菜盘子里的微型动物。科学家同时也在努力进行植物的矮化育种，如矮化的苹果可用盆栽进行种植，不仅非常适合家庭养植，而且会让家中的环境变美好。

(三)快速型农业技术

快速型农业技术主要指植物克隆技术(植物快繁技术)、植物非试管快繁技术。一般来说，植物克隆技术是指利用植物细胞的全能性，在适合的培养基上接种外植体(如叶片切块、下胚轴、茎尖等)，在离体条件下使其经过脱分化、分化过程重新再生新的植株。在这个过程中，培养基的激素成分和激素用量起了关键的作用。如草莓在传统生产方式下，会因长期营养繁殖和连作而导致植株体内各种病毒积累，表现为植株矮化、果实变化、畸形果比例增加，而且有花叶、黄边、斑驳等多种症状，从而造成草莓品种种性退化，单位面积产量降低，果实品质下降，降低了果实的经济价值和商品价值。利用组培技术对草莓进行快速繁殖获得大量脱毒苗(图6-

2),可有效解决这一问题。研究证明,组培苗或脱毒苗的生长性状优于常规繁殖苗,在整个生长季内,脱毒微繁殖 2 代苗的生长势最强,其株高始终高于 1 代苗和普通苗,降低了感病率,提高了产量和品质,可创造更高的经济效益。

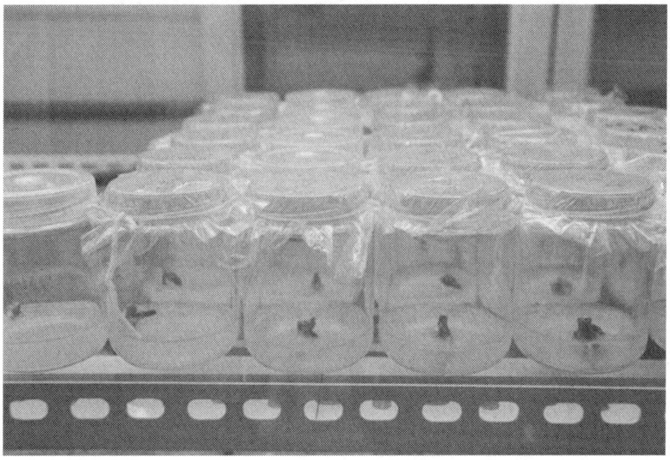

图 6-2 组培育苗技术

(四)设施、无土型农业技术

设施农业是采用人工技术手段,改变自然光温条件,创造优化动植物生长的环境因子,使之能够全天候生长的设施工程。设施农业是个新的生产技术体系,它的核心设施就是环境安全型温室、环境安全型畜禽舍、环境安全型菇房。它根据不同的种养品种需要设计成不同设施类型,同时选择适宜的品种和相应的栽培技术。从种类上分,设施农业主要包括设施园艺和设施养殖两大部分。设施养殖主要有水产养殖和畜牧养殖两大类。如今,设施农业以智能温室为主,智能温室也称作自动化温室,是指配备了由计算机控制的自动开启天窗系统、遮阳系统、保温系统、升温系统、湿窗帘/风扇降温系统、喷滴灌系统或滴灌系统、移动苗床等自动化设施,基于农业温室环境的高科技"智能"温室。

无土栽培是指不用天然土壤,而以水、草炭或森林腐叶土、蛭石等介质作基质,在定植以后用营养液进行灌溉的栽培方法。由于无土栽培可人工创造良好的根际环境以取代土壤环境,有效防止土壤连作病害及土壤盐分积累造成的生理障碍,而且营养液成分易于控制、可随时调节,能充分满足作物对矿质营养、水分、气体等环境条件的需要,栽培用的基本材料又可以循环利用,因此具有省水、省肥、省工、高产优质等特点。无土栽培根据栽培介质的不同分为水培、雾(气)培和基质栽培。

(五)工艺型农业技术

工艺型农业技术是指对植物或农产品在它的适合生育期内进行特别管理,即在果实开始形成时,使用合适的模具将果实放置其内,以塑造其独特的性状,从而满足人们的视觉需求。如日本的瓜农使用不同的模具培育出方形(图 6-3)、心形、葫芦形等形状的西瓜,其单个价格至少要 1 万日元,是普通西瓜的 2~3 倍。

图 6-3　日本市面上售卖的方形西瓜

（图片来源 https://new.qq.com/rain/a/20220725A05FWR00）

（六）保健型农业技术

如今，我国农产品生产综合能力大幅上升，粮食产量实现连增，果、蔬、菜、粮、禽等生产量均稳居世界前列，居民食物消费结构发生明显变化，营养健康逐步成为第一需求。保健型农业技术通过生物营养强化技术或其他生物工程技术生产出具有健康改善功能的农产品，以能够定量满足对人体健康有益的微量营养需求。近年来成为热门的富硒农业和富硒农产品（图 6-4）就属于此。

图 6-4　被称为具有防癌作用和护肝作用的富硒食品

（图片来源 https://www.432520.com/shopping/617358075089.html）

（七）观光休闲型农业技术

观光休闲农业又称旅游农业或绿色旅游业，是一种把观光休闲旅游与农业结合在一起的新型生态旅游业。它以农村田园景观、农业生产活动和特色农产品来吸引游客，开发观光果园、茶园、花园、菜园、竹园、中草药园及渔业游、牧业游等不同特色的主题旅游活动，满足游客体验农业、回归自然的心理需求。在观光的同时还可以开展各种采摘、参观、科普知识讲座等活动，为游客提供了解农业历史、学习农业技术、增长农业知识的机会。当前观光休闲农业有景观休闲型、科普观光型、生态度假型、主题游乐型、产业博览型、农家花乡型等模式。

第二节　农产品质量安全管理

民以食为天，食以安为先。在过去的农业发展过程中，由于缺乏认识和管理缺失，国内外的农产品质量安全事件频繁发生，不仅给人们的健康安全带来风险，也成为农业和农村经济发展亟待解决的主要矛盾之一。为强化管理，提高农产品生产加工的标准化、组织化程度，国内外相关政府部门和组织大力推行相关技术和进行农产品认证，以此提升农产品质量安全水平。

一、国际主要农产品认证体系

当前国际上主要通过对生产条件保证能力进行评价，以农产品体系认证为主，主要有：良好生产规范(Good Manufacturing Practice，GMP)、危害分析与关键控制点(Hazard Analysis Critical Control Point，HACCP)、良好农业规范(Good Agricultural Practices，GAP)、ISO 22000 食品安全管理体系等。

(一)GMP

GMP 要求生产企业具备合理的生产过程、良好的生产设备、正确的生产知识和严格的操作规范，以及完善的质量控制与管理体系。GMP 是一种强制性药品、食品生产、储存卫生法规，也是食品行业的作业规范，是建立和实施 HACCP 体系的基础。它要求从原料接收直到成品出厂的整个过程中，进行完善的质量控制和管理，防止劣质产品出现，保证产品的质量。

GMP 最初由美国天普大学研究人员总结编写，随后欧美相关国家以法规等形式颁布，要求制药企业采用。随后世界卫生组织陆续出台和修改了相关指导文件，如今已有多个国家和地区采用 GMP 标准。

(二)HACCP

HACCP 的定义是：生产(加工)安全食品的一种控制手段，对原料、关键生产工序及影响产品安全的人为因素进行分析，确定加工过程中的关键环节，建立、完善监控程序和监控标准，采取规范的纠正措施。

HACCP 系统是 20 世纪 60 年代由美国 Pillsbury 公司等与美国宇航局共同开发的，主要用于航天食品中。1971 年在美国第一次国家食品保护会议上提出了 HACCP 原理，立即被美国食品药品监督管理局(FDA)接受，并决定在低酸罐头食品的 GMP 中采用。FDA 于 1974 年公布了将 HACCP 原理引入低酸罐头食品的生产中。随后，FAO/WHO 食品法典委员会于 1993 年批准了《HACCP 体系应用准则》，国际食品法典委员会(CAC)1997 年发布了新版法典指南《HACCP 体系及其应用准则》，规定只有实施 HACCP 体系其相关产品才能进入美国市场。随后，该指南被广泛地接受并得到了国际上普遍的采纳，自此 HACCP 已被各国和许多国际组织认可为确保全球食品安全和卫生的标准。

（三）GAP

GAP以能持续改进农作物体系的先进技术为载体，通过有害生物综合管理和作物的综合管理，以风险预防和风险分析为基础，以食品安全、环境保护、职业健康、安全与福利、动物福利和可持续农业为目标，是以危害预防（HACCP）、良好卫生规范、可持续发展农业和持续改良农场体系为基础制定的技术规范，旨在避免农产品在生产过程中受到外来物质的严重污染和危害。GAP作为一种适用方法和体系，通过经济的、环境的和社会的可持续发展措施，来保障食品安全和食品质量。该标准主要涉及大田作物种植、水果和蔬菜种植、畜禽养殖、牛羊养殖、奶牛养殖、生猪养殖、家禽养殖、畜禽公路运输等农业产业等。

近年来GAP成为发展最快的认证体系，越来越受到各国政府、食品加工业界、食品零售业界、种植养殖业者和消费者的重视，并在各国以政府和行业规范的形式建立与发展。目前国际上通行的两种模式为EUREPGAP（现在改名为GLOBALGAP）（图6-5）和美国GAP。

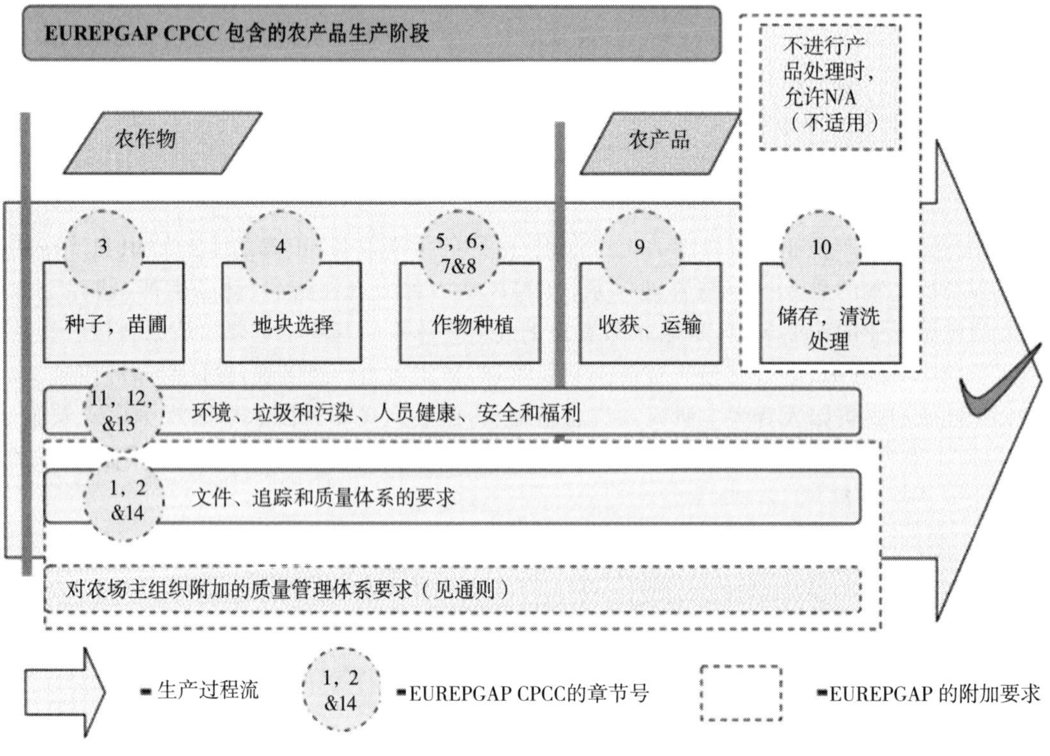

图6-5 EUREPGAP模式框架

（摘自《农产品质量安全管理与溯源》）

为了提高我国农产品质量安全水平，从食品链的源头控制食品安全危害，增强消费者信心，促进农产品出口贸易，推进农业的可持续发展，我国参照EUREPGAP模式编写和制定了自己的GAP标准，并于2005年12月发布《良好农业规范认证实施规则（试行）》，用于规范认证机构开展作物、水果、蔬菜、肉牛、肉羊、奶牛、猪和家禽生产的良好规范认证活动。我国GAP标准的建立考虑了我国的农业生产特点，将认证分为2个级别。其中，一级认证与全球GAP认证（GLOBALGAP）要求一致，从事GAP认证的认证机构需经国家认监委批准，获得的 GAP 证书将获得 GLOBALGAP 的承认。申请人在获得 GAP 认证证书后可以在非零售产品的包装、产品宣传材料、商务活动中使用认证标识(获得认证的茶叶及认证证书中覆盖了农产品处理范围的果蔬可以在零售包装上使用认证标识)。认证标识使用时可以等比例放大或缩小,但不允许变形、变色;在使用认证标识时,必须在认证标识下标认证证书号,如图 6-6 所示。

图 6-6　我国的 GAP 标识

(四)ISO 22000

ISO 22000 是由 ISO 国际标准化组织对各国现行的食品安全管理标准和法规进行整合,最终形成的统一的国际食品安全管理体系。ISO 22000:2005 是由 ISO/TC34 农产食品技术委员会制定的一套专用于食品链内的食品安全管理体系,是在 HACCP、GMP、GAP 等基础上,整合了 ISO 9001:2000 的部分要求而形成的。它既是描述食品安全管理体系要求的使用指导标准,又是可供食品生产、操作和供应的组织认证和注册的依据。ISO22000:2005 标准表达了食品安全管理中的共性要求,而不是针对食品链中任何一类组织的特定要求,适用于在食品链中所有希望建立保证食品安全体系的组织,无论其规模、类型和其所提供的产品。同时,它也适用于农产品生产厂商、动物饲料生产厂商、食品生产厂商、批发商和零售商,以及与食品有关的设备供应厂商、物流供应商、包装材料供应厂商、农业化学品和食品添加剂供应厂商、涉及食品的服务供应商和餐厅等。

二、我国农产品认证体系

相对于国外以体系认证为主,我国目前主要还是推行对终端产品质量安全状况进行评价。

(一)无公害农产品

无公害农产品是指产地环境、生产过程和产品完全符合无公害食品标准和生产技术规范的要求,经专门机构认定,许可使用无公害食品标志的未经加工或者初加工的食用农产品。无公害农产品认证是政府运作,采取逐级行政推动,根据《无公害农产品管理办法》,由产地认定和产品认证两个环节组成的。申请无公害农产品认证的产品其产地必须首先获得各级农业行政主管部门的产地认定,产品认证阶段由认证机构具体负责组织实施,无公害农产品认证仅限于列入无公害农产品认证目录的产品。

无公害农产品标识图案由麦穗、对钩和无公害农产品字样组成(图 6-7)。麦穗代表农产品,对钩表示合格,金色寓意成熟和丰收,绿色象征环保和安全。无公害农产品标识有五个种类:刮开式纸质标识加贴在无公害农产品上或产品包装上;锁扣标识应用于鲜活类无公害农产品上;捆扎带标识用于需要进行捆扎的无公害农产品上;揭露式纸质标识直接加贴于无公害农产品上或产品包装上;揭露式塑质标识加贴于无公害农产品内包装上或产品外包装上。标识的使用权一般为 3 年。

图 6-7　无公害农产品标识

（二）绿色食品

绿色食品是由我国农业部门在20世纪90年代初推出的一种安全无污染的安全食品概念。它是指遵循可持续发展原则，按照特定生产方式生产，执行严格的生产、加工、包装与运输标准，经专门机构认定，许可使用绿色食品标志商标的无污染、安全、优质、营养类食品。无污染是指在绿色食品生产、加工过程中，通过严密监测、控制，防范农兽药残留、重金属、放射性物质、有害细菌等对食品生产各个环节的污染，以确保绿色食品产品的洁净。

绿色食品的优质特性不仅包括产品的外表包装水平高，而且还包括内在质量水准高；产品的内在质量又包括两方面：一是内在品质优良，二是营养价值和卫生安全指标高。绿色食品认证范围按产品级别分类，包括初级产品、初加工产品、深加工产品；按产品类别分类，包括农林产品及其加工品、畜禽类、水产类、饮品类和其他产品。绿色食品分为A级和AA级两种。其中，A级绿色食品生产和加工过程中允许使用化学合成生产资料；AA级绿色食品则较为严格地要求在生产和加工过程中不使用化学合成的肥料、农药、兽药、饲料添加剂、食品添加剂和其他有害于环境和健康的物质。按照《中国绿色食品商标标识设计使用规范手册》的要求，绿色食品企业在产品包装物上印制绿色食品标识图形、文字、产品编号和“经中国绿色食品发展中心许可使用绿色食品标识”的字样。

图6-8　绿色食品标识

绿色食品标识图形由三部分构成：上面是太阳、下方是叶片、中间是蓓蕾（图6-8）。标识图形为正圆形，意为保护、安全。整个图形描绘了一幅阳光照耀下的和谐生机，告诉人们绿色食品是出自纯净、良好生态环境的安全、无污染食品，能给人们带来蓬勃的生命力。绿色食品标识还提醒人们要保护环境和防止污染，通过改善人与环境的关系，创造自然界新的和谐。

（三）有机食品

有机食品是指来自有机农业生产体系，根据有机农业生产要求和相应标准生产加工，并且通过合法的、独立的有机食品认证机构认证的农副产品及其加工品。有机食品认证机构通过认证证明该食品的生产、加工、储存、运输和销售等环节均符合有机食品的标准。国家认证认可监督管理委员会负责全国有机产品认证机构的统一管理、监督和综合协调工作。中国有机产品认证标识标有中文“中国有机产品”字样和英文“ORGANIC”字样（图6-9）。认证机构按照国家认证认可监督管理委员会统一的编号规则，对每枚认证标识进行唯一编号，并采取有效防伪、追溯技术，确保发放的每枚认证标识能够溯源到其对应认证证书和获证产品及其生产、加工单位。

图6-9　有机产品标识

2014年4月1日起，新版《有机产品认证管理办法》正式实施，为保证有机产品的可追溯性，国家认证认可监督管理委员会要求认证机构在向获得有机产品认证的企业发放认证标识或允许有机生产企业在产品标签上印制有机产品认证标识前，必须按照统一编码要求赋予每枚认证标识唯一编码，该编码由17位数字组成。其中认证机构代码3位，由认证机构批准号后3位代码形成；内资认证机构为该认证机构批准号的3位阿拉伯数字批准流水号；外资认证机构为9＋该认证机构批准号的2位阿拉伯数字批准流水号。认证标识发放年份代码2位，采用年份的最后2位数字，如2014年为14；认证标识发放随机码12位，该代码是认证机构发放认证标识数量的12位阿拉伯数字随机号码。数字产生的随机规则由各认证机构自行制定，并且要求在17位数字前加“有机码”三个字。每一枚有机标识的有机码都需要报送到“中国食品农产品认证信息系统”（网址 http://food.cnca.cn），可以在该网站上查到该枚有机标识对应的有机产品名称、认证证书编号、获证企业等信息。

（四）农产品地理标识

农产品地理标识是指标示农产品来源于特定地域，产品品质和相关特征主要取决于自然生态环境和历史人文因素，并以地域名称冠名的特有农产品标识。所称农产品是指来源于农业的初级产品，即在农业活动中获得的植物、动物、微生物及其产品。

农产品地理标识公共标识基本图案由中华人民共和国农业部中英文字样、农产品地理标志中英文字样、麦穗、地球、日月等元素构成（图6-10）。麦穗代表生命与农产品，橙色寓意成熟和丰收，绿色象征农业和环保。图案整体体现了农产品地理标识与地球、人类共存的内涵。

图6-10　农产品地理标识

第三节　农产品质量安全溯源

一、农产品质量安全溯源的重要性

保障农产品质量安全是一项复杂的系统工程。伴随着农产品生产方式的逐步专业化和贸易全球化，农产品由原料生产到最终消费的供应链中间环节越来越多，使农产品质量安全涉及生产、加工、存储、运输、销售等整个供应链，客观上增加了引发农产品质量安全问题的概率。只要任何一个中间环节出现问题，就会导致最终农产品的质量安全问题。此外，由于农产品供应链各个环节均涉及诸多利益主体，这些利益相关主体追逐各自利益最大化的动机导致其在市场行为中存在不同的选择，容易引发道德风险和逆向选择，进一步增加了农产品质量安全问题发生的概率。

过去，我国农产品生产主体和流通主体的组织化程度都比较低。农村家庭承包经营制度下的农户分散经营，在中介组织缺失的情况下，农户无法掌握农产品流通中的信息，只能被动听经销商或中间商的安排，从而造成农产品供应链中的产销脱节。另外，在农户小规模生产的背景下，由于市场的放开，需要大量从事农产品流通的主体来完成小生产与大市场的对接，因此诞生了大量的小规模的农产品收购商、运输商、批发商、零售商等物流参与主体。这些主体之间的关系仅仅是简单的交易关系，竞争多于协同，不仅导致信息失真，无法引导农民生产，而且量大、规模小的农产品物流主体导致农产品流通环节增多，成本增加。

我国农产品质量安全问题从表面上看，其直接原因是生产和加工原料的不合格、生产经营企业缺乏积极性以及监管体系存在着一定的缺陷等问题，但究其深层次的原因还得归结于农产品市场上的生产企业与消费者、生产企业与政府监管者之间的信息不对称。只有尽可能减低或消除农产品市场中的信息不对称，才能从根本上解决农产品质量安全问题，但信息不对称是经济社会中客观存在且难以消除的现象，因此利用农产品质量安全信号传递机制的可追溯体系成为保障农产品质量安全的有效手段。科普中国网站有以“食品追溯”为题的视频，读者可以搜索观看，帮助学习。

二、我国推行农产品质量安全溯源的行动

近年来，政府部门愈加意识到农产品生产全程监控的重要性，这为农产品质量安全追溯系统（图 6-11）的建设和实施运行提供了契机。2013 年，习近平总书记提出，要尽快建立全国统一的农产品和食品安全信息追溯平台。近几年的中央一号文件也多次提出，要建立全程可追溯、互联共享的农产品监管追溯信息平台。随后，《国务院办公厅关于加快推进重要产品追溯体系建设的意见》（国办发〔2015〕95 号）、《农业部关于加快推进农产品质量安全追溯体系建设的意见》（农质发〔2016〕8 号）等相关工作指导和实施文件陆续出台。全国农业工作会议也明确提出要加快国家追溯平台推广应用，将农产品质量安全追溯与农业项目安排、品牌认定等挂钩，率先将绿色食品、有机农产品、地理标志农产品纳入追溯管理。

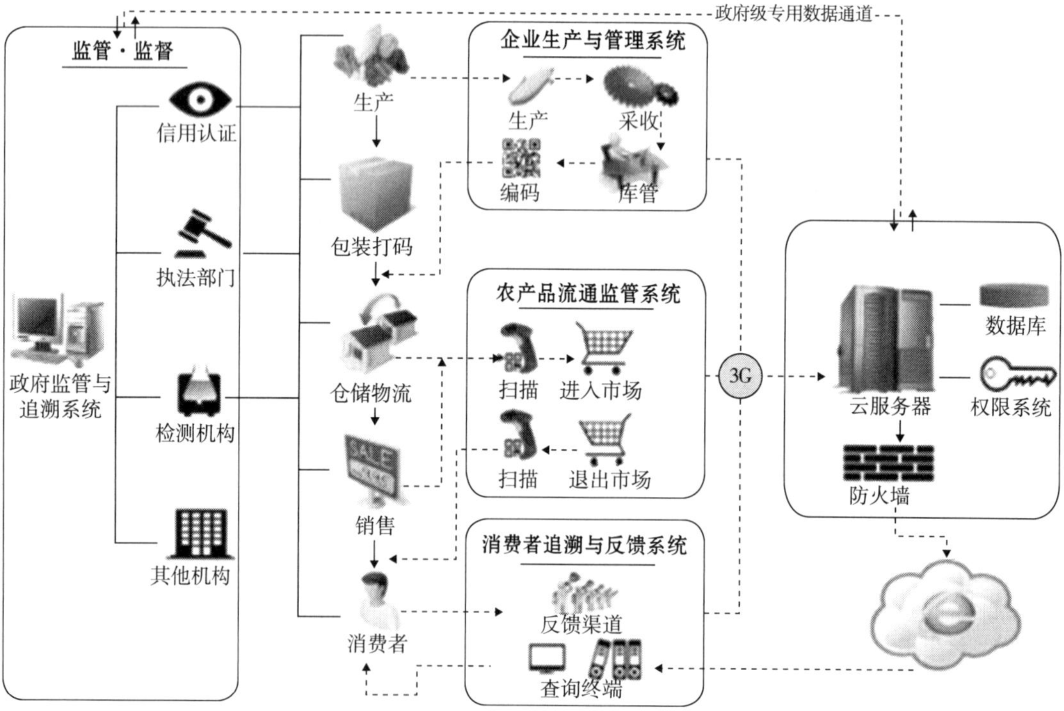

图 6-11　农产品质量安全溯源系统

（图片来源 http://ztz.moa.gov.cn/facp/zgdxjtgs/201410/t20141031_4121903.htm）

与此同时，食品溯源相关指南和标准也逐步建立起来。参照国际物品编码协会的食品安全追溯指南，符合我国国情的《食品安全追溯应用案例集》《牛肉产品跟踪与追溯指南》和《水

果、蔬菜跟踪与追溯指南》已相继出版。为应对欧盟水产品贸易溯源制度，提高我国水产品安全水平，国家质量监督检验检疫总局制定了《出境水产品溯源规程（试行）》。目前，我国已制定《饲料和食品链的可追溯性　体系设计与实施的通用原则和基本要求》（GB/T 22005—2009）和《饲料和食品链的可追溯性　体系设计与实施指南》（GB/Z 25008—2010）等食品安全可追溯国家标准，《农产品追溯编码导则》（NY/T 1431—2007）、《农产品质量安全追溯操作规程通则》（NY/T 1761—2009）、《农产品质量安全追溯操作规程 水果》（NY/T 1762—2009）、《农产品量安全追溯操作规程　茶叶》（NY/T 1763—2009）、《农产品质量安全追溯操作规程　畜肉》（NY/T 1764—2009）等项行业标准，以及《奥运会食品安全　食品追溯编码规则》（DB11Z 523—2008）、《农产品质量安全追溯　生产单位代码规范》（DB34T807—2008）、《果品质量安全追溯　产地编码技术规范》（DB13T 1159—2009）、《亚运会食品安全 食品追溯编码规则》（DBJ440100T 26—2009）等地方标准。农业农村部农产品质量安全中心开发建设的国家农产品质量安全追溯管理信息平台（网址：http://www.qsst.moa.gov.cn/）等已投入应用，为全国各级农产品质量安全监管机构、检测机构、执法机构以及广大农产品生产经营者、社会公众提供信息化服务。

三、农产品质量安全溯源技术

目前，常用于农产品质量安全溯源系统的数据载体有条形码技术、无线射频识别技术（Radio Frequency Identification，RFID）等。

（一）条形码技术

条形码自动识别技术是以计算机、光电技术和通信技术的发展为基础的一项综合性科学技术，是信息数据自动识别、输入的重要方法和手段。它作为一项技术成熟、成本低廉、性能可靠的技术，在商品流通、工业生产、仓储管理、信息服务等领域得到了广泛应用。现如今已知正在使用的各类条形码就达 250 多种，为了便于识记，一般将条形码按照维度划分为一维条形码和二维条形码。

一维条形码是由一组黑白相间、粗细不同的条状符号组成，条形码隐含着数字信息、字母信息、标识信息、符号信息，通过和信息系统的联系用以表示商品的名称、产地、价格、种类等，是全世界通用的商品代码表示方法。条形码构成是一组黑白相间的条纹，这种条纹由若干个黑色的“条”和白色的“空”的单元组成，利用黑色条对光的反射率低而白色的空对光的反射率高，再加上条与空的宽度不同，表示一定的信息，当使用扫描设备扫描时，就能使扫描光线产生不同的反射核收效果，在光电转换设备上转换成不同的电脉冲，形成可以传输的电子信息。由于光的运动速率极快，所以可以准确无误地对运动中的条形码予以识别。通常，将人可识别的字符注在条形码符号的下面。

一维条形码的码制较多，目前国际广泛使用的条形码种类有 EAN 码、UPC 码、Code39 码（可表示数字和字母，在管理领域应用最广）、ITF25 码（在物流管理中应用较多）、Codebar 码（多用于医疗、图书领域）、Code 93 码、Code 128 码等（图 6-12）。其中，EAN 码是当今世界上广为使用的商品条形码，已成为电子数据交换（EDI）的基础。

由于受信息容量的限制，一维条形码通常只是对物品的类别进行标识，而不能对物品的属性进行描述。二维条形码正是在一维条形码无法满足顾客某些方面的实际要求的背景下产生

图 6-12 常见的条形码

（图片来源 https://blog.csdn.net/phonograph/article/details/127613566）

的。二维条形码的出现大大弥补了一维条形码的不足，二维条形码能在水平和垂直方向的二维空间存储信息。在许多种类的二维条形码中，常用的码制有 Data Matrix、Maxi Code、Aztec、QR Code、Vericode、PDF 417、Ultracode、Code 49、Code 16K 等。

（二）RFID

RFID 属于非接触式的自动识别技术，它通过 RFID 阅读器发射的无线射频信号自动识别电子标签标识对象并获取其携带的信息，能够快速地进行物品的识别和信息的读写。识别工作无须人工干预，可工作于各种恶劣环境。一个基本的 RFID 系统一般由三部分组成：阅读器、能够附着于标识对象上的 RFID 电子标签（电子标签）和天线。阅读器是用于读取（或写入）标签信息的设备。RFID 电子标签是由耦合元件及芯片组成的，每个标签都具有唯一的电子编码，用来标识目标对象；标签具有数据存储模块，可以保存有约定格式的电子数据。天线则是标签与阅读器之间传输数据的发射、接收装置。

RFID 系统的基本工作原理是：阅读器通过发射天线发送特定频率的射频信号，当电子标签进入有效工作区域时产生感应电流，从而获得能量被激活，使得电子标签将自身编码信息通过内置射频天线发送出去；阅读器的接收天线接收到从标签发送来的调制信号，经天线调节器传送到阅读器信号处理模块，经解调和解码后将有效信息发送至后台主机系统进行相关处理；主机系统根据逻辑运算识别该标签的身份，发出指令信号控制阅读器完成不同的阅读操作。

与传统的条形码等识别技术相比，RFID 有很多优势，其最大的特点就是非接触式，因此 RFID 读写速度快、范围大，能同时识别多个标签，且阅读器可以直接与后台的信息系统连接，能够满足自动化管理的需要；RFID 标签的存储容量比条形码大得多，且可擦写，除了可以用来标识农产品，还能储存更多有关农产品质量安全的信息，便于对农产品安全实施监控；RFID 标签不受油渍、灰尘、药物等环境的影响，尺寸大小与形状多样化，用于农产品的标识，解决了条形码易破损、受环境限制大的缺点。

无线射频标签按供电方式可分为无源和有源两种，无源标签没有内供电源，它通过波束供电技术将接收到的射频能量转换为直流电流为标签供电，该类标签寿命长且对工作环境要求不高;有源标签是指标签内自备电源的标签,作用距离远,但寿命有限,成本高,且不适合在恶劣环境下工作。bilibili 网站有“一物一码工厂落地实施全流程——潜利追溯系统视频介绍”,读者可以搜索观看,帮助学习。

(三)区块链

区块链是近年很火热的技术。狭义区块链是按照时间顺序,将数据区块以顺序相连的方式组合成的链式数据结构,并以密码学方式保证的不可篡改和不可伪造的分布式账本。广义区块链技术是利用块链式数据结构验证与存储数据,利用分布式节点共识算法生成和更新数据,利用密码学的方式保证数据传输和访问的安全,利用由自动化脚本代码组成的智能合约,编程和操作数据的全新的分布式基础架构与计算范式。

区块链具有去中心化、开放性、独立性、安全性和匿名性等特征,近年来被应用到金融、物流、版权保护、数字政务、存证防伪数据服务等领域。基于区块链技术的食品追溯系统也被开发出来,并投入了使用。bilibili 网站有“食品区块链溯源”视频,读者可以搜索观看,帮助学习。

第四节 物联网在农业中的应用

一、物联网技术的发展

物联网最早是由麻省理工学院 Auto-ID 中心的阿仕顿教授在 1999 年美国召开的移动计算和网络国际会议上提出的。他在研究 RFID 时,提出利用 RFID、无线数据通信技术等构造一个实现全球物品信息实时共享的实物互联网的构想,物联网的概念由此正式诞生。虽然物联网的概念早在 20 世纪 90 年代就已经被提出过,但却一直都没能受到国际社会的重视。物联网的正式兴起是在 2000 年后,各国开始相应地制定了物联网发展计划。物联网已经低调地走过了十几个年头,成功迎来其高调时代。2003 年,SUN 公司发表文章介绍了物联网的基本工作流程并提出解决方案。2008 年 11 月,IBM 提出“智慧地球”的发展战略,受到美国政府的高度重视,奥巴马对“智慧地球”的构想做出了积极回应。2009 年 8 月 7 日,温家宝总理视察无锡时提出“感知中国”的理念,使物联网在国内引起高度重视,成为继计算机、互联网、移动通信之后新一轮信息产业浪潮的核心领域。

目前公认的物联网定义是国际电信联盟给出的。国际电信联盟认为,物联网是通过智能传感器、射频识别(RFID)、激光扫描仪、全球定位系统(GPS)、遥感等信息传感设备及系统和其他基于物－物通信模式(M2M)的短距无线自组织网络,按照约定的协议,把任何物品与互联网连接起来,进行信息交换和通信,以实现智能化识别、定位、跟踪、监控和管理的一种巨大智能网络。

物联网网络架构由感知层、网络层和应用层组成。感知层实现对物理世界的智能感知识别、信息采集处理和自动控制,并通过通信模块将物理实体连接到网络层和应用层。网络层主要实现信息的传递、路由和控制,包括延伸网、接入网和核心网,网络层可依托公众电信网和互联网,也可以依托行业专用通信网络。应用层包括应用基础设施/中间件和各种物联网应用。应用基础设施/中间件为物联网应用提供信息处理、计算等通用基础服务设施、能力及资源调用接口,以此为基础实现物联网在众多领域的各种应用(图 6-13)。

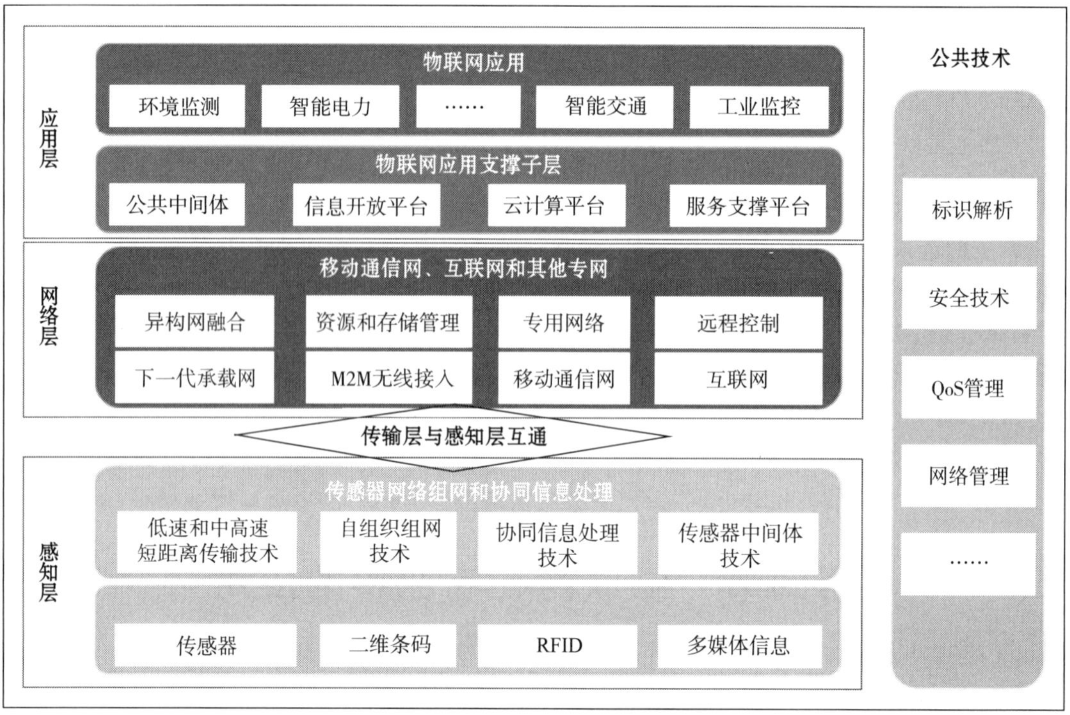

图 6-13　物联网技术体系框架

（图片来源 https://www.infoobs.com/article/24474/wu-lian-wang-de-gai-nian-ji-ben-jia-gou-ji-guan-jian-ji-shu.html）

二、物联网技术在农业的应用

物联网目前被广泛应用的领域有物流、交通、安防、能源、医疗、建筑、制造、家居、零售和农业。其中农业物联网经过十几年的发展，物联网技术在农业生产、经营、管理和服务等领域中的应用逐渐紧密结合，形成了农业物联网的具体应用，即运用各类传感器、RFID、视觉采集终端等感知设备，广泛地采集大田种植、设施园艺、畜禽养殖、水产养殖、农产品物流等领域的现场信息；通过建立数据传输和格式转换方法，充分利用无线传感器网络、电信网和互联网等多种现代信息传输通道，实现农业信息的多尺度的可靠传输；最后将获取的海量农业信息进行融合、处理，并通过智能化操作终端实现农业的自动化生产、最优化控制、智能化管理、系统化物流、电子化交易，进而实现农业集约、高产、优质、高效、生态和安全的目标。

（一）物联网在种植业上的应用

种植业生产环境是一个复杂系统，二氧化碳浓度、土壤湿度、空气温湿度、光照等都会对农作物的生长产生影响。物联网在种植业上应用，就是通过实施信息采集，对农业生产过程进行及时的管控，建立优质、高产、高效的农业生产管理模式，以确保农产品在数量上的供给和品质上的保证（图 6-14）。

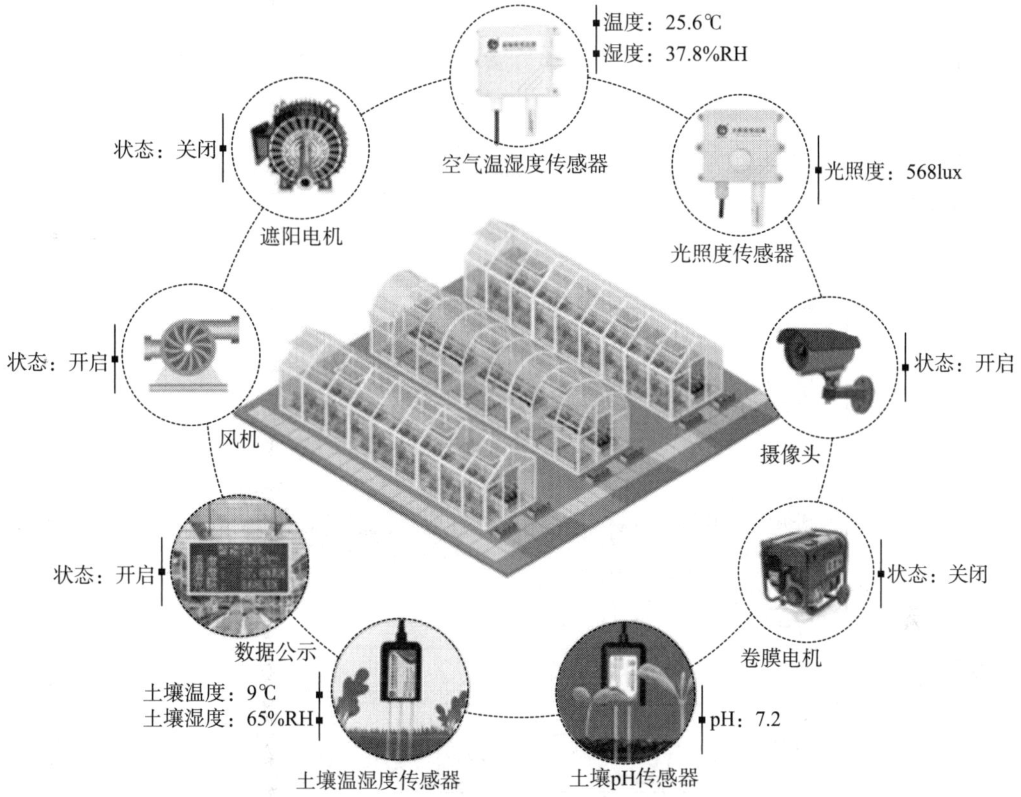

图 6-14　种植业物联网应用示意图

（图片来源 https://www.163.com/dy/article/G91JKLIL0524PNQS.html）

按照物联网三层架构的规划，种植业物联网可划分为以下部分。

1. 感知层

主要包括农田生态环境传感器、土壤墒情传感器、气象传感器、作物长势传感器、农田视频监测传感器、灌溉传感器（水位、水流量）、田间移动数据采集终端等（图 6-15）。重点实现对大田作物生长、土壤状态、气象状态和病虫害的信息进行采集。

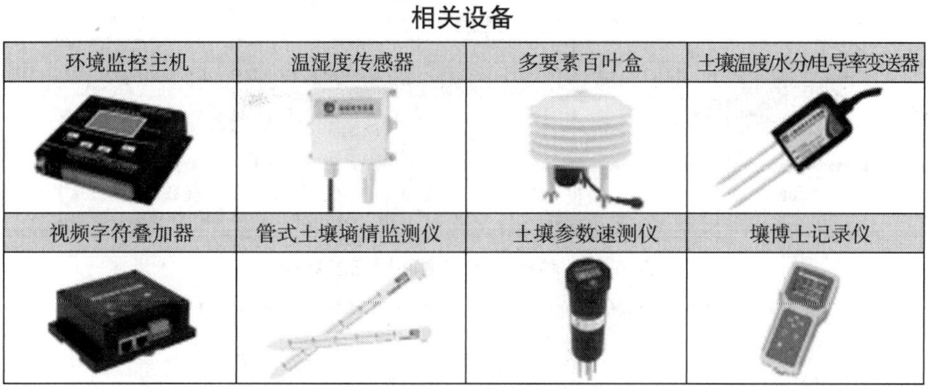

图 6-15　常见的传感器设备

（图片来源 https://www.sohu.com/picture/436450709）

2. 传输网络

传输网络包括网络传输标准、PAN 网络、LAN 网络、WAN 网络。通过上述网络实现信息的可靠和安全传输。

3. 种植业物联网服务平台

种植业物联网服务平台服务架构体系，主要分成三层架构：基础平台、服务平台、应用系统（图 6-16）。

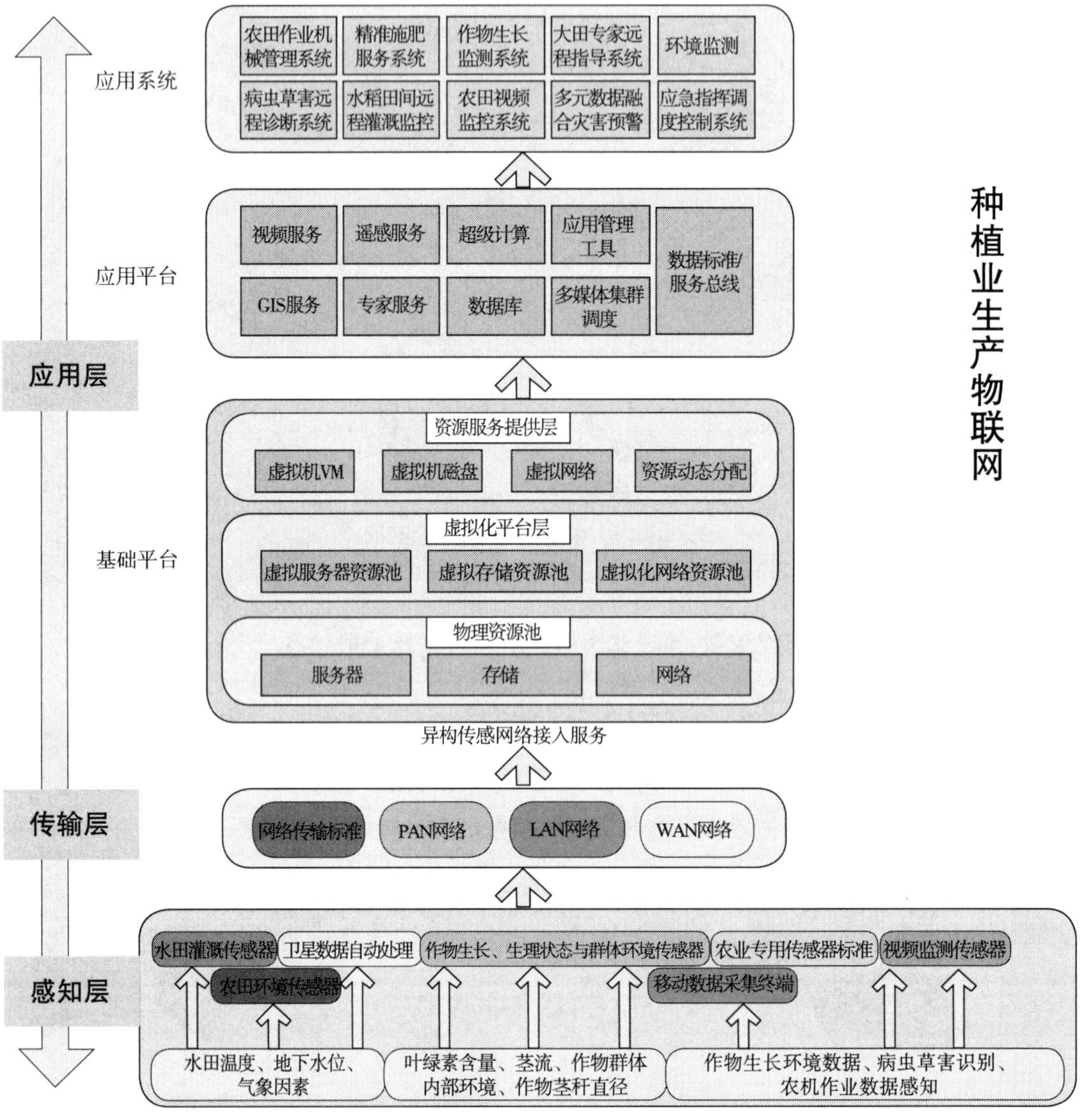

图 6-16　种植业生产物联网三层架构

（图片来源 http://wh.ddzhny.com/index.php? m=content&c=index&a=lists&catid=7）

(二)物联网在养殖业上的应用

我国是一个养殖大国，畜禽养殖产量高居世界第一。畜禽养殖对环境依赖程度较高，畜禽养殖环境质量的优劣直接影响着畜禽健康和产品的品质，如冬天畜禽需要保温，畜禽舍内通风不畅，二氧化碳、氨气、二氧化硫等有害气体含量超标，温度、湿度等环境指标超标，均会导致畜禽产生各种应激反应及免疫力降低并引发各种疾病。因此，畜禽养殖环境的控制是有效防控重大疫病传播和流行的先决条件。同时，动物繁育时对养殖环境和喂食也有较高的要求，尤其是分娩舍和保育舍要进行严格的智能环境监控以保证动物的顺利生育。

在我国畜禽养殖快速发展的同时，畜牧养殖生产过程中也面临着一些亟待解决的问题。例如，畜禽养殖场舍环境缺乏有效及时的监控手段；畜禽养殖场缺乏对畜禽个体(如猪、奶牛)的远程视频监测，不方便实时观看畜禽的状况和养殖过程；现有畜禽疾病诊断技术缺乏实时的信息采集、传输、诊断和反馈的手段，信息采集技术落后、信息传输手段单一、缺少基于现场信息的畜禽在线监测等。

要解决畜禽养殖生产过程中所面临的一系列问题，以物联网为代表的信息技术无疑为相关问题的解决提供了很好的途径。物联网在畜禽养殖的应用，是指采用先进传感技术、智能传输技术和农业信息处理技术，通过对畜禽养殖环境信息的智能感知、安全可靠传输以及智能处理，实现对畜禽养殖环境信息的实时在线监测与智能控制、健康养殖过程精细投喂、畜禽个体行为监测、疾病诊断与预警、育种繁育管理。畜禽养殖物联网为畜禽营造相对独立的养殖环境，彻底摆脱传统养殖业对人员管理的高度依赖，最终实现畜禽养殖的集约、高产、高效、优质、健康、生态、安全。

1. 物联网在养殖业的具体应用

随着养殖模式逐渐向工厂化、集约化方向发展，物联网技术可以应用到养殖业中的相关环节，其作用也将体现得越来越明显。

(1)养殖环境监控　随着畜禽养殖的规模化、集约化趋势越发明显，养殖方式也随之发生了深刻的变化。以自动化、数字化技术为平台，通过模拟生态和自动控制技术，每一个畜禽舍或养殖场都成为一个生态单元，能够自动调节温度、湿度和空气质量，能够自动送料、饮水、产品分检和运输。养殖环境的自动监控将有效提高养殖的规模，实现自动化养殖。

(2)科学喂养　畜禽的营养研究和科学喂养的发展对畜禽养殖发展、节约资源、降低成本、减少污染和病害发生、保证畜禽食用安全具有重要的意义。精细投喂智能决策是根据畜禽在各养殖阶段对营养成分的需求，借助养殖专家经验建立不同养殖品种的生长阶段与投喂率、投喂量间的定量关系模型。利用物联网技术，获取畜禽精细饲养相关的环境和群体信息，建立畜禽精细投喂决策系统，解决喂什么、喂多少、喂几回等精细喂养问题，而且也能为畜禽质量追溯提供数据资料。

(3)全程监控动物繁育　在畜禽生产中，采用信息化技术通过提高公畜和母畜繁殖效率，可以减少繁殖家畜饲养量，进而降低生产成本和饲料、饲草资源占用量。因此，以动物繁育知识为基础，利用传感器、RFID等感知技术对公畜和母畜的发情进行监测，同时对配种和育种环境进行监控，为动物繁殖提供最适宜的环境，全方位地管理监控动物繁育是非常必要的。

(4)疾病诊断与预警　近年来，畜禽疫病呈多发态势，以生猪为例，常见病种类由4～5种增加到12～14种。特别是前两年的高致病性猪蓝耳病疫情，对养殖户造成了重大的经济损失。因此，建立疾病诊治系统实现畜禽疾病的早发现、早诊治是非常重要的。畜禽疾病诊治与预警从畜禽疾病早预防、早诊治的角度出发，在对畜禽养殖环境和病源与畜禽疾病发生的关系研究的基础上，确定各类病因预警指标及其疾病的发生的可能程度，建立畜禽疾病预警模型，实现畜禽养殖疾病精确预防、预警、诊治。

2. 养殖业物联网系统的三层架构

（1）感知层　作为物联网对物理世界的探测、识别、定位、跟踪和监控的末端，末端设备及子系统承载了将现实世界中的信息转换为可处理的信号的作用，其主要包括传感器技术、RFID（射频识别）技术、二维码技术、视频和图像技术等。采用传感器采集温度、湿度、光照、二氧化碳、氨气和硫化氢等畜禽养殖环境参数，采用 RFID 技术及二维码技术对畜禽个体进行自动识别，利用视频捕捉等，实现多种养殖环境信息的捕捉。

（2）传输层　传输层完成感知层和数据层之间的通信。传输层的无线传感网络包括无线采集节点、无线路由节点、无线汇聚节点及网络管理系统，采用无线射频技术，实现现场局部范围内信息采集传输，远程数据采集采用 2G、3G 等移动通信技术，无线传感网络具有自动网络路由选择、自诊断和智能能量管理功能。

（3）应用层　应用层提供所有的信息应用和系统管理的业务逻辑。它分解业务请求，在应用支撑层的基础上，通过使用应用支撑层提供的工具和通用构件进行数据访问和处理，并将返回信息组织成所需的格式提供给客户端。应用层为畜禽养殖物联网应用系统（生猪养殖物联网系统、奶牛养殖物联网系统、家禽养殖物联网系统等）提供统一的接口，为用户（包括养殖户、农民合作组织、养殖企业、涉农职能部门等用户）提供系统入口和分析工具。

图 6-17 为全球首个符合“六域模型”的农业物联网系统——庆渔堂农业物联网系统。

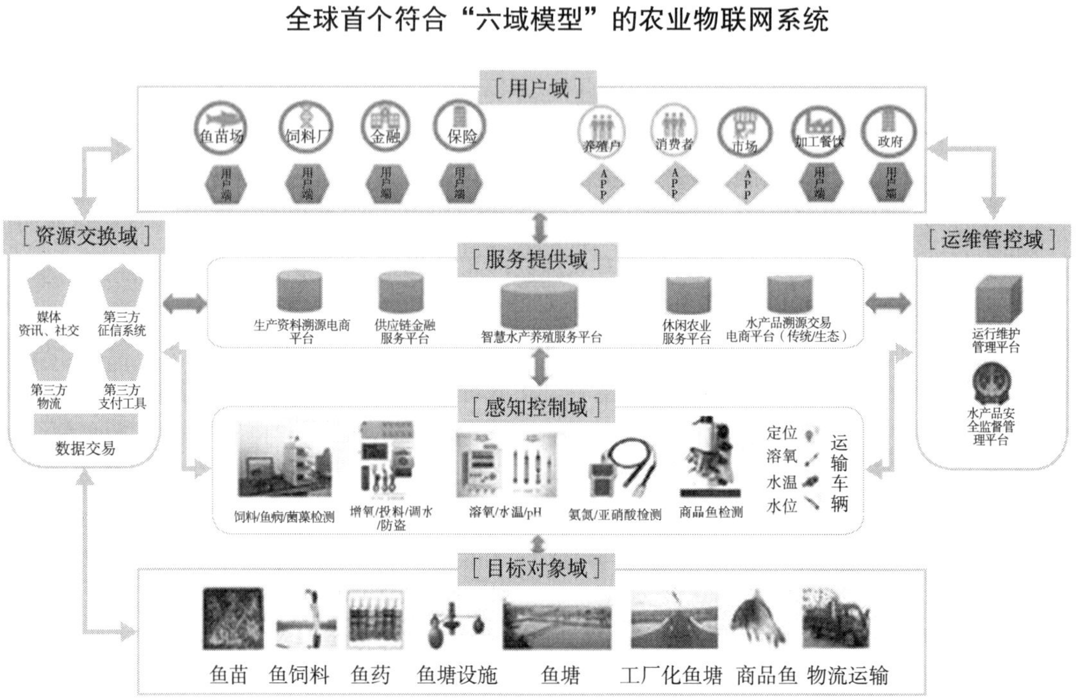

图 6-17　庆渔堂农业物联网系统

（图片来源 https://www.sohu.com/a/288857598_720004）

【案例分析】

物联网技术助力智能养殖河蟹

河蟹属名贵淡水产品，味道鲜美、营养丰富，具有很高的营养和经济价值。由于其适应性较强，近年来养殖规模迅速增加，为养殖户带来良好的收益。然而，河蟹养殖效果受多方面因素影响，其中关键要素是池塘中的含氧量，一旦含氧量低于 3 mg/L，河蟹身体就容易虚弱，行动变得非常缓慢。河蟹从蟹苗到完全长大需要 5 次蜕壳，每次蜕壳后，河蟹体重将会大幅增加。如果蜕壳时期缺氧，很容易导致河蟹停止蜕壳，难以长大。此外，河蟹蜕壳后由于身体柔软，在水面或岸边极易遭到鸟类等天敌的攻击。因此，蜕壳时期缺氧直接影响河蟹的产量和品质。传统解决方法是人工盯着，看到河蟹缺氧时就进行增氧。此方法需要耗费大量人力物力，还不能保证做到及时有效。

为了确保河蟹有足够的氧气生长，有公司研究集成农业技术、测控技术、传感技术、通信技术等，开发出了水产养殖智能监控系统。该系统用物联网传感技术精确识别池塘含氧量，将网络信息设备、主控平台与增氧设备智能联动，实现了蟹塘的智能化增氧。

在水产养殖示范基地蟹塘里，该系统设备固定在水中，对蟹塘内的含氧量进行监测，岸边的控制器实时接受传输的数据，科学控制水中溶解氧含量。池中的溶解氧传感器作为采集和传输单元，可对蟹塘内的含氧量进行监测。一台采集器监控 25～40 亩蟹塘，采集到的信息通过内置的无线传输设备，发往位于岸边像百叶箱的设备，这就是系统的控制器。然后，控制器对传输来的信息进行分析，当数值低于 3 mg/L 时，系统就会自动开启增氧机，一旦高于 5 mg/L，系统就会自动结束增氧。且采集器还会把汇聚到的信息传输至总控制中心，用户可以通过互联网登录中农智慧水产养殖系统平台，对设备进行监控。在控制器设备箱内安装的整套气象预警监控设备，可收集光照强度、气温、风速、风力等信息，并汇聚到控制系统进行分析，对天气变化做出预判，配合溶解氧传感器的工作，建立超前预警机制，以应对河蟹生长关键时期（7—9 月）的复杂天气。

图 6-18　水循环系统中的溶解氧含量传感器

该系统支持手动与自动混合控制模式，养殖户既能设定程序让系统自动控制增氧，还可以通过发送手机短信、下载手机应用程序或登录系统网站，远程开启或关闭增氧器，真正实现了河蟹养殖的智能化。有养殖户使用该系统后，河蟹的成活率和产量大幅提高。据测算，按已实施的螃蟹养殖水域推算，蟹农经济效益将增长 2 000 万元左右。

（案例来源：江苏中农物联网为水产养殖添“智慧”[EB/OL]. https://m.gmw.cn/baijia/2020-09/09/1301543998.html，节选，有改动。）

分析:

畜禽水产养殖物联网是农业物联网的一个重要应用领域。为给动物营造良好的成长环境,传统养殖业需要投入较大的人力成本和工作量,但仍然不能全面有效保证其产量和质量。物联网技术的高速发展和应用,为动物营造了相对独立的养殖环境,同时也使人们能够轻松实现远程操控和监控,彻底摆脱传统养殖业对人员管理的高度依赖,推动养殖业集约、高产、高效、优质、健康、生态、安全,为养殖业带来更大的便利和经济效益。

【行动建议】

一切为了人民健康,确保"舌尖上的安全"

"吃得安全""吃得健康"是人民群众美好生活的重要内容。党的十八大以来,习近平总书记提出"用最严谨的标准、最严格的监管、最严厉的处罚、最严肃的问责,确保广大人民群众'舌尖上的安全'"。

在 2022 年 6 月 27 日国家卫生健康委介绍党的十八大以来食品安全和营养健康工作进展成效的新闻发布会上,食品安全标准与监测评估司司长刘金峰介绍了食品安全和营养健康各项工作进展:

一是全面打造最严谨标准体系,吃得放心有章可依。食品安全标准是强制性技术法规,是生产经营者的基本遵循,也是监督执法的重要依据。十年来,国家卫健委组建含 17 个部门单位近 400 位专家的国家标准审评委员会,坚持以严谨的风险评估为科学基础,建立了程序公开透明、多领域专家广泛参与、评审科学权威的标准研制制度,以及全社会多部门深入合作的标准跟踪评价机制,不断提升标准的实用性和公信力。截至目前,已发布食品安全国家标准 1 419 项,包含 2 万余项指标,涵盖了从农田到餐桌、从生产加工到产品全链条、各环节主要的健康危害因素,保障包括儿童老年等全人群的饮食安全。标准体系框架既契合中国居民膳食结构,又符合国际通行做法。我国连续 15 年担任国际食品添加剂、农药残留国际法典委员会主持国,牵头协调亚洲食品法典委员会食品标准工作,为国际和地区食品安全标准研制与交流发挥了积极作用。

二是着力强化风险监测评估能力,及时预警维护健康。卫健委建立了国家、省、市、县四级食品污染和有害因素监测、食源性疾病监测两大监测网络以及国家食品安全风险评估体系。食品污染和有害因素监测已覆盖 99% 的县区,食源性疾病监测已覆盖 7 万余家各级医疗机构。食品污染物和有害因素监测食品类别涵盖我国居民日常消费的粮油、蔬果、蛋奶、肉禽、水产等全部 32 类食品。这些措施使得重要的食品安全隐患能够比较灵敏地得以识别和预警,不仅为标准制定提供了科学依据,同时为服务政府风险管理、行业规范有序发展和守护公众健康提供有力支撑。

三是主动践行大食物观,助力"吃得安全"向"吃得健康"提升。卫健委大力推进国民营养计划和健康中国合理膳食行动。加强对一般人群和婴幼儿、孕产妇、老年人等特殊重点人群的科普宣教,广泛开展合理膳食指导服务。组织建设一批营养健康餐厅、食堂、学校等试点示范。通过社会共治共建,保障群众获得营养知识、营养产品和专业服务,提升食品营养场所的可及性便利性,推动实现"吃得安全"向"吃得健康"转变。我们坚持以人民健康为中心,秉持标准严谨实用、监测灵敏高效、评估科学权威、营养惠民便民原则,努力更好地服务人民群众饮食安全与身体健康。

（内容来源：http://www.china.com.cn/zhibo/content_78291380.htm）

【本章小结】

随着经济、社会、科技等的发展，现代农业的生产模式发生了改变，对产品品质的要求也日益提高。对此，本章介绍了现代农业的五大发展趋势和相关农业生产的新技术。为强化管理，提高农产品生产加工的标准化、组织化程度，国内外政府部门和组织大力推行GMP、HACCP、GAP、ISO 22000等农产品认证体系和“三品一标”认证，让学生了解到产品认证的重要性；结合之前农产品质量安全问题介绍我国在推行农产品质量安全溯源所开展的工作，引导学生认识农产品质量安全溯源的重要性，了解相关溯源技术及其在农产品整个供应链上的应用；讲解了物联网的概念、发展和网络架构，引导学生思考其如何在种植业、养殖业等农业生产中发挥作用。

【课后训练】

一、观看与思考

结合本章所学内容观看视频，建议以小组为单位，参考“思考感悟”和“相关阅读”进行讨论。

主题：从三鹿事件看农业品质管理问题

（三鹿问题奶粉事件：https://tv.cctv.com/2011/01/12/VIDEANHrvXt9e2h9tp8hAYcK110112.shtml）

思考感悟：

1. 结合视频内容，说明过往的生产模式下农产品质量安全存在哪些问题？

2. 近年党和政府为了加强农产品质量安全做了哪些工作？

3. 哪些技术被应用到了农产品品质管理中？

相关阅读：

1.《农产品质量安全、追溯体系及其实现机制研究》（作者：胡求光）

2.《中华人民共和国食品安全法（主席令第二十一号）》（http://www.gov.cn/zhengce/2015-04/25/content_2853643.htm）

3.《中华人民共和国农产品质量安全法（修订草案）》（http://www.npc.gov.cn/flcaw/flca/ff8081817ca2554e017ca5f2a76a07be/attachment.pdf）

4.《国务院关于加强食品等产品安全监督管理的特别规定》（http://www.gov.cn/flfg/2007-07/27/content_699161.htm）

二、回顾与思考

1. 回顾本书前面几章的内容，思考现代农业的发展方向和趋势。

2. 回顾过去发生的一些农产品质量安全事件，思考其发生的原因及对农业发展进程的影响。

三、行动与思考

1. 设计一份调查问卷和访谈提纲，并进行随机调研访谈，收集人们对过去、当前农产品质量安全情况的意见，了解人们对农产品品质的要求，思考如何生产出满足人们需求的农产品，对不同的农业相关主体提出你的建议。

2. 到农贸市场、超市等去调研，了解市面上农产品的安全检测、产品认证等情况，查找应用了哪些溯源技术，将它们一一对应地列出来。

3. 到现代农业产业园、规模化养殖场等进行调研，实地查看其生产管理模式，了解物联网技术在种植、养殖链条中的应用情况，梳理出一份分析报告。

第七章　现代农产品营销

【学习目标】

1. 掌握农产品营销的定义。

2. 了解农产品传统营销模式，明确现代农产品市场的发展趋势，尽快适应市场需求，制定营销策略。

3. 认识农产品互联网营销模式，结合创业项目，选择满足自身需要的互联网营销模式。

4. 随着互联网的发展，建立农产品品牌意识越来越重要，掌握农产品品牌建设的关键环节，塑造农产品品牌的文化资产。

【本章引例】

中国农货新消费发展研究报告：农产品线上零售额达8千亿元

2021年5月28日，中国农业大学智慧电商研究院和艾媒研究院联合发布《2021年中国农货新消费发展研究报告》，对中国农货消费变化进行量化分析。结果显示，中国农货正在进入规模化新消费阶段，2021年中国农产品网络零售额有望升至近8千亿元。

该报告调研数据还显示，大约五成受访网民因为优惠活动多和价格便宜，比之线下更偏好线上消费农货。此外，在各大电商平台的调查当中，拼多多与农货消费的关联度、与农货相关的舆情网络口碑、农货消费服务用户满意度口碑等，均处于行业第一。

近年来，随着拼多多等新电商平台的崛起，以及淘宝、京东等传统电商平台渠道的演化，加上其他各种新型网络零售渠道的诞生，中国农货线上销售正逐渐成为新消费模式。对全网农货消费用户以及各大电商平台的调研显示，高达八成受访用户认为，拼团分享和直播带货对农货消费起到明显刺激作用。以拼多多为代表的新电商平台推动生产方和用户之间的直接对接，使得供应链缩短，极大丰富了全国消费者的农产品选择空间。

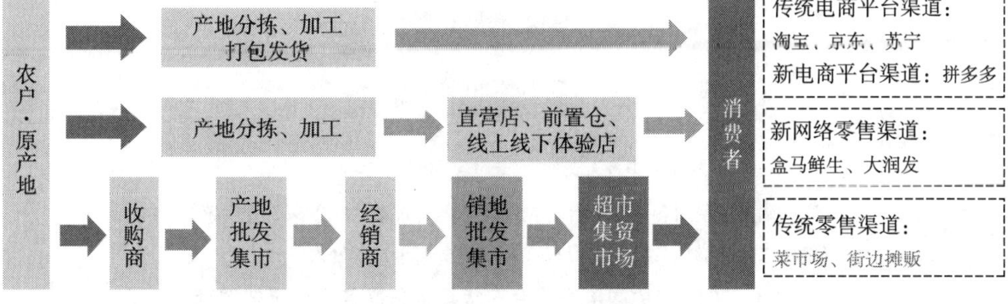

图7-1　中国农产品销售渠道

报告指出，电商平台在农货上行发展过程中发挥主力作用，有效融合农货产业链条各环节，优化上行模式，推动农货标准化、品牌化；以拼多多为代表的电商平台通过模式创新带动农货上行拥抱新消费风潮，使得生产方和用户之间的接触更直接，实现了农货规模化输送到消费场所。

此外，对用户的调研显示，互动电商、直播电商等新兴业态有利于农货以优惠的价格直接触达消费者，使其获得更佳的消费体验。数据显示，分别有86.2%及83.8%的受访网民认为直播带货和拼团分享的模式对其农货消费起到刺激作用。

数据显示，2017年至2021年间中国农产品网络零售额规模的年均复合增长率将达到46.3%，2020年已达到6 107亿元，2021年中国农产品网络零售额有望达到7 893亿元。

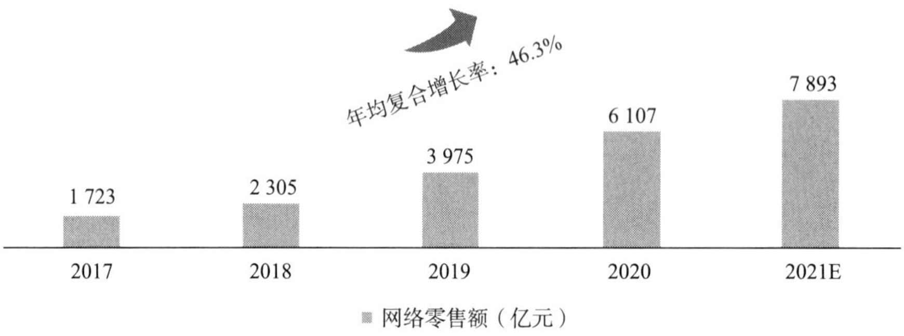

图7-2　2017—2021年中国农产品网络消费额及预测

（来源：艾媒数据中心 data.iimedia.cn）

报告还对中国农货上行新阶段发展过程当中，主要电商平台与农货消费的关联度、与农货相关的舆情网络口碑、农货消费服务用户满意度口碑等，进行了综合调研以及量化分析。电商平台在从生产到消费的整个农业产业链条中发挥影响并寻求优化解决方案，且积极开展助农活动，因此其与农货消费之间的关联性为大众留下深刻印象。

2021年第一季度，拼多多涉农订单同比增幅超过300%。百亿补贴加码生鲜农产品的同时，拼多多继续保持了对生鲜等类目的“0佣金”政策。拼多多在打造全球最大农产品零售平台的道路上，再向前跨了一大步。

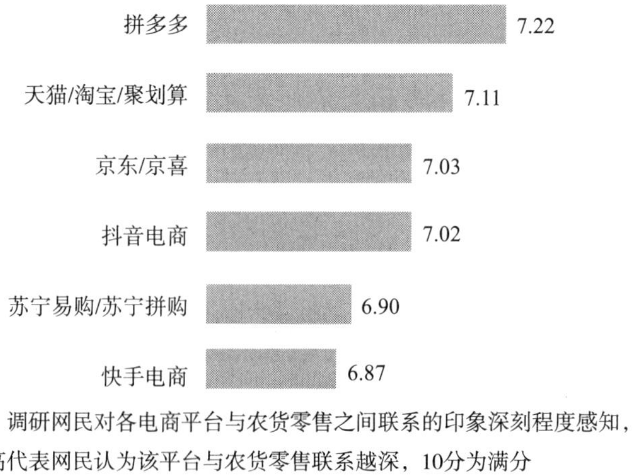

图7-3　2021年中国电商平台农货零售关联度网民感知调查

（来源：艾媒数据中心 data.iimedia.cn）

艾媒商情舆情数据监测系统显示，系统监测期间，“拼多多＋农货”的整体网络口碑为55.6，网络评价好。研究团队认为，这是因为拼多多一直注重农货零售市场布局，且响应政策号召，积极助农发展，帮助农户商家对接消费者的同时优化用户体验，因此网络评价得分最高。天猫、京东的农货网络口碑也相对较好。受访网民在选择农货消费平台时最关注其价格实惠程度，占比56.4%，而货品质量(54.6%)、食品安全保障(54.3%)及正品保障(50.3%)等质量相关因素也受网民重视。

研究团队认为，农货属于高频低额消费品，因此价格优惠对消费者平台选择起重要作用。目前各大平台积极推动农货优惠措施，而拼多多为主的新电商平台从拼团、社群分享等创新模式入手，在价格实惠呈现上更具优势。

研究报告还指出，虽然在电商平台推动下，更多农货能够直接触达消费者，但品质消费趋势下消费者对于农货丰富度需求较大。数据显示，仍有大约一半的受访网民对能消费农货的丰富度较为不满，不过，八成受访网民仍对中国农货消费发展持乐观态度，其中32.4%表示非常看好行业发展前景。

(案例来源：农民日报，2021. 中国农大发布“农货新消费报告”：2021年农产品线上零售额将达8千亿 https://baijiahao.baidu.com/s?id=1701117500615255965&wfr=spider&for=pc，节选，有改动。)

思考：

1. 如何理解《2021年中国农货新消费发展研究报告》中“农货属于高频低额消费品，价格优惠对消费者平台选择起重要作用”的研究结论？
2. 农产品与电商平台对接的销售模式是否拓宽了你购买农货的渠道？
3. 在电商平台，农产品有哪些销售优势？

第一节　理解农产品营销

一、理解农产品及农产品市场

(一)农产品的概念

日常生活中人们往往将产品理解为具有某种特定物质形状和用途的产品，是看得见、摸得着的，但在现代市场营销学中，农产品的概念是指用于满足人们某种欲望和需求的与农产品生产、加工、运输、销售实物、服务、场所、组织、思想等相关联的一切。既包括有形的物质实体，例如产品的品质、特色、式样、品牌和包装等；也包括无形的非物质服务，例如产品本身带给消费者的心理满足感，服务、形象和声誉带给消费者的信任感。长期以来，我国农产品营销尚停留在卖实物农产品阶段，消费者得不到货真价实的服务农产品、体验农产品，既无法满足消费者的需求，也无法让农民享受消费升级的红利。近几年来，新农产品理念得到认可，从田头到餐桌的多项农产品服务，提高了农货的附加价值。随着互联网的发展，农产品更是从实物农产品、服务农产品、体验农产品,发展到数字农产品。

农产品的概念包括三个层次:核心产品、形式产品、附加产品。第一个层次是农产品的核心产品,也称实质产品,是指该农产品之于消费者的实际效用,由消费者购买的真正目的决定。例如,消费者购买鸡蛋是为了获得其中的蛋白质,此次购买的核心产品是鸡蛋中的蛋白质,那么我们的营销切入点就应该从产品蛋白质含量入手。再如,购买水果可能是缘于口味,也可能是为了获取维生素,也可能是为了人情往来,因此,弄清核心产品才能明白消费者的购买意图,才能在开发产品、宣传产品、销售产品时,明确产品所能提供给消费者的切实利益,产品才具有更强的竞争力。第二个层次是农产品的形式产品,也称"有形产品",是指核心产品借以实现的形式,即经营者、生产者向市场提供的农产品实体外观。农产品的质量、特征、形态、品牌和包装是构成"有形产品"的五大要件。经营者在任何一个要件上创新,都可以打破人们对农产品固有的偏见,比如五彩辣椒、樱桃番茄是从特征、形态方面进行创新;三只松鼠、褚橙是从品牌和包装方面进行创新,这些创新都深受消费者欢迎,即便价格稍高但销量却不低。第三个层次是农产品的附加产品,也称"延伸产品",是指消费者在取得农产品或使用农产品过程中所能获得的形式产品以外的利益,它包括农产品品牌延伸,农产品信贷、保证售后服务、农产品知识介绍、种子栽培技术指导等,如今,很多世界食品业巨头例如卡夫、雀巢、玛氏等企业,都成功地通过品牌延伸策略以新品牌、新产品进入不同市场来实现品牌与产品的多元化。

鉴于农产品概念的内涵与外延都是围绕着消费者的需求展开,由消费者的需求决定。因此,生产经营者在制定营销策略时应充分考虑农产品概念的三个层次。首先,应明确消费者购买农产品是为追求其实质产品,这是制定营销策略的基础;其次,应明确农产品的质量、特性、包装、品牌等因素也是决定农产品畅销的重要抓手;最后,在社会分工越来越专业的今天,农产品的"延伸产品"已在整体产品占据举足轻重的地位,亦是产品升级、精准营销的核心所在。

(二)农产品市场的定义

古时在尚未修建正式市场之前,常"因井为市","市"也称作"市井",在《周易·系辞》中如此描述"市":神农日中为市,致天下之民,聚天下之货,交易而退,各得其所。可见,市场是社会分工和商品生产的产物,哪里有社会分工和商品交换,哪里就有市场。因此,市场常指买主和卖主聚集在一起进行交换的场所,是买卖交易的场所,如集市、商场、批发市场等空间;但随着互联网技术的发展,电商平台也如雨后春笋层出不穷,就不能简单从时间与空间角度解读市场,而应该引入购买者、购买力、购买欲望三个关键词,将市场理解为各方参与交换的多种系统、机构、程序、法律强化和基础设施之一,也是商品和服务价格建立的过程。

学界将农产品市场的定义分为广义与狭义两种:广义的农产品市场是指农产品流通领域交换关系的总和。它不仅包括具体的农产品市场,还包括农产品交易中的各种经济关系,如农产品的交换原则与交换方式,人们在交换中的地位、作用和相互联系,农产品流通渠道与流通环节,农产品供给与需求的宏观调控等。狭义的农产品市场是指进行农产品交换的场所。生产者出卖自己生产的农产品和消费者购买自己所需的农产品,要有供他们进行交换的场所,这种交换农产品的场所就形成了农产品市场。

(三)农产品市场类型

依据不同的分类标准,学界通常将农产品市场做如下分类。

(1)以市场参与主体为分类标准,将农产品市场分为农产品消费者市场、农产品企业市场、农产品政府市场。农产品消费者市场的参与主体为个人或家庭,为满足个人或家庭的购买需要形成的市场,如超市、农贸市场等。随着城乡居民消费水平的提高,农产品消费者市场日趋多样化、个性化、品质化。农产品企业市场的参与主体是企业或其他组织,其目的是满足企业生产、流通需要或转卖需求,如食品加工业、饮料行业等都是农产品企业市场的供给对象。农产品政府市场的参与主体是政府与农户,政府通过建立农产品收储制度,作为买者或者卖者参与农产品市场,调节、控制市场上农产品的供求,起到稳定物价、保障国计民生的作用。

(2)以交易场所的性质为分类标准,将农产品市场分为产地市场、集中与中转市场、销地市场。产地市场指在各个农产品集中生产地形成的定期或不定期的交易市场,由于集中于农产品产地,因此直接连接农产品生产者,为分散生产的农户提供集中销售农产品的场所,并直接向农户传递市场反馈信息。产地市场的买方往往是农产品中介,为农产品大流通提供初级或经过初步整理、分级、加工、包装的农产品。集中与中转市场的主要职能就是将分散在产地市场的农产品,经过市场集中后再分销出去。该类市场往往设在交通便利,且有配套服务、设施完善的区域,比如山东寿光蔬菜批发市场,提供一系列仓储设施、交易场所、运输、金融等多方位的服务,交易范围辐射全国 20 多个省、直辖市、自治区,并出口日、韩、俄等 10 多个国家,是全国最大的蔬菜集散中心、价格形成中心和信息交流中心。销地市场,直接面向农产品消费者,这类市场一般设在大中城市,如北京新发地农产品批发市场,在全国 4 600 多家农产品批发市场中,新发地市场交易量、交易额已经连续十七年双居全国第一,是首都名副其实的“菜篮子”和“果盘子”。

(3)以农产品交易形式为分类标准,将农产品市场分为现货交易市场、期货市场。现货交易市场,顾名思义就是按照商定的付款方式、金额等条件买卖商品,钱物两讫,实现商品所有权转让的市场。目前,我国农产品市场的主要交易方式仍是现货交易。期货市场是在期货交易所按一定规章制度进行的农产品标准化合约的买卖活动,其交易对象是农产品标准化合约,与现货交易相比,期货交易具备规避风险、发现价格的功能。

(4)以农产品性质类别为分类标准,就是按照售卖农产品的种类、性质及特点,将农产品市场分为粮食市场、油料市场、果品市场、蔬菜市场、肉类市场、水产品市场、禽蛋市场、奶类市场、棉花市场、茶叶市场、中药材市场、林产品市场、花卉市场等。

(四)农产品市场的特点

与其他市场相比,农产品市场具有以下特点:

(1)市场交易的产品具有生活资料和生产资料的双重性。农产品市场的交易对象往往是粮食、果品、蔬菜、蛋禽、棉花等,这既是人们日常生活的必需品(生活资料),又分别是食品加工业和棉纺工业所需的原材料(生产资料),因此,农产品市场的交易产品具有生产资料和生活资料的双重性。

(2)市场供给的季节性与周期性。农业生产受外界环境的影响很大,气温、光照等外部因素周期性和季节性的特点,决定了农产品上市的季节性,农产品上市的季节性决定了农产品市场交易的季节性。加之,农产品生产会一年或几年之内呈现出有规律的淡季、旺季和大年、小年,而农产品淡旺季、大小年的相互交错,又使得农产品市场呈现出周期性的特点。农产品市场供给的季节性和周期性给市场带来了一定的不确定性。

(3)市场的不确定性与风险性。农产品市场的不确定性与风险性既来自生产供给,也来自生产经营。农产品生产周期长,农业投入的资产专用强,农产品市场供给弹性小,使得农产品生产与经营者对市场需求的应变反应慢,进而造成农产品市场面临不确定的风险。除了生产带来的风险,农产品在运输、储存过程中极易发生腐烂、霉变、病虫害等损耗,不同农产品的储运难度与费用高低也具有差异性,这些都造成了农产品市场的不确定的风险。

(4)市场规模的不均衡性。由于地区经济发展不均衡,农产品市场的规模及配置亦存在较大差距,呈现出现代化市场和传统小型分散市场并存的局面。在经济发达的东部地区,农产品市场规模大、基础设施好、配套服务全、交易方式先进。但在广大中西部地区和乡镇地区,农产品市场则相对滞后,交易环境相对较差。

(5)市场需求的普遍性与差异性。农产品的基础性决定了其需求上的普遍性,它在满足人们生活基本需求方面发挥着不可替代的作用。无论是人们的日常消费,还是作为工业生产的原料,其消费样态都呈现出普遍性与连续性的特点。近年来,随着生活水平不断提高,消费者对农产品的个性化需求亦呈现出上升趋势。农产品个性化及特殊性决定了农产品营销不仅要关注其市场需求的普遍性,也应从产品质量、产品价格、产品档次等方面考虑其市场需求的差异性。

二、理解农产品市场营销

(一)农产品市场营销定义

一般来说,消费者、购买欲望和购买力组成并维护着农产品市场的运行。因此,农产品市场营销的任务就是通过一定方法或措施激起消费者的购买欲望,在消费者购买范围内满足其对农产品的需求。为了实现农产品经营者的目标,创造、建立、保持与目标市场之间的互利交换和关系,而对农产品经营者的设计方案进行分析、计划、执行和控制的行为就是农产品市场营销。总之,农产品市场营销是指农产品生产和经营的个人和组织,在农产品从生产者到消费者的流通过程中,为实现个人和社会需求目标而进行的农产品生产和交易的一系列活动,就是在变化的市场环境中,农产品经营者以满足消费者需要为中心进行的一系列营销活动,包括市场调研、选择目标市场、产品开发、产品定位、产品促销、产品存贮和运输、产品销售及提供服务等一系列与市场有关的经营活动。

理解农产品市场营销概念的关键是把握其内涵:首先,农产品营销贯穿于农产品生产、流通和交易的全过程。因此,农产品的产前生产计划制订和决策,新产品的培育和开发,农业生产资料的供应,农产品生产以及农产品的售后服务,即产前、产中和产后的各个阶段的经营活动都属于农产品市场营销的范畴;其次,农产品营销的最终目标是满足个人和社会的需求,农产品从生产者出发,经过采购商、批发商、加工企业、零售商,最后到消费者手中的过程中,农产品的价值和效用得到了增加。因此,农产品营销的概念既有一定的社会属性,也展现了它的个人属性。

(二)农产品市场营销的职能

由于农产品营销贯穿于农产品生产、流通和交易的全过程,因此农产品市场营销一般分为集中、分级、储藏、加工、包装、运输、分销、零售及服务这八个环节。然而,并非所有的农产品都必须经历八个营销环节,决定营销环节的关键是经营者需要完成的营销任务。

1. 集中职能

由于农产品往往距离农产品市场、加工企业的空间距离较远,因此,将各地分散的初级农产品收集、集中起来,是农产品进入市场营销的首要环节,对市场贸易及产品加工而言,集中功能都具有十分重要的意义。

2. 分级职能

农产品的分级不仅可以促进优质优价,满足不同消费层次的需求;还可以保证农产品加工原料的品质、规格的标准化,降低了农产品加工的难度。在国际农产品营销中,农产品有着极为严格的分级标准。伴随着农产品营销日益标准化、品牌化的发展趋势,国内的农产品分级已成为农产品市场营销的重要职能。

3. 储藏职能

对于农产品市场营销而言,储藏职能是一把双刃剑。为保证农业产品品质,满足消费者的长期需求,农产品的储藏设施和先进的储藏方法,将成为市场营销无法忽视的要素,但因储藏增加的流通与交易成本,必然转嫁到农产品的价格上,不利于市场竞争。

4. 加工职能

农产品加工职能的承担者往往是食品加工企业,他们根据消费者的需求,对农产品进行简单的初级加工或深加工。这一职能不仅延长农产品的使用期,便于后期的运输和储存,同时亦可以促进农民增收,繁荣地方经济。

5. 包装职能

包装是产品营销策略的重要组成部分,涉及包装设计、包装安全等包装策略。对于消费者来说,包装除了为农产品提供保护,方便消费者选购与消费外,更重要的是起到引起消费者注意的广告作用。

6. 运输职能

农产品运输是指把农产品运输到集中地或加工厂,再由运输商通过公路或铁路等运输方式运送给批发商或零售商,可以说农产品运输承接了从集中到最终消费的大部分营销环节。随着鲜活农产品绿色通道的畅通,及互联网产业的发展,农产品的运输职能则集中体现为物流与配送。

7. 分销职能

分销是通过不同销售渠道和方式将农产品分配到零售商和消费者手中,它直接连接农产品的零售环节。其分销渠道包括经销商、代理商、批发市场、城市销地市场、直接采购于产地的超级市场等。

8. 零售及服务职能

零售是农产品营销中的重要环节,经营规模、产品数量和产品种类都是零售商要考虑的重要元素,随着供求关系的改变,买方市场的到来,售后服务日益成为农产品营销中的重要组成。

(三)农产品市场营销在我国的发展

新中国成立以来,我国农产品流通经历了计划经济的统购统销到市场经济的自由买卖,与流通领域的演变相似，农产品市场营销也经历了一个从无营销到现代营销理论全面应用的发展过程，大致可分为三个阶段。

1. 无市场营销观念时期

新中国成立到20世纪70年代末，我国实行社会主义计划经济，对农产品采取统购统销的策略，这期间虽短暂开放过农产品集贸市场，但无论是农产品交易的品种、数量，还是参与交易的买卖双方都受到严格限制。因此，这一时期，无论是农产品生产者，还是农产品经营者都未自发形成农产品营销的观念。

2. 以生产为中心的市场营销观念时期

这一阶段从20世纪80年代开始一直持续到90年代末。改革开放后，在联产承包责任制和提高农产品价格的双重刺激下，农民的生产积极性很高。由于市场需求量大，所以这一时期的主要任务是大量生产，提高生产率，对产量的关注远远高过对质量的把控。可以说，这一时期是卖方占据市场的主动权，因此，市场营销理论只在农业生产领域得到初步实践，这一实践也主要集中于分销渠道、人员推销及广告促销等方面。

3. 以消费者为中心的市场营销观念时期

20世纪90年代后期，农产品的卖方逐渐失去优势，买方市场开始慢慢形成。供需关系反转后，要求农产品生产经营者必须转变营销观念，将生产为中心的营销观念转变为消费者为中心的现代营销观念。主要体现在以下几个方面：第一是绿色健康消费观进入农产品营销领域。与纯市场营销观念相比，绿色营销是环境保护意识渗透入市场营销观念的产物，无论是产品的质量，还是产品服务，都更重视社会利益与消费者的长远利益。健康营销则是百姓重养生的社会背景下，“病从口入”观念的迭代变体。绿色健康消费观为农产品升级打下了基础，亦拓宽了农产品营销的路径。第二是团体意识增强，其表现形式为各地纷纷成立农产品市场营销组织。依据组织的来源，可以将其分为两类：一类是由专业技术服务组织转化而来的；另一类是专门成立的农产品营销协会。第三是专业化程度加深，开始注重市场调研。随着卖方市场地位的确立，市场调研的重要性日益凸显。新产品的开发、目标市场的确定都需要以市场调研为前提。第四是依据市场需要，改良开发新产品，满足个性化消费需求。现代销售不仅限于流通领域，农产品的源头更是现代营销值得关注的领域，在市场调研的基础上，提出并论证适应市场需求的新产品的开发与改良。第五是品牌、商标意识增强。随着“三品一标”农产品品牌化政策的出台，农产品生产经营者的品牌意识也越来越强。农产品的品牌商标也从简单的识别功能，转向信息传递、价值、形象等综合功能。第六是农产品分销形式多样化。随着互联网技术的普及，订单农业、定制营销、电子商务等经营模式不断创新，农产品博览会和交易会、直播电商、社群电商、自媒体营销、短视频营销等越来越多元的促销方式，极大促进了现代营销观念的繁荣。

三、农产品市场的发展趋势

1. 绿色农产品受青睐

农产品因直接供人食用，其安全程度直接关系到消费者的健康，随着人们消费水平的提高，消费者对安全食品的认知逐步深入，安全食品越来越受到消费者青睐。以无公害食品、绿色食品、有机食品为代表的农产品，因其自身的安全性，不仅满足了消费者对健康的要求，也顺应了消费者日益增强的环保理念。

2.品牌农产品受欢迎

自以生产为中心的农产品市场转向以消费为中心后，品牌农产品不仅体现生产及加工主体的实力，更是其优良品质和标准化程度的体现，品牌是产品质量和特色的标志，突出了产品的差异性，有利于消费者区别农产品，方便选购；同时，品牌便于有关部门对产品质量进行监督，有效地维护消费者的利益。为此，更多的消费者趋向于购买品牌农产品。

3.深加工农产品受追捧

消费社会化使本来由家庭内部完成的生活劳务，转为由社会生活服务部门提供，消费资料也随之改变，由家庭内加工后消费变为由社会生产部门深度加工后消费。这一变化反映在农产品消费上，即表现为各种方便食品应运而生，超市中各种成品、半成品、速冻食品以及净菜等较为省时、便于食用的食品受到消费者的追捧。

4.地域消费习惯不断趋同

改革开放后，不仅天南地北的土特产相互交融，来自异域的农产品也不断涌入国门，区域间的交流沟通越来越便捷频繁，文化相互渗透的同时，农产品也不断融合。尤其随着互联网技术与物流行业的普及，消费者足不出户便可买到世界各地的农产品。

5.个性化消费比例上升

随着人们购买力的增强，消费者对农产品的要求不仅局限在满足日常生活，反而更加青睐独特口味、特殊功能、外观包装等能满足个性化需求的农产品。随着心理需要层次的提高，需求变得越来越复杂、多样，仅食品一类就细分为营养保健品、中老年食品、儿童食品、休闲娱乐食品、节日庆典食品、交往寓意食品等满足层次化、个性化、情感化需求的产品。

第二节　农产品营销模式

农产品市场信息传播不及时、不畅通、不准确，再加上大部分农户知识水平和意识形态有限，使得农民丰产不增收，农产品的“买难卖难”，甚至滞销的现象普遍存在。如何选用正确的营销模式，将农产品快速、经济、方便地提供给消费者，达到扩大产品销售、降低流通费用、提高经济效益的目的，是农产品营销的核心任务。农产品销售方式很多，按所采用的技术不同，可以分为传统营销与网络营销。

一、农产品传统销售模式

传统农产品销售是指运用传统销售手段，通过简单交易，将农产品从生产者转移到消费者的过程。根据销售过程是否经过中间环节，是否有中间人参与可分为直接销售与间接销售。

（一）农产品直接销售

农产品直销是指农产品生产者直接将农产品销售给消费者或用户，不经过任何中间环节转手的销售方式，也称“零级渠道”。农产品能否采用直销的模式，要综合考虑农产品、生产者、消费者、竞争者等多方面的因素适宜农产品直销模式的条件。详见表 7-1。

表 7-1　农产品直销条件

影响因素		适宜直销条件
农产品	自然属性	易腐烂变质或易损坏的农产品，如蔬菜、水果、生鲜、鲜花等
	体积和重量	体积大、笨重的农产品，如牛、羊等
	技术性和服务要求	技术性强、服务要求高的农产品，如观光旅游农业的产品及服务
生产者	是否具有销售能力和经验	具有较强的营销能力和经验，可自己组织销售
	是否能有效覆盖目标市场	规模大、实力雄厚，可以占领目标市场，并不断扩大市场份额
	是否具有较高的利润率	比较采用不同销售方式时的支出与所得，直销的所得大于支出且经济效益最大
消费者	目标市场范围的大小	目标市场范围小，潜在购买者少
	消费者的集中程度	消费者分布较为集中
	消费者的购买习惯	顾客一次购买量大，购买频率低
其他	竞争产品的销售渠道	通常情况下，应与同类产品竞争者采用相同或相似的销售方式，竞争激烈时，应寻求独特的销售方式
	空间便利性	交通便利、就近
	中间商的合作性	中间商不愿合作，合作费用高

农产品直接销售主要分为零售直销、订单直销和观光采摘直销三类。

1.零售直销

农产品零售直销是指生产者在田间、地头、农贸市场、菜店中直接把农产品出售给消费者，或直接把农产品送到客户手中的直销方式。主要形式有以下几种：农贸市场上农民自己出售农产品；农家直销；田间地头、集市销售；租赁柜台、自开直销店销售；直接送货上门。

2.订单直销

农产品订单直销是由农产品加工企业或最终用户与农产品生产者直接签订购销合同，生产者根据合同安排生产、定向销售的直销形式。如粮食加工企业与农户直接签订订单订购粮食、学校食堂与农户直接签订订单订购蔬菜等。订单销售是先找市场后生产，既避免了生产的盲目性，又适应了市场的需要，较好地解决了农产品卖难的问题。主要形式有以下几种：农户与科研、种子生产单位签订合同；农户与农业产业化龙头企业或加工企业签订购销合同；农户与专业合作经济组织、专业协会签订合同；农户与其他最终用户签订合同。

3.观光采摘直销

观光采摘直销是随着观光农业的发展而兴起的。观光农业是以“绿色、参与、体验、休闲”为特色，通过直接接触、观赏、享受等方式来满足人们精神和物质享受的现代农业项目。农产品生产者在游客观光、采摘、垂钓等活动中，直接将自己的农产品和服务推销给消费者的过程就叫作观光采摘直销。主要形式有以下几种：观光采摘园、高科技农业示范园、农家乐、休闲农庄。

（二）农产品间接销售

农产品间接销售是指农产品生产者通过中间商把自己的产品卖给消费者或用户的销售方式，包括一级渠道、二级渠道、三级渠道等。划分三级渠道主要依据销售过程中中间商的参与数量，如果只有一种中间商参与，那么就叫一级渠道营销，依此类推。如图 7-4、图 7-5 和图 7-6 所示。

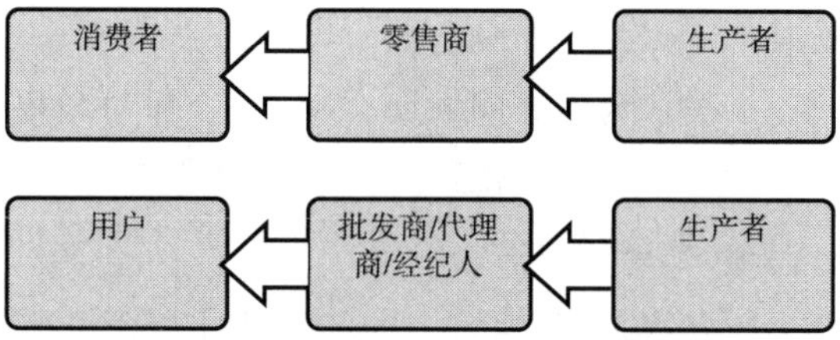

图 7-4　农产品间接销售一级渠道模式

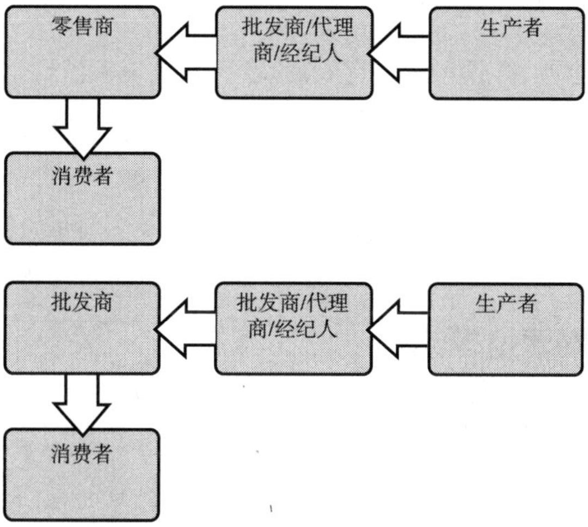

图 7-5　农产品间接销售二级渠道模式

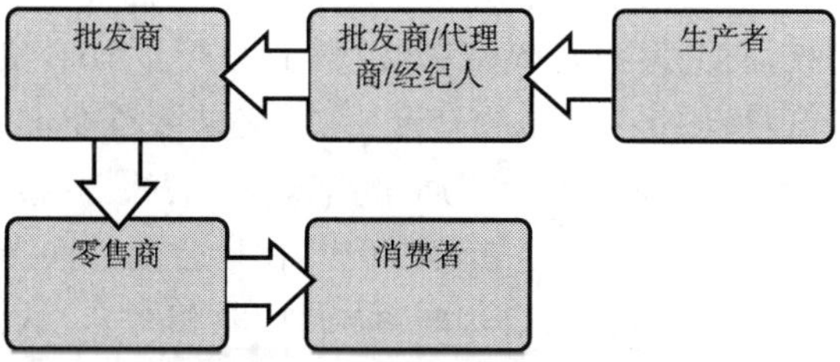

图 7-6　农产品间接销售三级渠道模式

按照是否拥有商品所有权，中间商可分为经销商、代理商、经纪人。经销商是从事商品流通业务，并拥有商品所有权的中间商，包括享有所有权的批发商和零售商，在买卖过程中，都要承担经营风险。代理商是指接受生产者委托，从事商品销售业务，但不拥有商品所有权的中间商，只按代销额提取一定比率报酬，不承担市场风险。经纪人与代理商类似，只为买卖双方牵线并协助他们进行谈判，在促成交易后，由委托方付给佣金。

由于农产品间接销售，生产者与消费者之间存在若干中间商，因此，渠道级别越高，越能有效地覆盖市场，扩大产品的销售范围，市场风险越小；但渠道级别越高也意味着参与环节越多，商品价格就会越高，不利于市场竞争。目前，在传统的农产品间接销售中，农超对接的模式比较普遍。农超对接主要有以下几种模式：

1.超市＋农业合作社＋农户

超市向符合要求的农业合作社进行采购，合作社再组织社员进行生产。

2.超市＋农业龙头企业＋农户

超市通过农业产业化龙头企业为中介同农民合作，为合作对象提供专业的农产品种植养殖技术或资金，建立食品安全监督体系等，使其产品达到农产品完全标准。

3.超市＋供销社＋合作社＋农户

超市不直接和合作社进行对接，而是通过当地的供销社与合作社和农户进行对接，供销社帮助合作社建立标准化的生产基地，合作社再组织农户进行生产。

4.超市＋合作农场

超市入股农业生产企业，合作开发自有农场，农民把土地租借给企业，或者以土地入股，由企业直接投资设立农产品生产基地，聘请当地的农民为员工进行农业生产。

5.超市＋大户＋小户

超市与农业生产大户对接，大户负责对小户农产品的集中储运，协调小户农产品种类的选择，上门进行技术指导。

二、农产品互联网营销模式

（一）农产品网络营销

农产品网络营销又称为“鼠标＋大白菜”式营销，是农产品营销的新模式，主要是利用互联网开展农产品的营销活动，包括网上农产品市场调查、信息发布、促销、交易洽谈、付款结算等活动。农产品电商采用各种信息网络技术所进行的各种农产品交易、物配、支付等经营活动，包括网上农产品期货、期权，网上大宗农产品交易，网上农产品 B2B 批发交易，网上农产品零售交易，网上农产品跨境电商，还有大量的农产品 O2O 交易活动等。

2015 年 3 月 5 日，李克强总理在第十二届全国人民代表大会第三次会议上正式提出了“互联网＋”一词，引起了广泛关注，确立了“互联网＋”在社会上的重要地位。“互联网＋”指的是将互联网技术（包括电子平台、信息网络）和传统的行业相结合，从而创造一种新的生态模式。电子商务销售方式给人们带来了很多的便利，农产品电子商务是将互联网和信息技术紧密结合产生的新兴事物，现如今有效地弥补了传统农产品的销售形式。

2018 年全国农产品网络零售额达到 3 975 亿元，增长 43.3％，2019 年达到 1.7 万亿元，同比增长 25.3％，规模扩大 8.4 倍。2016—2020 年中国农产品物流规模逐年增长，到 2020 年已达到 4.6 亿元，农村地区收投快递超过 150 亿件，占全国快递业务总量的 20％以上，同比增长 3.0％。受疫情影响，2020 年我国农村网络零售额增速有所减缓，但整体规模在政府不断助力刺激农产品消费下，仍达到 1.8 万亿元。农产品贸易额也由 2012 年的 1 758 亿美元增至 2020

年的 2 468 亿美元,乡村社会消费品零售总额达到 6.03 万亿元,已连续 8 年增幅高于城镇。详见表 7-2。

表 7-2 2013—2019 年我国大宗农产品电子交易市场一览表

年份	大宗电子市场个数	农产品大宗电子市场个数	交收额(万亿元)
2013	538	161	10
2014	739	300	15
2015	1 021	402	20
2016	1 231	488	25
2017	1 969	585	10
2018	2 461	777	20
2019	2 400+(预计)	700+(预计)	25

参考资料:洪涛,2020.2020 年中国农产品电商发展报告[J].农业工程技术,6(6):65.

(二)农产品网络营销的发展动态

与传统农产品营销相比,网络营销存在以下优势:首先,农产品可以突破空间上的阻碍,24 小时在线销售方式又消除了时间的隔阂,通过互联网随时随地销售的模式,打破了农产品营销的时空障碍;其次,农产品网络营销可以使农产品商家与消费者进行良性互动,避免出现信息不对称的现象,有效快速获取供求信息,避免不必要的浪费,实现高效率的交易;最后,网络营销成本低、效率高。网络营销直接跳过中间环节,降低交易成本,可以在极短的时间内建立网站进行宣传与销售,大大提高产品的交易效率。随着网络营销平台日益成熟,农产品网络营销呈现以下发展态势:资本运营打造农产品强势品牌、互联网思维营线上线下齐动员、电商平台积极布局农村市场、农业新媒体营销带来经营商机、农业多功能化发展衍生复合业态。

(三)农产品网络营销工具

农产品网络营销通过在数字平台上发布具有广泛影响力的内容,吸引用户参与具体的营销活动。网络营销更注重内容信息的渗透性,通过一种软性广告传递生产者或品牌的某种理念或观点,更好地进行企业品牌形象的建设与产品销售。因此,应做好农产品与平台的定位,找到自身产品的优势,选择合适的数字平台展开营销。通过对产品的准确定位,以更具体验性、沟通性、差异性、创造性和关联性的运营策略,快速获得大批流量和高曝光,以赢得用户的认可。

1. 网站平台工具

网站平台包括门户网站、各品类行业网站、地方性本地网站、与品牌相关联的网站等。投放广告是利用网站平台进行营销的主要方式,在选择网络平台时,首先应该考虑网站人气,其次需要考虑该网站的定位是否与农产品的定位一致,该网站入驻的品牌是否足够多。

目前,以百度公司(Baidu)、腾讯公司(Tencent)为代表的互联网平台,拥有一般型数据、交易型数据和关系型数据领域的话语权。百度平台主要利用用户主动搜索的关键词挖掘用户需求,以此实现广告精准投放。百度的搜索引擎营销也算是相当精准的,但毕竟用户的搜索内容丰富多样，绝大多数搜索内容并不是用户的消费欲望所驱使的，百度大数据目前还难以分析出用户的真实搜索意图。加之，百度广告竞价体系缺乏透明度，在多家竞价的情况下，投入成本会越来越高。腾讯的广告投放产品集中为广点通、智汇推、朋友圈。广点通投放的广告资源主要在QQ客户端、手机QQ、微信公众号、朋友圈等，根据点击量付费。智汇推的投放资源主要集中在腾讯新闻客户端，其人群筛选按行业进行分类，自动给用户打标签，按照点击量收费。朋友圈广告已经开放自主投放，按曝光次数收费，腾讯的广告体系更关注社交化考量因素，更适合按人群属性、兴趣、爱好进行广告投放。

2. 社交类媒体工具

近年来，随着移动社交网络逐渐成熟，消费者在社交媒体平台上花的时间越来越多，社交媒体广告产业呈现爆发式增长。目前，我国的三大社交平台分别为微信、QQ和微博。社交平台往往拥有庞大的用户群和海量数据库，用户参与度很高，借助大数据算法，可实现更精准的目标人群投放。社交媒体广告的表现形式大体可分为开屏广告、图文广告、影视广告、植入广告等。

微信与QQ营销主要是结合社群、公众号、朋友圈，塑造个人或者产品的品牌价值，利用微信平台的各种功能及相互间的联系来完成产品推广、交易，农产品生产经营者通过提供用户需要的信息，推广自己的产品，从而实现点对点的营销。微博营销主要是通过粉丝通、粉丝头条、微博“大V”投放广告。粉丝通可以自定义投放用户库，根据地域、用户、年龄、关键词、兴趣爱好等精准定位投放信息。微博主对自己发布的微博使用粉丝头条功能后，可以让自己的粉丝登录时看到该条微博处于其微博的第一条。有影响力的微博“大V”粉丝数量大，互动活跃度高，往往能引爆话题、带动热点。

用户体验是社交媒体营销的关键环节，虽然社交媒体自身具有大数据分析的精准性，但如果用户体验不好，反而收到不好的效果。只有用户乐于接受和了解商品信息、体验新产品，并愿意将自己的感受分享和传播出去，社交媒体才能发挥它的优势。

3. 社群类媒体工具

社群营销是随网络社区和社会化媒体发展起来的一种营销模式，主要基于网络社区和社会化媒体平台发展用户，通过连接、沟通等方式实现用户价值。社群营销是一种基于圈子和人脉的营销模式，通过将有共同兴趣、爱好，或者类似需求的人聚集起来，打造一个圈子并促成最终的消费。社群营销的本质是口碑传播，其人性化的营销方式不仅广受用户欢迎，而且还可以通过用户口碑继续汇聚人群，扩散口碑，让原有用户成为二次传播者。

社群营销与其他营销方式不同的是，它是一个通过社群成员的信息分享进行自我创造，进而实现社群自我运营的营销方式；是通过社群的自生长、自消化、自复制能力来实现运转的，并以社群成员的创造机制为链条进行发展并打造营销效果；社群成员的参与度和创造力是促进社群运转的前提条件。因此，社群要想长久地生存下去，需要激发社群成员展开创造，发挥组织能力，促使社群产品、服务、功能等更加完善，促进社群经济的发展。

做好社群营销可从四个方面着手。第一，确立社群定位，确保某个主题的优质价值输出。社群是由一群有共同兴趣、认知、价值观的成员组成的，成员在某方面的特点越相似，就越容易建立起互相之间的感情联系。因此，在建立社群之前，必须先做好社群定位，明确社群要吸引哪一类人，通过类似主题的优质输出，产生客户黏性。第二，维护社群领袖，保证用户活跃度。

社群的角色可分为内容创造者、评论者、搜集者、参与者、围观者、不活跃分子，其中最核心的是社群的意见领袖，他可能兼任思考者、组织者多重身份，往往能激活其他成员，保证社群活跃度，体现社群价值。第三，高质量活动策划，打造独特社群文化。活动能让成员有参与感，能迅速催化社群的温度。社群的核心在于情感归宿和价值认同，因此，要不断提供高品质活动，打造社群文化，丰富成员体验，加深关系链的沉淀。第四，打造社群口碑，积极争取裂变。口碑是社群最好的宣传工具，社群口碑与品牌口碑一样，都必须依靠好产品、好内容、好服务，并经过不断的积累和沉淀才能逐渐形成。

4. 视频类媒体工具

互联网技术和视频平台的兴起和发展，让观看视频成为用户日常网络活动中的重要组成部分，这种普遍的网络用户行为促成了视频营销的诞生，并使其逐步成为新媒体营销中常用且有效的营销利器。视频营销具有感染力强、形式多样、创意新颖等特点，借助互联网甚至可以在短时间内进行大范围、低成本的快速传播，形成病毒营销的趋势。从2016年开始，越来越多的网络直播平台不断出现。以“抖音”“快手”为代表的短视频社交平台发展也十分火爆，催生出众多的“网红达人”“网红店铺”“网红产品”等。在短视频平台中，用户可以上传自己制作的短视频，或者按照自己喜好选择短视频浏览，满足了用户自我实现与娱乐的现实需求。农产品生产经营中最明显的问题就是销售力度不足、生产较为分散，在互联网时代，通过电商平台，借助主播带货的手段，可以实现农产品的快速营销。

农产品营销与生产者联系密切，加之直播的技术门槛低、成本小，因此，直播营销快速成为农产品营销的主力军。通过现场展示的方式传递产品信息，既可以直接在电脑端上进行展示农产品，也可以通过手机摄像功能对各种信息进行实时呈现，以方便其他网络用户观看并进行互动。场景、人物、产品和创意是直播营销的4个要素，场景是指营造直播的气氛，让用户身临其境；人物是指直播的主角，可以是主播或直播嘉宾，以展示内容并与用户互动；产品要与直播中的道具或互动有关；创意则是优化直播效果，吸引用户观看的方式，如明星访谈、互动提问等形式。由于不受媒体平台限制、参与门槛低、直播内容多样化等优势，直播营销深受农产品生产者和消费者的欢迎。互联网环境下的直播营销，通过更低的营销成本、更广的营销覆盖、更直接的营销效果、更有效反馈达到更佳的营销效果。直播设备简单，场景可以由企业自己构建，仅靠一部手机就能完成一次直播营销。其方式大概有以下几种：新品发布会直播、产品体验直播、互动活动直播、生产现场直播、企业远景直播、大咖访谈直播、边直播边销售等。通过直播可以直接将产品的形态直观地展示给用户，将用户融入营销场景，并可以在直播内容的同时，接收用户的反馈信息，如弹幕、评论等，达到全方位覆盖用户认识的效果。

5. APP与二维码媒体工具

APP(application)营销与运营就是应用程序营销与运营，它是基于智能手机和无线电子商务的发展而兴起的一种营销与运营方式，其核心是手机用户，生产经营者将开发的APP应用程序投放到手机或移动应用设备上，用户通过下载并使用APP获得信息或达到其他目的。APP的营销方式较为灵活，对于用户来说，可以通过扫描二维码直接下载安装APP；对于生产经营者来说，可以通过手机或计算机后台发布、管理APP中展示的内容，并可通过数据统计分析，更好地进行用户行为分析，帮助生产经营者改善营销策略。主流APP的运营模式主要包括广告运营模式、用户运营模式、内容运营模式和购物网站运营模式4种类型。广告运营模式是众多功能性应用和游戏应用中最基本的一种运营模式，农产品生产经营者通过植入动态广告栏链接进行广告植入，当用户点击广告栏就会进入指定的界面或链接，了解广告详情或参与活动。用户运营模式通常无法直接变现，主要是为了让用户了解产品，培养品牌的影响力和用户的忠诚度。内容运营模式是指通过优质内容吸引精准用户和潜在用户，从而累积口碑和踏实用户，最终实现营销目的。购物网站运营模式多由购物网站开发，其主要方式是商家开发出自己网站的相关 APP，投放到各大应用商店供用户免费下载使用，用户可以通过该应用随时随地浏览商品或促销等信息。

二维码营销是通过二维码图案的传播，引导消费者扫描二维码，获取产品资讯、促销活动、礼品赠送、在线预订等商家推广活动，并刺激消费者进行购买行为的新型营销方式。由于二维码扫码方便，符合当下人们的移动互联网思维，它的传播途径非常广泛，可以直接通过互联网进行发布传播，也可以印刷到纸张、卡片上，通过传统线下途径进行传播。因此，二维码不再只是一个简单的产品标识，而是已经发展成为一个多元化的营销工具。在市场营销逐渐向移动营销进行倾斜的多元化营销时代，二维码凭借其成本低廉、应用广泛、可塑性强、操作简单等特点，轻松打通了商户线上线下发展的瓶颈，成为网络营销、O2O 营销的绝佳商用载体之一。从生产经营层面来看，二维码营销主要包括植入社交软件、依托电商平台、依托企业服务、依托传统媒介 4 种形式。植入社交软件是指以社交软件和社交应用为平台推广二维码，以微信为例，基于微信的 O2O 营销，利用微信扫描二维码提供各种服务，为用户带来便捷、有价值的操作体验。依托电商平台是将二维码植入电子商务平台中，依托电子商务平台的流量引导用户扫描二维码。依托企业服务是指企业在向用户提供服务时，引导用户对二维码进行扫描关注，比如在电影院使用二维码网上取票时，通过扫描二维码引导用户下载相应 APP，或查看相关营销信息等。依托传统媒介即将二维码与传统媒介结合起来，比如在产品海报上印制二维码，提示用户进行预约和订购，参加相应促销活动。bilibili 网站的 up 主“调味计划”制作了农业品电商的系列动画，读者可以搜索观看，帮助学习。

（四）农产品新媒体营销策略

1. 提升农产品的质量树立品牌意识

当前，消费者体验越来越受到买卖双方的关注，产品质量是决定消费体验好坏的核心要素，在利用新媒体对农产品进行营销时，应该充分挖掘产品的质量，推动农产品标准体系的建设工作，切实发挥其推动农产品行业健康发展的作用。引导农业生产者提升产品质量与品牌意识，做到农产品各个环节实现行业标准化发展，切实满足消费者与市场的需求。同时，充分利用新媒体做好宣传工作，尽量选择耐存储、保鲜效果较好的产品进行销售，从而保证网络渠道中产品的质量。

2. 突出地域特色调整农产品构成

农产品通过新媒体营销时，应充分考虑地域特点与农产品特色，在利用现有资源的基础上，推进新媒体营销方式与传统市场营销模式的融合。我国地域辽阔，农产品呈现出浓厚的地域特色，很难走出地方市场，而农产品的新媒体营销却突破了时间和地域的限制。因此，利用新媒体平台营销时，要合理运用因地制宜原则，积极做好本土化的设计。

3. 多方合作协同推动农产品品牌化

农产品品牌作为一种无形资产，对于提升市场份额、引导消费及挖掘消费方面发挥着重要作用。具体推进农产品品牌化建设时，政府部门要将各地优质资源进行整合，主动协调，引导各部门交流沟通，打造地标性农产品。打破传统品牌建设的不足，增加农产品市场营销力度，切实提高农产品带动区域经济发展的作用。发挥新媒体营销平台的价值，提高产品营销质量，树立农产品品牌。

4. 重视培养农产品营销人才

随着互联网技术的发展，农产品新媒体营销已是大势所趋，培养发掘新媒体营销的人才成为营销工作的重要任务。虽然当前电子商务已在农村如雨后春笋般发展起来，但仍有大量的农产品加工人员，对互联网的认识不够全面，导致农产品营销模式的影响力受到限制。加之，人才匮乏的局面也制约着新媒体营销效果的提升。因此，农产品生产与经营者应加强新媒体营销人才的培养。

第三节　农产品品牌建设

一、农产品品牌概述

（一）农产品品牌相关概念

1. 品牌的定义

品牌的英文 Brand 一词最早起源于古挪威语 Brander，其含义是通过在牲畜身上做标识以区别于别人的家畜。中世纪的欧洲为了助于顾客识别产品的产地和生产者就在手工艺品上烙下标记，产生了最初的商标，并以此为消费者提供担保，同时向生产者提供法律保护。16 世纪为防止不法商人偷梁换柱，欧洲蒸馏威士忌酒生产商在酒桶烙上生产者的名字。1835 年苏格兰酒商为了维护采用特殊蒸馏程序酿酒的质量声誉，创立了 Old Smuggler 品牌。在《牛津大典》中品牌被解释为“用来证明所有权，作为质量的标志或其他用途”，即用以区别和证明品质。随着时间的推移，商业竞争格局以及零售业形态不断变迁，品牌承载的含义也越来越丰富，甚至形成了专门的品牌学。品牌可以是一种名称，也可以是一种标记或者是某些图案，用于区分不同销售者的产品或者服务，从而使这群销售者与竞争者之间产生差别。《营销管理》菲利普·科特勒博士认为：品牌是一个名称、名词、符号或设计，或者是它们的组合运用，其目的是识别某个销售者或某群销售者的产品或劳务，并使之同竞争对手的产品和劳务区别开来。美国市场营销协会（AMA）对品牌的定义：品牌是用以识别一个或一群产品或劳务的名称、术语、象征、记号或设计及其组合，用以和其他竞争者的产品或服务相区别。

品牌是一种可视性标志，是一种承诺和保证，是给拥有者带来溢价、产生增值的一种无形的资产。同理，农产品品牌就是农产品为区别与其他同类竞品的名称、术语、象征、记号或者设计及其组合。品牌为产品增值的核心是创造良好的顾客感受和体验，追求顾客满意度。因此，农产品品牌就是赋予生产出来的农产品一定的特殊标识，使其具有独特性，同时对消费者产生一定的吸引力，成为农产品品质和服务的象征。

2. 品牌的构成及特征

一个完整的品牌不仅只是一个名称而已，它包含许多信息，只有将信息最大限度地整合起来，品牌才是完整的。品牌的构成要素主要有以下两个方面：一是品牌构成的显性要素，是品牌外在的、具象的因素，可直接给予消费者视觉上的冲击和感觉上的印象，主要包括品牌名称、标志与图标、标记、标准字、标准色、标准包装、广告等；二是品牌构成的隐性要素，是品牌内在的富有内涵的因素，不会被消费者直接感觉，它存在于品牌形成的整个过程中，是品牌的精神、品牌的核心。主要包括品牌承诺、品牌个性、品牌体验、品牌文化。

与工业品牌不同，农产品自身的特殊性决定了品牌的独特性。首先是自然性与地域性。农产品的品质在很大程度上依赖自然条件和所在区域，因此，在农产品品牌建设中，自然环境的影响严重制约着农产品的质量，成功的农产品品牌往往都具备浓郁的地域特色。其次是不确定性和复杂性。不同于工业生产的标准化，农产品的生产主体往往是分散的小规模农户，而"地理标志"的地域农产品品牌往往属于整个区域所有农产品生产者所有，所以质量具有不确定性。最后是附加性和复合性。农产品品牌由"三品一标"组成，"一标"就是企业创建的商标或者地理标志等品牌，"三品"指的是无公害产品、绿色食品和有机食品等关系农产品质量安全的品牌，缺少"三品"，农产品的品牌是不齐全的，因此，农产品品牌具有工业品牌没有的附加性和复合性。

3. 农产品品牌的分类

第一，根据品牌价值和农产品消费层次不同，可将农产品品牌分为低档、中档、高档三个层次。第二，根据行业差别，农产品品牌可分为种植业、畜牧业、林业、渔业、农副业产品、养殖业、水产业等品牌。第三，根据技术含量的不同，可以分为传统农产品品牌、科技产品品牌、高科技农产品品牌。第四，根据品牌范围，可将农产品品牌划分为初创、知名和著名农产品品牌。第五，根据品牌范围，可将农产品品牌划分为公用品牌、企业品牌和产品品牌。

（二）农产品品牌建设存在的问题

1. 农产品品牌意识薄弱

受传统生产经营观念的影响，大部分生产企业及生产经营者对品牌重要性及必要性认识不足，品牌创建和品牌保护意识皆较弱，未意识到品牌对农产品附加值和市值的影响力。农业企业也缺乏合理的品牌定位，虽然某些农业企业的农产品种类丰富、质量可靠，但由于忽视品牌建设，其品牌推广的手段、内容、形式都比较简单，缺乏竞争优势，产品的辨识度较低，导致其产品受众小、营销范围窄、价格低，没有发挥出其独特的优势和价值空间。

2. 农产品品牌形象雷同

农产品品牌名称上，同质化明显，雷同无个性，更多情况下农产品的品牌以"产地＋产品"的形式出现，品牌识别功能缺失，形象不突出，缺少对自身特点的展示，缺乏对本土文化价值的深度挖掘，没有充分体现特色的地域文化，千篇一律，致使产品没有特色，不能成功塑造起产品品牌。

3. 农产品品牌层次不高

大部分农产品品牌都是初加工产品，科技含量低，保鲜、贮藏、运输、加工环节都相对滞后，对产品的深加工开发不够，品牌附加值少，极易被竞争对手模仿，难以形成自身的市场竞争优势，并且很多农产品包装简陋，甚至无防伪标志，使不法商贩有机可乘，伤害品牌形象。

4. 农产品品牌品质不稳定

农产品市场的竞争从根本上说是农业企业品牌的竞争，农产品品质的稳定直接关系到品牌的生存与发展。农产品品质的不稳定性表现在两个方面：一是缺乏农产品质量标准，农产品在生产过程中没有标准可以遵守或生产过程不遵照标准，导致农产品的质量缺乏可信度；二是缺乏流通标准，如缺乏分拣标准、包装标准、配送标准、管理标准和验收标准等。因此，加速制定执行农产品质量及流通标准是关乎品牌建设与发展的关键。

（三）农产品品牌建设路径

1. 健全标准化生产体系

在提高农产品质量的各种方式中，农业标准化是一种有力手段和重要保证。从生产环境、生产过程到产品质量制定一系列的标准，使农产品生产的每一环节都处于标准的管理轨道，形成完美的标准指标体系。根据国际通行标准、国家标准、行业标准和生产需要，制定、修改、完善品牌农产品的生产技术规范和操作规程。制定完善的农业产品分级标准，产地准出、包装标识等方面的规范，建立起既符合农产品实际又与国际、国家和行业标准相统一的农业标准化生产体系。

2. 建立农产品可追溯体系

大力推行农产品条码制度或视频追溯系统，利用"互联网＋"建立产销一体化的农产品质量安全追溯信息网络，实现生产记录可存储，产品流向可追踪，储运信息可查询。农产品的土地信息、生产技术信息、投入产品信息、农民信息、质量检验报告、安全卫生状况等信息，都可以条形码或二维码的形式存储，并附着在农产品外部。农户管理系统还可以利用生产追溯信息卡对农户进行统一管理，全方位打造优质的农业企业品牌。

3. 建设现代农业物流体系

农业现代物流体系，尤其是冷链物流体系，始终是我国农产品流通中的短板，也是推进农产品品牌建设的重要支撑。为了加快构建绿色高效的现代农业物流体系，我国首先应坚持以"大交通"推进"大物流"，以多式联运、集约发展为导向，完善物流集疏运体系，加快客运枢纽和货运枢纽场站建设，提高干支衔接能力和转运分拨效率；其次应加快交通运输行业重点领域信息化智能化发展，推进交通运输信息化建设，建立健全交通运输监控网络，实现智慧交通建设取得全方位突破；最后需要加快培育现代农业物流专业人才，为完善现代农业物流体系提供智力支持。

4. 建设品牌策划推广体系

结合农产品生产地的地域特色和产品特色，挖掘品牌内涵，设计具有地方特色与文化底蕴的农产品品牌符号，塑造鲜明的品牌个性。充分利用新媒体、互联网、电视、报刊、电台等媒体，建设立体化宣传网络，举办地方特色农产品展会，与其他品牌联合推介、捆绑式宣传推广，强化品牌知名度、美誉度及满意度，全力塑造农产品整体品牌形象，提高市场知名度。

二、农产品品牌定位

(一)农产品品牌定位的含义

农产品品牌定位是品牌战略的核心,是从文化取向及个性差异的角度,对特定品牌进行商业性规划,是一个建立品牌形象的过程和结果。即为某个特定农业产品品牌确定一个适宜的市场位置,使其在消费者心中占据一个特殊的位置。可以说,品牌定位决定农产品的品牌特征及品牌未来发展的动力。详见表 7-3。

表 7-3 市场定位、产品定位与品牌定位的比较

变量	市场定位	产品定位	品牌定位
出发点	企业产品、企业形象	产品特征、产品组合	品牌内容、形式
对象	目标消费市场	产品	目标消费群体心智、顾客心智
目的	获取细分市场竞争力	满足特定市场需求	获取消费者认同

(二)农产品品牌定位的内容、目的

1. 农产品品牌定位的内容

农产品品牌定位已经从“产品功能诉求”“品牌感性诉求”过渡到今天的“品牌文化诉求”,文化已经成为品牌定位中必须考量的核心。鉴于此,品牌定位包括以下基本内容:首先,建立品牌区隔。区隔,通过字面就很容易理解——自己的、区别的、排他的,其实就是要让自己区别于他人,在预期客户的头脑里独树一帜。品牌区隔就是要让品牌在消费者的心智中实现区隔,抢占心智资源,建立区隔的最好方法是让农产品拥有一个独特的个性。其次,品牌强化差异。品牌定位的重点是以消费者为核心,以差异化为标准。因此,农产品的生产经营者应选择与竞争对手不同的品牌定位,这样既可以规避与对手的简单竞争,又可以保证自己成为消费者的首选品牌。最后,品牌重新定位。当影响品牌的市场因素发生变化时,比如目标人群的消费观念发生变化,需要扭转原有品牌定位存在的问题。农产品品牌为了维护其在消费者心智中的地位,保持其市场占有量,就需要对品牌进行重新定位。

2. 农产品品牌定位的目的

品牌存在的价值就是将产品转化为品牌,以引导潜在顾客快速正确地认识产品。因此,农产品品牌定位的目的首先是让品牌在消费者头脑中占据一个有利位置。做农产品品牌就是挖掘消费者的兴趣点,树立一个明确的、区别于竞争对手、符合消费者需要的形象,占据消费者心中的有利位置,当消费者产生消费需求时,会立刻想到该产品品牌。其次是成为同类产品的领导者。品牌领导者意味着恒久不变的竞争优势,对于农产品生产和经营者来说,这一优势是其他品牌无法企及和超越的。最后是为品牌传播提供前提。品牌定位是品牌传播的前提,为农产品进入市场、拓展市场起到了导航作用。没有品牌定位,没有品牌整体形象的预先设计,品牌传播就难免盲从。

（三）农产品品牌定位的意义

农产品品牌的独特个性是该品牌存在的意义，因此，品牌定位的首要意义便是彰显品牌的核心价值。其次，农产品品牌定位的意义是与消费者建立长期、稳固的关系。品牌定位就是要用品牌的独特个性吸引消费者，让消费者感受到品牌优势和特征，进而产生品牌的黏性。最后，农产品品牌定位的意义是为农产品开发和营销策划指引方向。产品开发是以实践该品牌向消费者的承诺为方向的，营销计划也不能偏离品牌定位的指导，因此，生产经营者要根据品牌定位来塑造自身。

（四）农产品品牌定位的过程

农产品品牌定位过程由以下四个环节组成。首先，要查明当前农产品品牌的状态，通过以下三个问题完成这个环节。一是生产与经营者面临什么样的机遇和挑战，只有对生产与经营的主体有一个清楚的认识，才能更好地对商业机会进行评估；二是农产品品牌的价值，即品牌定位经历了怎样的演化，品牌当前市场价值如何；三是面对竞争者的品牌定位及潜在客户的消费需求，品牌可以做什么，驱动生产和经营的动力是什么，通过什么方式将品牌价值传递给消费者。

其次，确定品牌的象征意义，这是品牌定位策划工作的出发点。一是了解当前消费者的消费观念及消费者痛点；二是在确保现有客户忠诚度的基础上，拓宽品牌的市场占有率；三是衡量品牌资产，识别品牌资产增长的商业机会，合理进行品牌定位，吸引新用户并最终成为品牌的忠诚消费者。

再次，开发品牌定位平台，这一步骤的主要任务是找到品牌的增长空间，通过市场调查，把握品牌内容、行业及消费者信息，对品牌进行定位，其目的是通过成功有效的品牌定位留住现有客户，同时抓取新客户，进而扩展延伸品牌。

最后，提炼品牌定位报告，这是品牌定位的最后阶段，以策划方案或报告的形式将信息传达给相关高级管理层和领导者。方案通过后将工作重点放在品牌定位的巩固、市场营销和沟通上，整合来自消费者、客户、经销商等各方面的意见回馈，确保实际定位和预期定位的一致性。

（五）农产品品牌定位的方法

选择品牌定位策划时，可以从产品本身、企业内涵、竞争品牌和消费者四个方面来斟酌，可以单独使用某个策略，也可以将策略组合使用。目前，可以使用实体定位和观念定位两种方法。

1. 实体定位策略

实体定位即从产品的功效、品质、市场、价格等方面进行定位。可用的技巧有以下几种：一是功效定位，消费者对于农产品的关注往往是其食用价值，以及其新鲜、营养、健康等属性，因此，将功效作为首要因素，是品牌定位的常见形式，也更容易获得成功的定位。二是质量定位，对农产品而言，质量与价格一直是消费者关注的重点，通过农产品在品质与性能方面与对手的差别来进行品牌定位，往往能够吸引消费者。三是类别定位，强调产品所属的种类及其特性，这种定位主要采用与竞争者划定界线的方式，来说明自己的产品定位与之完全不同，如娃哈哈采用类别定位法标明出品的"有机绿茶"与一般绿茶有显著差异。四是使用者定位,突出产品对某类消费者有特殊功效,强调产品对某一类消费者的特殊意义,如专门针对糖尿病患者的无糖食品。五是造型定位,通过产品在视觉与知觉两个层面的造型,向消费者传达产品和生产经营者的信息、观念、情感等。六是技术定位,利用生产产品本身所具备的技术及工艺上的优势,引导消费者选择购买。七是服务定位,产品的优势在于售前、售后以及特色服务,利用产品在服务方面与竞争者的差别进行品牌定位,将优质服务的种子种在消费者心中。

2. 观念定位策略

观念定位是从产品意义和价值创新的角度对品牌进行定位。可以采用以下技巧:一是情感定位,情感定位是将人类情感中的关怀、牵挂、思念、温暖、爱等情感内涵融入品牌中,让消费者在购买、使用产品的过程中获得情感体验,唤起消费者内心的认同,从而忠诚于该品牌。二是模仿高位定位,比较产品与同类领导品牌之间的差别,缩短产品与领导品牌在消费者心中的心理距离,引导消费者记住自己的品牌。三是文化象征定位,农产品具有独特的地域文化内涵,在定位时将某种文化、情感、精神等象征融入品牌策划中,容易获得独树一帜的品牌定位。四是历史定位,时间具有强大的说服力,老字号、传统食品往往因为年代的久远天然赢得消费黏性,因此,品牌定位时不要忽略产品及生产经营者的历史资源。

三、农产品品牌资产

(一)如何定义农产品品牌资产

品牌资产是指与品牌、品牌名称和品牌标识等相关的一系列资产或负债,它们能够增加或减少某产品或服务带给该企业或顾客的价值。品牌资产作为企业的一种无形资产和文化软实力,是构成企业竞争力的重要部分。农产品品牌资产包括品牌强度和品牌高度两部分。

1. 品牌强度

品牌强度在此更多地强调品牌对消费者的影响力及自身潜力大小,体现出品牌的效用与魅力。它包括顾客权益和延伸潜力两部分。从本质上看"顾客权益"代表着现有品牌对于顾客心理和行为的影响。它是由于顾客拥有的品牌知识而导致的顾客对品牌营销反应的差别化效应。也就是说"顾客权益"首先来自顾客反应的差异化。它取决于农业企业各种品牌营销活动在顾客头脑中形成的品牌知识。通过考察消费者品牌意识、品牌态度和品牌形象等因素能反映出农业企业品牌顾客权益大小,揭示出顾客购买决策过程,确定消费者在购买特定品牌农产品时赋予品牌的价值。农产品品牌强度中包含的延伸潜力,主要是指农业企业品牌延伸力及产品研发与创新能力的强弱。它表示扩展品牌使用范围给农业企业带来的潜在收益。广大农产品企业借助现有品牌进入新的业务领域或积极研发、创新推出新产品,利用消费者对现有品牌的良好态度及爱屋及乌的心理,发挥现有品牌建立起的顾客权益,降低采用新品牌的风险和节约营销费用,同时提高成功率。

2. 品牌高度

农产品品牌资产的品牌高度代表着农产品品牌的自身实力,体现了该品牌在行业中的地位水平以及通过品牌塑造的差异化带来的额外附加值。通过品牌地位和品牌附加值这两个指标来体现企业品牌高度。品牌地位包括农业企业在市场上的领导属性及品牌执行力。品牌领导属性体现了企业品牌的市场份额、行业地位、领导品质等，集中展示着农产品企业在行业中所处的竞争地位；品牌执行力是品牌地位的另一重要部分，它体现着各品牌农产品在市场上的铺货程度和消费者对它们的可触及程度，反映了企业销售渠道和终端的执行能力。品牌附加值是农业企业品牌高度的另一支撑点。它主要指品牌名称及其相关含义在消费者对品牌商品做整体评价时的作用。农业企业品牌附加值由顾客感受功效及社会心理含义两部分构成，这也体现了农产品同消费者息息相关的特性。感受功效由消费者对农产品感受到的质量及物质差别化所决定；社会心理含义体现了消费者从各种品牌农产品中获得的心理方面的感受，具有高度社会心理含义的农产品，能被消费者用来体现自己心目中的形象。

（二）如何理解农产品品牌资产

对品牌资产的理解一般从两个角度阐述：一是基于企业视角的品牌资产；二是基于消费者视角的品牌资产。

1. 基于企业视角的品牌资产

基于企业视角的品牌资产一般从营销和财务两个方面分析。从企业营销角度来看，借助品牌影响力，企业提高产品的销售量和利润率，营销可以由品牌在市场上的绩效来反映，包括品牌溢价能力、价格弹性、市场占有率、品牌的扩张和延伸力、品牌的盈利能力。因此，品牌资产是一系列关于品牌顾客、渠道成员和品牌所属企业的联想和行为。从财务视角分析品牌资产的基本属性，是对品牌资产的评估，包括根据股价趋势、未来收益等要素来评估品牌价值，以便向投资者或股东提交财务报表，为各项活动提供证明企业资产价值的依据。

2. 基于消费者视角的品牌资产

消费者视角下的品牌资产不仅是对品牌营销活动的一种反馈，更是对品牌未来收益的指引，是形成品牌资产的重要基础。消费者在购买农产品时，要根据对品牌的了解程度及体验，对品牌进行评价，而这些评价会影响消费者对品牌的态度与认识。营销学教授凯文·莱恩·凯勒(Kevin Lane Keller)在《战略品牌管理》一书中开发了“基于顾客的品牌资产模型”，并认为，强势品牌的理论源于顾客的心智。企业营销只有在顾客心中留下清晰、美好、积极的品牌印象，才能使顾客对品牌产生正面态度和评价。品牌能够为其所有者带来多大的利润，取决于品牌知名度、认可度、品牌联想这三大品牌资产的经营结果。

（三）如何塑造农产品品牌资产

农产品的生产既是自然生长的结果，又是文化作用的结果。营销离不开文化的作用，消费者的偏好与价值观念本身就是文化的构成成分，以消费者为中心的理念说明了文化因素对产品开发、价格制订、广告策划等环节的重要影响和作用。

1. 农产品品牌文化的构成

农产品品牌文化是企业对品牌战略进行全面规划和建设的过程中不断积累和发展逐渐形成的，由品牌精神文化、品牌行为文化、品牌物质文化构成。品牌精神文化是品牌文化的核心，是管理品牌的指导思想和方法论。农产品的生产经营者在规划和建设品牌文化的过程中，关键要素就是要提炼品牌精神和品牌价值，并以此来规范并指导农产品的生产、营销及传播。品牌物质文化是由产品或品牌的物质和符号构成，包括产品文化，也包括多种构成品牌识别的元素和符号，如品牌名称、标志、产品包装、质地、味道等。消费者通过对物质元素的感知和体验形成对产品品牌的综合认知和判断，进而对品牌产生深刻印象。品牌行为文化是品牌精神文化的贯彻，是品牌与消费者关系建立的核心过程，是企业经营作风、精神风貌、人际关系的动态体现，也是企业精神与企业价值观的折射。

2. 创建农产品品牌文化的原则

面对深邃广博而又有着巨大差异的文化，品牌若想与文化水乳交融地耦合在一起，必须把握以下原则：知识性、情感性、适合性、责任性、独特性。

知识性是文化的一部分，工业社会比农业社会发展快，就是因为知识的社会地位更高，能量更大。21 世纪进入知识经济时代，社会发展迅速，知识更新快，没有人能够占有全部知识，对知识的渴求是普遍存在的，尤其一些挑战性强的工作对知识的需求更为明显。因此，在农产品销售过程中，知识性必将成为品牌构建过程中值得关注的环节。例如，给顾客配发介绍产品特点、营养成分或食用方法的宣传资料等。

情感性是文化的核心特质，人人都有情感，从情感上打动别人易于收到效果。人类的情感需求博大而旺盛，这为文化介入提供了广阔的平台。利用情感打文化牌容易触发消费者，引起共鸣。比如利用模具把桃子变成各种形状，增加了情趣，接近了与消费者的距离，让消费者乐于体验与分享。

适合性是文化多样性造成的，文化资源浩如烟海，品牌构建过程中可供选择与利用的要素非常之多，为使其能与品牌更加有效地贴合，需要在品牌与文化之间找到内在的契合点，选择利用更直接及相关性强的文化要素，过与不及都不能达到期望的效果。

责任性是指农产品的可持续发展，人类在创造并享受文化的同时，也面临着来自自然及自身的各种问题。由于人类活动的扩展造成物种消失以及气候变化、资源短缺、环境污染、生态恶化等各种问题，是人类在自身发展过程中面临的挑战与困惑。企业作为社会的有机构成，要注意运用文化开展各种生产经营活动。在品牌塑造过程中，价值取向上要关注人类面临的矛盾和问题，关注社会的和谐与人类的未来，减少人类对环境的破坏。

独特性是农产品品牌的命脉所在，如果产品本身没有特色，就很难具有竞争力，在品牌和文化的结合上如流于一般性，产品和品牌就不会产生相应的市场效应，市场吸引力及感染力就不会很强。但是，同一文化下的经营者也往往在价值观念、思维方式等方面有较大的接近，包括确立品牌以及各种竞争手法上都可能趋同，在这种情况下，文化的独特性显得尤为重要。bilibili 网站的 up 主“食装-FoodTalks”制作了以“农产品很难做品牌？把包装设计成连环画！”为题的短视频，读者可以搜索观看，帮助学习。

【案例分析】

智能零售网络的领军者，首创“未来商店”

林小龙，华南农业大学工程学院电子信息专业 2011 届毕业生，“F5 未来商店”联合创始人，高级副总裁。在校期间曾进行两次创业尝试，后作为合伙人创立全球首间 24 小时智能无人便利店——“F5 未来商店”。2018 年荣登福布斯中国 30 位 30 岁以下精英榜（零售与电商领域）、2019 年获得胡润百富榜 30 岁以下创业领袖荣誉称号（新零售领域）；同时，该项目还荣获第五届中国“互联网＋”大学生创新创业大赛全国总决赛银奖。“F5 未来商店”是一家 24 小时封闭式的机器人便利店，是一种人工智能解放人力重复性工作的未来零售的新模式。F5未来商店支持机器现场烹饪鲜食、冲调饮品和售卖包装食品。同时取货、结算、库存盘点及部分清洁工作也由机器完成。

对于林小龙来说，荣登福布斯中国30位30岁以下精英榜(零售与电商领域)和胡润百富榜30岁以下创业领袖荣誉称号(新零售领域)并不是一蹴而就，因为“F5未来商店”并不是林小龙的首次创业。在此之前，林小龙经历了两次创业失败，“做垮了两家公司，交了300多万元的学费。”一腔热血的林小龙被现实撞得头破血流，这不由得让林小龙开始自我怀疑，怀疑自己创业的追求和意义，创业的选择是否正确。“爱分享”散伙后，林小龙沉寂了三个月。这也是林小龙过得非常痛苦的三个月，但林小龙从来不后悔自己对于创业的选择。在学校创业的几年，林小龙感受特别深，跟一群技术宅在一起，每天为了完善一个漏洞，打一个补丁，测试一下网络压力，做一波推广，团队都绞尽脑汁，这也为林小龙后来的二次、三次创业打下了基础。在无数次失败之后，林小龙与团队终于找到了风口，抓住了技术创新的尾巴。

林小龙处在低谷期之时，F5未来商店创始人徐海成向他抛出了橄榄枝。F5未来商店是一家24小时机器人便利店，店内无需服务员，所有烹饪、冲调饮品、取货、结算、库存盘点、清洁工作均由机器自动完成。林小龙作为合伙人加入团队，命运的齿轮重新悄然启动，这次，幸运之神似乎开始眷顾他了。

其实早在2014年10月，第一家具备鲜食能力的机器自动化无人便利店“F5未来商店”便已落地，那时候很少人关注无人零售，这也给了林小龙和团队很大的空间。联合创始人徐海成最早因为机缘巧合在工厂里开了一个便利店，表面上看起来很挣钱，但是算下来并不挣钱，一个小店就请了13个人。所以他想这东西能不能做成自动的来减少人力，于是做出了一组大型自动售货机。当时徐海成的一个朋友正好在佛山经营连锁便利店，请朋友来看，看完有意思的事情就发生了。

徐海成的朋友跟他说：“你卖这些东西是没法挣钱的，挣钱都是靠鲜食。毫不夸张地说，如果将711、全家的小餐车拿掉，大部分的店都是要关门的，因为这种现代便利店超过50%的营收都是来源于鲜食。”不久，“F5未来商店”在佛山的第一家店正式落地，第一家店就已经包含了一个现场烹饪鲜食的机器，只是当时的品类比较局限，只有车仔面和鱼蛋这两种。目前机器设备迭代到第九代，已经能够覆盖到大家常见的粥、粉、面、饭、小吃等多种现制鲜食品类。但由于当时移动支付尚未普及，F5激起的水花寥寥。

2017年，在F5未来商店项目开始两年后，马云的无人超市掀起了无人零售的热潮，大量的资本涌入了这个行业，风投到处寻找无人零售的项目，资本如潮水一般席卷全国。一时间，宾果盒子、猩便利等无人便利模式如雨后春笋冒出，拿到了钱，便到处跑马圈地，到全国的各个城市开店，大规模铺开，更甚者在一百多个城市开设了店铺。那个时候林小龙与团队就有一种很强烈的感觉，就是他们可能要火了。果然，资本同样找到了已经打磨了两年的F5未来商店，要求同样的做法——大规模铺开。然而，林小龙和团队有自己的坚持，他们对新零售有自己的一套看法，不同意投资人在单店模型还不成熟的情况下，就冒进地开始规模化。因为林小龙觉得自己做的还是零售生意，所以单店模型特别重要，否则单店跑不通，盲目扩展就非常危险。他认为便利点的核心其实就是前面两个字：便利。林小龙觉得消费者可能会为了一杯星巴克，开车30 min前往店铺购买。但消费者绝对不会为了一瓶水，一碗鱼蛋多走200 m。所以林小龙认为便利店的核心是需要有足够密的网络，才能形成足够便利的可能性，而“F5未来商店”则要以更小的一个颗粒度进行截流，这是他们希望去做的定位，并非全国各地去开店，而不考虑地区密度和需求。

2018年，无人热潮余温未散，资本却渐渐感受到了压力。各个创业者跑马圈地后，钱用完了，却发现运营跟不上，运营跟不上，供应链就出现了问题，这就形成了一个恶性循环，钱用完了，新的投资却没那么容易拿到，资金链面临断裂的危机。2018年年末，36氪的一篇文章——《烧光40亿后，他们彻底沦为资本市场的牺牲品》，资本圈在宣告：无人便利店已死。然而，这一年，F5未来商店的征程，才刚刚开始。早在项目开始的时候，林小龙作为合伙人加入团队后，着手进行软件团队的重组。经过三个月的封闭开发，一整套基础扎实的软件系统重新被搭建起来。

在行业火热退散，萧条一片的时候，“F5未来商店”，在林小龙、张亚飞等人的技术攻关下，完成了第八代机器的更迭，多年来，大量单店的数据使得单店的模型得到充分的验证，开始了真正的扩张之路。

林小龙和团队基本上不太标榜“F5未来商店”是一个无人店，更希望其展现出来的是一个“餐饮＋零售”的空间。对于零售这个领域，无人能够降低运营成本，人力成本很多时候是倒挂的，甚至比租金成本更高。整体来说，林小龙觉得无人，并不是他想去做的核心，他觉得更重要的是在商品的每一个流动环节，消费者的每一个行为，它都有机会数据化。林小龙希望能够通过自动化、数据化的方式，让零售的颗粒度切得更细，去到更多地方，因为更细的颗粒度会对大颗粒度进行截流。当颗粒度切得足够细，离消费者足够近、足够方便的时候，它能够产生额外的消费需求。所以小颗粒的零售网络，林小龙认为是有高价值的。每一波技术浪潮都会带来千亿级公司的机会，他认为这种数据化跟零售的结合是具备重要意义的，本身就是在做降本增效，让零售企业的边界扩得更宽，下沉到更多地方去。

历经九代更迭的“F5未来商店”愈加成熟和智能化。走进40 m^2的店面，消费者面对的是一块块电子屏幕，商品货架隐身于屏幕之后，忙碌其间的是多条机械臂。它们从前台获得指令，并精准地从约5 000件商品中抓取消费者所购买的商品，整个过程不超过10 s。而靠机械手和算法调度制作鲜食，更是F5的核心科技。下单后72 s内，消费者就可以尝到机器人“大厨”做的熟食，媲美小型中央厨房。除了烹饪、取货外，结算、库存盘点、清洁工作均由机器自动完成。

在2018年的资本寒冬中，“F5未来商店”吹响了进攻的号角，广州、深圳、佛山三个城市战略布局，从CBD场景的琶洲保利店、绿地中心店、TCL大厦店、国际E城店，到工业园区场景的龙华富士康店、观澜富士康，再走进校园开设华南农业大学店、中山大学店、华南理工大学店、广州科技职业技术大学店。林小龙和团队在广深佛三地开设了50多家门店，成熟单店日销售额1.9万元，基本上两个月时间就能回本。目前，“F5未来商店”项目年营收过亿元，并且拿到了新一轮近亿元的融资，此外，其还掌握着数十项核心专利，凭借着人工智能与自动化在无人零售行业抢占一席之地。2019年，“F5未来商店”的征程刚刚开始。在疫情期间，“F5未来商店”提供的机器人便利店无接触式服务受到了越来越多顾客的欢迎。林小龙表示，“F5未来商店”相当于用AI重构了便利店的商业模式，这对于很多有着丰富零售经验的人来说会有冲击，甚至存在人与系统的对抗。人对AI的理解不够（算法的推荐很难对单点的结果做出解释）、对AI的信任不够时，应用AI就会出现挑战，经营者需要做抉择。AI能够加快学习和复制的速度，自动化之后门店所有的东西都可以模式化，10 d就能拼装出一家新店。

入选福布斯后，林小龙的手机一度被四面八方的道贺信息“轰炸”，但很快他的生活又重归平静。“创业者真正追求的并不是这种外在的东西。”对于林小龙来说，入选福布斯精英榜不是一个里程碑，而是另一个起点。创业过程中，每天都会面临机遇和挑战，林小龙经常用“创业维艰，奋斗以成”来激励自己，专注于智能新零售，打造出 24 h 营业能够自主制作百种鲜食的 F5 未来商店，是一件很有成就感的事情。

（案例来源：华南农业大学工程学院，翟思敏、曾小媛、林少娟、李滢等依据采访内容编写，广州日报，2021. F5 未来商店联合创始人林小龙：零售行业要实现自动化赋能，还需潜心打磨技术 https://baijiahao.baidu.com/s? id=1708896297756983822&wfr=spider&for=pc，有改动。）

分析：

农产品传统销售流程为“生产、批发、分销、零售、消费者”。在互联网时代，特色农产品销售结合互联网技术，可为消费者提供详细的特色农产品信息，缩减了交易过程与环节，节省了销售成本，提高了产品利润，培养了品牌意识，促进了农产品深加工产业的发展。互联网与农产品耦合后，农业品营销要实现自身的革命，即农产品贸易电商化、农产品服务在线化和农产品生产智能化。“互联网+”时代要求农产品营销的从业者，首先要思考如何把涉农贸易电商化；其次要考虑农产品买卖线上化后，带来的交易场景转移，新交易场景要求物流信息化和标准化，而整个物流信息化标准化需要深度运营作保障；最后，互联网应用技能提高后，会出现更多的特色化需求，不断迭代的农产品深加工技术，自然要求产品生产的智能化。从这个案例不难发现，虽然马云看到了无人智能零售的大趋势，但是马云和阿里巴巴优秀的团队、近乎无限的资金和资源、巨大的流量依然不能成就这个伟大的商业构想。林小龙和他的团队却能够克服重重困难，成为无人智能零售疯狂之后为数不多的幸存者，这自然与林小龙的睿智、沉稳分不开，但更重要的是他与他的团队看准了“鲜食”这个农产品与互联网结合的创业新纬度。由此可见，没有传统的产业，只有传统的思维，没有传统的生意，只有传统的人，伴随着互联网的发展，农产品营销的创新空间也将不断扩大。

【行动建议】

“指导意见”出台，解决了“互联网+”农产品营销的当务之急

2019 年农业农村部、国家发展改革委、财政部、商务部为进一步发挥“互联网+”优势，推动农产品卖得出卖得好，促进农业高质量发展，经国务院同意，就实施“互联网+”农产品出村进城工程提出《关于实施“互联网+”农产品出村进城工程的指导意见》（以下简称《意见》）。

《意见》要求坚持服务农民。把发展好、维护好农民利益作为“互联网+”农产品出村进城的出发点和落脚点，建立完善利益分享机制，让农民分享更多发展红利。坚持市场导向。探索形成政府引导、市场化运营的可持续发展机制，充分发挥市场在资源配置中的决定性作用，用市场化手段推动工程实施，以市场主体带动产业化运营，建立适应市场需求、灵活高效的农产品供应链体系。坚持重心下沉。以县为单位，以乡村为落脚点，推进工程落地实施。充分发挥基层的积极性、主动性、创造性，把资金、政策和工作力量下沉到基层，把基础设施建设和网络销售服务前移到乡到村。坚持汇聚众力。统筹利用“互联网+”农产品出村进城已有工作基

础，鼓励供销、邮政、电信等系统和各方社会力量积极参与，多方协同、上下联动，推进农村站点以及基础设施、物流体系、网络平台等软硬件的共建共享、互联互通。计划用2年左右时间，基本完成100个试点县工程建设任务，探索形成一批符合各地实际、可复制可推广的推进模式和标准规范。到2025年年底，在全国范围内基本完成工程建设各项任务，实现主要农业县全覆盖，农产品出村进城更为便捷、顺畅、高效。

《意见》强调农产品应运用互联网发展新业态新模式，鼓励支持各类市场主体和人才返乡入乡创业创新，利用现代信息技术和互联网平台，发展创意农业、观光农业、认养农业、都市农业、分享农业等新业态新模式，满足"三农"发展和城乡居民消费升级需求。

《意见》要求完善农产品网络销售体系。建立健全县级农产品产业化运营主体，引导其牵头联合全产业链各环节市场主体、带动小农户，统筹组织开展优质特色农产品生产、加工、仓储、物流、品牌、认证等服务，加强供应链管理和品质把控，对接网络销售平台，积极开拓网络市场，提高优质特色农产品的市场竞争能力。统筹建立县乡村三级农产品网络销售服务体系，满足小农户和新型农业经营主体需求，有针对性地提供电商培训、加工包装、物流仓储、网店运营、商标注册、营销推广、小额信贷等服务。综合利用线上线下渠道，大力发展多样化多层次的农产品网络销售模式，鼓励农产品上网经营，推动传统批发零售渠道网络化，构建优质特色农产品网络展销平台，推动在县城、市区设立优质特色农产品直销中心，探索创新农产品优质优价销售新模式。

《意见》还要求加强农产品品牌建设。结合特色农产品优势区等建设，积极探索利用网络传播新渠道，大力发展农产品区域公用品牌，培育一批知名的企业品牌、产品品牌，以品牌化引领规模化生产、标准化管理和产业化经营，提高农业质量效益和市场竞争力。加强品牌监督管理，强化证后监管，提升优质特色农产品品牌影响力和市场占有率。

为了确保《意见》能够实施，国家不仅加强宣传推广、加强组织领导，还责成各部委制定相应政策，充分利用现有资金渠道，加大政策支持力度，积极推动农产品产地基础设施建设。鼓励电信企业推出有针对性的资费优惠方案。鼓励地方积极探索保险费补贴等多种形式，支持"互联网＋"农产品出村进城。落实好涉农税收优惠政策。加强农产品全程冷链物流配送保障。完善落实基层创业就业人员支撑服务，加强农村教育、社保等公共服务体系建设。鼓励发展农业供应链金融。

"互联网＋"背景下，农产品营销面临着全新的消费环境，这既是挑战也是机遇，政府出台《关于实施"互联网＋"农产品出村进城工程的指导意见》，就是要从政策上引导我们建构农产品营销新体系，请结合本单元所讲知识，为农产品的营销搭建一个适应互联网消费习惯的新框架。

（资料来源：编者依据《关于实施"互联网＋"农产品出村进城工程的指导意见》编写，有删改）

【本章小结】

本章对农产品营销做了初步介绍，在时间的维度上，梳理了农产品营销的定义，比较了农产品传统营销模式与现代营销模式的区别，让学生明确现代农产品市场的发展趋势。结合国家政策倡导下的"互联网＋"产业改革，着重讲解了农产品的互联网营销思维及农产品网络营销。为了让学生更好地理解农产品现代营销模式，特别强调了建立农产品品牌意识的重要性，通过案例让学生意识到结合文化形成的品牌资产，是农产品生产经营者在创业道路上可以利用的优质资源。

【课后训练】

一、观看与思考

结合本章所学内容观看视频，建议以小组为单位，参考“思考感悟”和“相关阅读”进行讨论。

主题：农业创业与农产品营销

（电影《一点就到家》）

思考感悟：

1. 互联网技术及物流产业的发展对农产品有怎样的影响？

2. 在农产品品牌的创建过程中，应注意哪些问题？

3. 未来10年，农产品营销的模式有哪些？

相关阅读：

1.《农产品营销与品牌建设》（作者：包乌兰托亚，李中华）

2.《农产品营销》（作者：张小平）

3.《品牌与策划》（作者：杨明刚）

4.《品牌农业》（作者：娄向鹏）

二、回顾与思考

1. 回顾四部委下达的《关于实施“互联网＋”农产品出村进城工程的指导意见》，为什么国家要下大力气建设物流体系，推动农产品走出乡村？

2. 结合本章的学习，回想你印象深刻的农产品品牌，思考他们为什么能够赢得消费者青睐？

三、行动与思考

1. 完成下列实训任务，详见表7-4。

表7-4　实训任务

序号	任务描述	任务要求
1	将手机通讯录中的部分联系人添加为微信好友	在手机通讯录中选择联系人，发送好友申请，将其添加为好友
2	给新微信好友发一段自我介绍	好友添加后，根据好友性格爱好等，设计一段适当的自我介绍
3	策划一个卖水果的朋友圈广告	先将微信好友以测试广告策划水平为目的进行分类，再以转发集赞的方式在朋友圈发布一条新颖有趣的卖水果广告，并和参与活动的用户进行互动，发圈时注意限定用户范围

2. 设计一份市场问卷，寻找合适样本进行农产品品牌定位访谈，问题可以来自本章的知识点，也可以来自你对农产品品牌定位的理解或疑问，时间控制在一个小时左右，并做好记录。访谈结束后及时整理，对照你预想的答案，看看有没有打破以前的认知，或者是有什么新的发现？

3. 寻找具有地域特色、家乡文化的农产品，并根据本章所学知识，为该产品进行营销策划，品牌定位，建立品牌资产。

第八章　现代农业商业计划

【学习目标】

1. 了解现代农业创业战略管理的关键问题。
2. 掌握商业计划书的基本格式与规范。
3. 掌握商业计划书的基本内容。
4. 掌握商业计划书的撰写方法。

【本章引例】

北京甘肃企业商会举办“一带一路”好项目路演

2017 年，北京甘肃企业商会第二届“助推精准扶贫　一带一路好项目路演”在北京举办。

本次路演吸引了众多项目参加，有科技部科技支撑计划实验认证的“营养治疗进社区”项目和打造“专业化、娱乐化、大众化”的优质平台服务性 APP 项目等 8 个项目。在路演中，团队各出奇招，从创业项目概况、产业分析、市场分析、营销计划、管理团队以及融资方案等方面，全面展现了自身项目特色与优势，争取能在参演项目中脱颖而出，得到投资人的青睐。

在本次路演展示结束后，商会重点推出科技部科技支撑计划实验认证的“营养治疗进社区”项目，该项目在路演过程中，展现出了一系列的优势与潜力。该项目从现有粮食作物中萃取出极好的促进人体健康的营养素，对农业产区特别是贫困地区粮食深加工有加持作用，提高粮食作物附加值，提高农民收入，值得推广推介。

据了解，“营养治疗进社区”项目是由北京康久园科技发展有限公司路演的项目，公司是一家以康久园牌小麦膳食纤维系列产品研发为主的科技股公司，公司已经完成高纤维方便面、高营养馅料、高纤维馒头、面鱼、面条、大米等主食化系列研究，拥有全部自主知识产权，同时还创立了慢性病主食化营养治疗干预的理论。该项目是国内首次由政府提出并推广“营养治疗进社区”的概念和项目，经过了科技部科技支撑计划(2012BA135B03)实验认证，并取得良好的科学实验数据。该项目是集营养预防和营养治疗于一体，既是慢性病患者的营养治疗主食产品，又是亚健康和健康人群的健康主食产品，既能使农民增收，又能提供兼具营养预防和治疗功效的主食产品，具有巨大的市场潜力。

路演有悠久的历史，从古至今，对于企业来说都是一个很好的展示平台。在路演过程中，创业项目能够充分展现自身特色与优势，让投资人全面、清晰地看到创业项目的进程以及内容，从而评估创业项目的潜力，以及是否具有投资价值。

(案例来源：央视网，2017. 北京甘肃企业商会举办“一带一路”好项目路演[EB/OL]. http://jingji. cctv. com/2017/12/25/ARTIXIDyrEE44TTFRUBduNHs171225. shtml，有删改。)

思考：

1. 路演的作用是什么？
2. 通过以上案例，谈谈重点推出的“营养治疗进社区”项目的企业竞争力有哪些？
3. 如果由你进行路演，你会从哪些方面进行展示？

第一节　现代农业创业战略管理

一、现代农业创业战略管理的定义

现代农业创业战略管理是指对农业创业企业在发展期间的全局的、长远的发展方向、目标、企业文化、企业核心和政策以及资源调配做出的决策和管理艺术。

加拿大管理学家亨利·明茨伯格提出著名的5P模型，从5个不同的角度对企业战略进行阐述。从企业未来发展趋势来讲，战略表现为一种计划(plan)，其目的是实现企业的根本目标。从企业发展的情况来讲，战略表现为一种计谋(ploy)，其目的是在竞争中威胁和战胜对手。从企业过去发展历程的角度来看，战略则表现为一种模式(pattern)，可以体现企业的具体行为和现实结果。从行业层面来看，战略表现为一种定位(position)，其目的是确定自己在市场中的位置，相对应地进行资源配置。从企业层次来看，战略则表现为一种观念(perspective)，体现企业的文化及其价值取向。

在现代农业创业中，企业可依据其经营目的、当前的市场情况及公司的运营状况等进行动态的调整。

二、现代农业创业战略管理的关键问题

1. 企业的价值观

正确的价值观是公司发展的根本，也是公司的核心竞争力之一。战略管理首先要依据自身发展特点确定企业的价值取向。农业关乎民生。现代农业企业要坚持为人民谋幸福的原则，企业的领导者也要树立正确的价值观，为社会服务，创立有责任心的企业。

2. 客户的满意度

客户满意度是衡量产品能否占有市场的重要指标。其一，公司批量制造，以批量的产品和低成本的方式来实现规模效益，以迎合客户的单一需要，快速占领市场。其二，公司的目的在于满足顾客的个性化和多样化需求，让顾客感到“你是为顾客服务的”，本质上是需求驱动的。现代农业企业要根据自身企业定位，考虑采用何种模式提高客户满意度。

3. 供应链的管理

采用模块化、数字化技术，把生产之前和加工过程都融入高效的生产过程中。首先，能够有效地减少库存。其次，可以对整体变化进行高效的调整，客户、技术、资本市场、规范等的变化往往同时发生，对这种“整体性变化”进行全局性的洞察和应变，在市场竞争中占据有利地位。最后，及时应对突发性事件和例外事件，诸如新冠肺炎、洪涝灾害等事件，加强抵御风险的

能力。

4. 企业群间的竞争

现代企业的竞争,不是单个产品性价比的竞争,也不是单个企业之间的单挑。农业现代企业的综合竞争力主要体现在第三方供应商的数量和产品竞争力两个方面。管理平台绝非仅仅是企业内部搭建的平台,而是所有利益相关体的共同平台。全球化背景下,一个企业的所有利益共同体,就是“一个全球化的社区”,公司的共生体系统的潜能在于其整体的制度规范是否合理。最终,开放式体系比封闭式体系更具优势。

5. 企业的协作性和持久力

现代农业必须重视与其他产业之间的联系,几乎没有一个公司能靠“单打独斗”来获得辉煌业绩,必须通过多方协作,将各种资源进行有效的整合和利用,实现共赢局面。另外,要把公司的长远发展放在首位,从长远的眼光看公司的发展,并对市场和政策的变化进行及时的调整。

三、创业战略的关键内容

(一)三种管理方式

基于不同的领域、不同的产品,适用不同的经营逻辑,农业创业企业需依据自身特色,明确自身战略,才能在领域内脱颖而出。主要从以下三个方面进行思考。

1. 客户关系管理

农业企业需要以客户为中心,通过调查和市场反应来识别和吸引客户,与客户建立稳固的联系,并进行有效的合作。这需要农业创业公司了解客户需求,提供优质的产品和服务,并建立良好的沟通渠道,以确保客户满意度和忠诚度。

2. 产品创新管理

农业创业公司需要重视产品的创新,适时、高效地开发出新的商品和服务,并将其商品化,实现快速的革新。在企业的创业策略中,产品的创新占据了很大的地位,要适应市场发展的趋势,必须打破传统的技术,以迎合消费者的需要。这需要农业创业公司建立创新团队,投入研发资源,并进行市场调研,以了解消费者需求和行业趋势。

3. 基础设施建设管理

农业创业公司需要注重高效生产,为高产量和重复性的生产任务提供设备保障,以实现生产规模效益最大化。这需要农业创业公司建立完善的基础设施,包括生产设备、运输和储存设施、水资源管理和环保设施等。同时,需要建立有效的管理体系,以确保设施的维护和运营效率,实现企业的可持续发展。

(二)企业和个人发展路径

1. 企业发展路径

企业发展的路径分为“贸工技”和“技工贸”。“贸工技”是指先做生意,实现一定的原始积累,求得生存,然后开发新技术、新产品,并进行销售,找到新的利润增长点。“技工贸”是指先开发新技术、新产品，加工生产以后进行销售，实现新技术、新产品所带来的丰厚利润。选择适合自身企业发展的路径是至关重要的。

2. 个人发展路径

个人职业发展路径有技术开发、市场运作、管理组织。技术开发是走技术道路，多专注于企业产品的研发等，在技术层面为企业提供价值。市场运作则是将生产的产品，进行包装宣传，投入市场进行营利，并将利润最大化。管理组织则为对公司内部的制度、员工的优化与管理等。在企业创建时或许不能将自身在企业的角色划分得十分清晰，随着企业的发展，人力的扩张，要清晰自身的发展路径，分清角色责任和义务，专人专用，才有利于企业长期稳定的发展。技术开发、市场运作、管理组织分别代表着企业的不同维度，运筹到位能够使企业螺旋形迅速上升。

（三）品牌的三大市场

农业企业要依据自身农业特色，打造产品品牌，形成品牌效应，扩大市场份额。企业要抓好品牌的三大市场，促进企业良性发展。

1. 历史市场

商品的历史市场在某种意义上展示了一个品牌的价值，如果数十年来一直供应好的商品，有了相当的群众基础和好的口碑，那么这个牌子的价值就会更高。

2. 产品市场

产品市场是指目前正在销售的商品在市场中的反响，产品有没有吸引力和竞争力。如果目前的商品销售业绩好，则代表目前的产品是适合市场的，可以进行进一步生产，反之则不适合。

3. 创意市场

企业不仅要有良好历史市场和现有的产品市场，还需要在整个产业发展方向上的发言权和话语权，使之真正成为引领行业发展的领袖，引领行业发展。

（四）创业战略的维度

农业企业的核心是创造市场价值，要兼顾投资者、合伙人、客户等群体的利益。

1. 企业价值取向的关系度

企业的价值取向关系到市场容量，多少人认同该品牌是影响其所处的市场范围的。

2. 行业发展的空间潜力

做好农业企业首先要思考两个问题，一个是他们生产的商品可以给行业带来多大的利润，另一个是是否有很多的人或者公司愿意跟随这个想法。目前，一个公司的竞争能力一定程度上取决于它的供应商的数量和品质。

3. 企业的行业领导力

需要考虑产品是否能解决目标客户的需求，是否能依据自身特色取得一席之地甚至是做行业的顶尖。知识经济时代行业老大是赢者通吃，老二勉强糊口，老三就可能生存堪忧。

4.企业前瞻性和敏捷度

当前,面对多变的市场环境,企业是否能够及时地做出相应的策略,让自己处在一个更加有利的位置。在企业战略的布局上,要注重前瞻性和敏捷度,提早洞悉管理市场发展节奏。时势造英雄,通过创造性地打破现有的市场格局,使市场向有利于自身竞争优势的方向发展,或者对市场的发展迅速察觉,及时调整。变身迅速的企业在当前剧变的环境中,才更具竞争力。

5.品牌的信誉

口碑对于一个企业的影响很大。首先,公司能否实现对顾客的承诺。其次,在合作方、客户和合伙人等的眼里,一个公司是否有可信度,这些都影响品牌的信誉。品牌信誉的好坏直接关系到创业企业的生命力。

6.经营者的人格力量

由于市场的变化和技术内在的复杂性和不确定性,企业领袖的人格力量可以成为市场稳定的力量。如果最高经营者有人格魅力,值得信赖,大家就会感到这个企业倡导的发展方向有将来,投入意愿就会更高。

第二节　现代农业创业商业计划书的撰写

一、创业商业计划书的概述

(一)商业计划书的定义

商业计划书(Business Plan)是企业制订的一份全方位的项目计划,其主要目的是让评委、投资人等通过商业计划书对企业或项目做出评判。它是全面介绍企业和项目运作情况,阐述产品市场及竞争、风险等未来发展前景和融资要求的书面材料。

(二)商业计划书的目的

商业计划书的价值在于对决策的影响,就这点来说,它的价值是无法衡量的。商业计划书主要有以下三个目的:

(1)向投资人展示项目的各个方面,争取项目的融资。

(2)向社会人员或者应届大学生展示企业文化和企业经营情况等,用于招聘企业员工。

(3)可将计划书展示给有合作意向的伙伴,争取项目的合作。

(三)商业计划书的意义

1.理清脉络,完善流程

对自己或团队而言,撰写商业计划书的过程就是完善的过程,可以帮助其理清思路,从大局着眼,小处着手,训练创业系统思考能力,同时借此机会完善搭建"创意、创新、创业"的流程,有益企业发展。

2.呈现价值,争取投资

对评委或者投资人而言,商业计划书可以简洁、清晰地呈现企业的价值,可依此赢得评委或者投资人的认可和投资。

（四）商业计划书的作用

1. 沟通工具

商业计划书可以简洁、清晰地体现企业的价值，吸引投资者、员工、战略合作伙伴等其他利益相关者进行合作。

2. 管理工具

商业计划书是一个计划工具，它能在公司发展的不同阶段引导创业者，方便企业根据不同形式和不同阶段进行动态管理。

3. 承诺工具

商业计划书是一个承诺。在企业利用商业计划书进行融资工作的时候这点体现最为明显。

（五）商业计划书的重要性

创业分为以下几个步骤：第一步为识别创意。创业者产生创意时，将创意进行初步的调查、识别、评估。第二步为筛选创意。从产生的创意中决定可行性较高的创意来实施，若产生有利结果则继续，若产生不利结果，则需放弃或者重新评估创意。第三步为对创意进行全面的可行性分析。若结果是有利的，则进行第四步撰写计划书，若结果不利，则需放弃或者重新评估创意。第五步为向投资人和其他人展示企业的商业计划，争取拿到投资。具体流程详见图8-1。从创业的步骤可见，商业计划书是项目对外展示的重要材料，也是获得投资的重要工具。

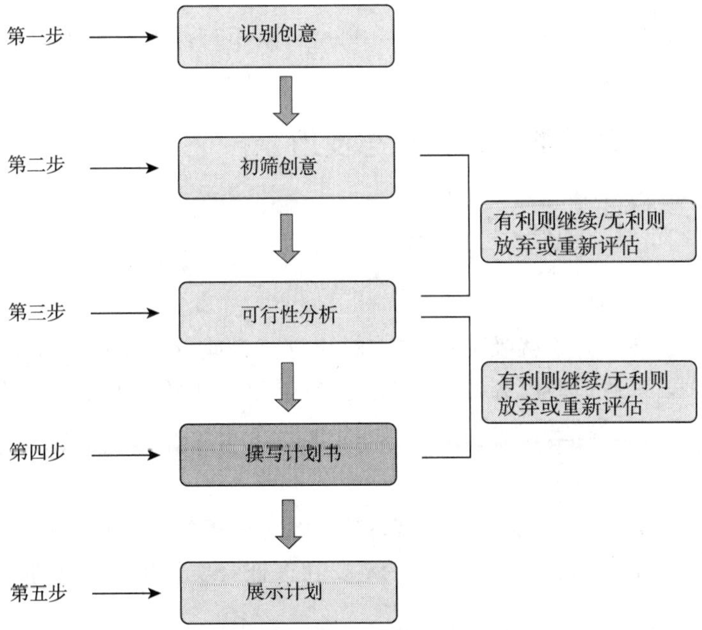

图 8-1　创业计划过程

二、创业商业计划书的核心内容

创业商业计划书的核心内容有以下几个部分。

1. 执行概览

执行概览是投资人和合作伙伴等对创业计划书的第一印象，第一印象对项目成败起关键作用，在执行概览中要对创业企业的总体情况做出简短、清楚、具有说服力的概括，要具有一定的吸引力，引起投资人和合作伙伴等的兴趣。

2. 企业描述

企业描述是对“企业做什么”的描述，包含对产业的描述，让投资人和合作伙伴等对企业目前的情况以及产业有所了解。

3. 市场营销分析

市场营销分析主要是针对“企业怎么做”的描述，包含目标人群的特点、市场的现状、市场开拓措施及优势，证明企业是可以良好发展的。

4. 财务分析

提供有关公司当前财务状况的信息，并预期未来需求、收入和其他财务指标，以及所需资金数量、资金使用时间、资金流向、现金流、盈亏平衡分析等。

5. 风险和机遇

经营企业都是风险与机遇并存的，要深刻分析目前企业的风险和机遇，让投资人和合作伙伴等看到企业已经做好万全的准备迎接挑战，进而增强投资的信心。

6. 融资方案

融资方案也是投资者们较为感兴趣的一个方面，从中可以看出投资回报比。如果公司获得成功，投资者将如何取得收益。如果失败，投资者如何规避风险。

三、创业商业计划书的撰写原则与技巧

（一）创业商业计划书的撰写原则

1. 吸引原则

商业计划书必须在一开始就吸引眼球，才能让投资者或者合作伙伴等认真阅读接下来的内容，若开始不出彩，则后边的内容再出彩也会大打折扣。撰写创业商业计划书一定要把吸引法则放在首位，如何创新性地引起读者的兴趣，是至关重要的。

2. 真实原则

商业计划要体现真实性。包括项目的真实性、顾客分析的真实性、市场分析的真实性、竞争分析的真实性以及收入计划的真实性，一定要在保证真实性的基础上进行撰写，切忌凭空捏造。

3. 规范原则

撰写商业计划书一定要规范，切忌有用语、格式和文字等错误，给投资者留下不认真、不严

谨的初印象。

(二)创业商业计划书的撰写技巧

为了使商业计划书脱颖而出,并最终获得风险投资的青睐,创业者应认真做到以下几个方面。

1. 确保创意的价值性

企业要具有一定的创新性,能够抓住现有的市场,才具有一定的价值。在自身具有价值之后要配备高素质的管理团队进行经营,才能使企业健康发展。

2. 确保编排规范

在编写的过程中,要认真、负责、严谨地按适当的商务格式进行编写,确保文字描述、排版等不出现错误。

3. 用数据说话

计划书要简洁、清晰、论之有据,可多运用数据进行论据支撑。既要充分描述创业热情又不失规划的真实性。

四、创业商业计划书存在的常见问题

创业计划书是拿到投资人投资的重要敲门砖,企业在撰写创业计划书时要规避常见的错误,以免影响印象分甚至是导致融资失败,常见的问题有以下几点。

(一)未突出特色

现代农业创业项目的计划书要具有自身企业的特色,从封面到内容,都要有所显示。但目前的些许项目,不注重突出特色甚至缺少特色,让评委看不到项目的亮点,失去研究兴趣,最终导致失败。

(二)不言简意赅

撰写太过华丽或者太过粗糙,让投资人抓不住实质的内容,无法找到项目的重点是创业计划书存在的常见问题。太过华丽会导致内容过多,但像简历一样,投资人停留在文本上的时间是有限的,简洁和清晰,才能在有限的时间充分展示自己。太过粗糙会出现格式问题、错别字问题、创业计划书内容分配不合理等问题,投资者会认为企业对此不重视,影响融资等。

(三)无实质性内容

撰写创业计划书时,没有明确的思路,没有市场分析,粗糙而且没有关联,目标市场规模不清楚,客户画像不清晰,营销计划、运营计划等看不到解决问题的思路,描述不深入,假大空,找不到实质性的内容。看商业计划书的投资人或者合作伙伴基本对商业计划书都有所了解且知道项目的重点是什么,撰写计划书之人不能妄图蒙混过关。

(四)团队不成熟

创业项目中团队成员专业性不足且团队组建较晚,缺乏磨合,能力不互补,会导致被认为项目缺乏潜力。

(五)无数据支撑

商业计划书撰写时包装得太明显。首先,在市场调研方面,没有数据支撑,没有深入调研。其次,在财务分析方面没有数据或逻辑支撑,没有可信性。

五、现代农业创业商业计划书的撰写框架

创业计划书的撰写框架逻辑大致为四个部分,分别为题目、执行概览、主体、附录。主体主要包含企业描述、产业分析、市场分析、营销计划、管理团队与公司结构、运营计划、产品(服务)设计与开发计划、融资方案。附录包含可行性分析和支持产业发展的研究。详见表 8-1。

表 8-1 商业计划书的撰写框架

题目	
执行概览	
主体	企业描述
	产业分析
	市场分析
	营销计划
	管理团队与公司结构
	运营计划
	产品(服务)设计与开发计划
	融资方案
附录	可行性分析
	支持产业发展的研究

(一)题目

当评委和投资人看到商业计划书时最先注意到的就是题目,通过题目,可以大概了解项目所涉及的领域,项目主要做什么,以此提起对此项目的兴趣,尤其是当融资时,有时一看题目融资人就知道这是不是自己想投资的项目。题目的撰写要注意简洁、明晰,突出重点,让投资者从题目就能清楚地知道项目的大概。题目可为项目名称+一句话描述,如"有机茶杯:让饮茶更健康、更方便""机智惠村——构筑农业发展新模式"等。在现代农业创业中,题目应该紧贴农业,紧贴项目,注重惠农惠民。

(二)执行概览

该部分是整个商业计划书的概况,是计划书的最重要的部分,必须有足够的吸引力,让评委和风险投资者们有兴趣并渴望得到更多的信息,同时须简洁、清晰,篇幅不宜过长,以 2~3 页 A4 纸为宜。执行概览为商业计划书的关键部分,一般为最后书写的部分,把除概览外的部分写完之后再进行总结书写,这时书写概览逻辑较为清晰,内容较为完善。

执行概览包含简介、企业描述、产业分析、市场分析、营销计划、管理团队和公司结构、运营和开发计划、财务分析及融资计划等。简介主要阐述市场规模、创业方向及服务群体等方面。企业描述的重点在于描述其价值主张。产业分析的重点在于描述产业规模和产业发展阶段以及机会识别、产业利润率及成功关键因素。市场分析的要点在于收入预测及合理性说明，要具有逻辑性且符合常识，最好有一手调查数据支撑。管理团队和公司结构的要点在于阐述核心团队、注重能力互补和经验互补，具备整合资源的能力。运营和开发计划的要点在于展示阶段性计划和成果，需注意，要列翔实，切忌大而粗。财务分析的要点在于阐述项目的可行性，包含财务可行性和风险敏感性分析，该项目要有利可图。融资计划则是阐述明确的资金需求和方式。

现代农业创业企业在撰写执行概览时，其一要秉承简洁、清晰的原则。其二，要突出项目农业类的特色，接地气。其三，国家大力扶持“三农”工作，撰写时要结合国家政策来谈农业创业，贯彻国家方针政策，将项目落到实处。其四，在项目的创业中，要注重社会效益的产生，并利用数据进行清晰的阐述。

（三）企业描述

企业描述部分主要介绍公司背景、发展历史、现在的情况以及未来的规划，可从公司名称、公司简介、企业历史、使命陈述、宣传语、产品与服务、现状、资金需求及法律地位和所有权等方面阐述，须简洁明了。农业创业企业在撰写时要展现农业企业独一无二的价值和发展潜力，展示自己一定能成功的原因。

（四）产业分析

产业分析主要从产业定义、产业规模、增长速度、销售预测、产业特征、产业趋势以及产业前景进行分析。主要描述方面详见表 8-2。

表 8-2　产业分析概览

产业定义	项目所属产业的相关说明
产业规模、增长速度和销售预测	适当提供一些本地区或当地产业的信息（正向和负向）
产业特征	产业结构
	财务或利润比例
	关键的成功因素
产业趋势	环境趋势
	商业趋势
产业前景	从正向视角分析

（五）市场分析

市场分析是商业计划书中重要的部分之一，它是要向投资者证明，企业做的产品是有市场的，是有获利空间的。在撰写的过程中，要将产业进行细分，并瞄准企业所涉及的具体目标市场，主要从以下四个部分撰写。

1.目标市场的选择

在目标市场的选择上，农业创业项目首先要确保市场规模足够大，能够获利。其次，在目标市场的选择上要多做市场调查用数据支撑理论，市场预测要符合常识，不能夸大事实。分析多从地理环境因素、人口统计因素、消费心理因素等方面进行考虑，可用图表进行表示，更为清晰且富有逻辑。

2.购买者的行为分析

在对购买者进行行为分析时，要依据大概的收入、年龄、受教育状况、喜好等因素进行阐述。具体的因素分析可包含以下几个方面，详见图8-2。

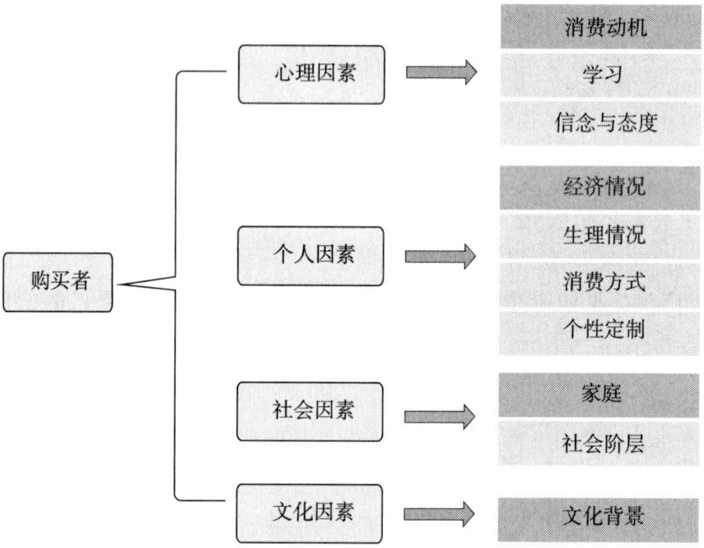

图8-2　用户行为分析概况

3.竞争对手的分析

在竞争对手分析中，要将直接竞争者、间接竞争者和未来竞争者进行分析。具体分析概况见表8-3。

表8-3　竞争对手分析概况

分析维度	竞争公司1	竞争公司2	竞争公司3
市场份额			
销售情况			
技术情况			
生产情况			
盈利情况			
团队情况			

4.年销售额和市场份额的预测

在年销售额和市场份额预测中，要寻找可比企业，进行文案调查，阐述产品用户总数，顾客支付的平均价格和可获得的市场份额。

因农业发展是自古至今的，在现代农业创业的市场分析中，首先从大类进行分析，分析整个农业目前发展的情况以及迫切发展的需要，进而根据行业的特征以及自身企业的特点进行着重分析，以此展现自身企业的优势。农业创业最终都是落脚到销售产品盈利上，要证明企业生产的农产品是有市场的，并且在投入市场时是具有竞争力的，甚至会成为行业的领军人。

（六）营销计划

营销计划部分需系统收集和分析市场、竞争对手的相关信息，从而制订营销计划。要从以下几个方面分析，制订营销计划。

1. 产品初期面向的目标客户群体

企业推出产品初期要明确企业初期的产品面临的客户群体，依据客户群体的特点对产品进行适应性调整，提高目标人群的接受度和使用率。

2. 产品后期面向的目标客户群体

当产品销售一段时间后，要明确后期目标客户群体，是继续在原区域销售还是扩大区域销售，需要进行明确，依据后期的目标客户群体制订相应的营销计划。

3. 企业的潜在目标客户群体

在企业产品销售的过程中，要注重潜在客户的挖掘，可通过熟人之间的推荐或者对应广告位的投放等挖掘潜在客户。

4. 其他营销手段

其他营销手段包括季节打折、节日打折等促销手段，就利润来采取何种手段。

现代农业创业企业中的农产品的销售多分为线上销售（电商行业）和线下销售。在制定营销策略时一定要注意农产品本身的特性，例如需考虑产品保质期是否相对较短、是否受季节性影响较大等。在制订营销计划时要充分展示，团队充分考虑了企业农产品的特性进而制订营销计划，切忌千篇一律。

（七）管理团队和公司结构

该部分展示管理团队个人教育背景、工作经验和资源能力与企业主营业务的相关性。其主要展示内容为展示管理团队之间的互补性。展示创业者和核心管理团队的背景及“辉煌成就”。不要用一些标准的套话，比如“CEO有10年的互联网、新媒体运营管理经验”之类的，而是要具体到“CEO曾在Intel公司从事3年数据存储方面的研究”。团队介绍要以“事为先，人为重”为原则，重点阐述做过什么、教育背景、工作经历、工作能力和实际经验等方面。

现代农业创业企业的管理团队中，要注意包含农科背景、工科背景、管理学背景的专业人才，着重体现团队人员在农业技术、管理和营销等方面有解决问题的能力，是可持续发展的团队。

（八）运营计划

该部分主要阐述公司的运营计划即企业将如何运营，主要分为以下四个部分。

（1）运营模式与程序　运营模式与程序部分可用运营流程图表示。

（2）创业区位　该部分描述企业的地理位置、人才、供应商、交通等情况。

(3)设施与设备　列出最重要的设施与设备,购买还是租赁。

(4)运营策略与计划　如何利用适当的运营策略支持企业战略。

部分现代农业创业面临的问题是前期投入较大。在运营计划中,要让投资者看到运营模式既有效,又节省成本,更能实现可持续发展。

(九)产品(服务)设计与开发计划

该部分主要阐述产品和服务计划即产品或者服务将如何生产。此部分仅建立一种产品的制造原型还不够,企业还必须拥有增加产品生产以达到融资计划中销售估计量的可靠计划。在该部分,着重描述开发的状况,前期、现在以及未来,让投资者们看到企业的规划,看到项目的希望。

(十)融资方案

融资方案主要包括资金明细表、资金需求、现金流预测、项目可行性分析以及融资计划和退出安排。在融资方案的部分,其一,资金明细表是必须详细的,清楚说明资金的来源、资金的用途,这一部分也是投资者们较为关注的部分,他们要对资金的流动有一定的了解。其二,要清楚罗列资金需求,要根据每个阶段的需要进行有针对性的罗列。其三,要阐述清楚项目成功之后如何融资、如何进行分红,若是项目遭遇失败,其下一步计划又是什么。

(十一)附录

附录部分不是必需的,这一部分可以展示不适宜在主体内容中的部分,如团队成员的简历、财务数据及其他相关支撑材料。

科普中国网站有以“罗锡文院士:农业机械化新征程”为题的视频,读者可以搜索观看,帮助学习。

六、准备路演

(一)路演的概述

1.路演的含义

路演(Road Show)最初的含义是指在马路上进行的演示活动。早期华尔街股票经纪人在兜售手中的债券时,为了说服别人,总要站在街头声嘶力竭地叫卖。“路演”一词就是由此而来的。发展到现在,路演已经不仅仅是为发行新股而进行的推介活动,时下更加盛行的是商业“路演”活动,即通过现场展演的形式将企业自身及其项目(产品或服务)介绍出去。

2.路演的对象

(1)投资群体

天使投资:天使投资是对原创项目构思或小型初创企业进行的一次性的前期投资,天使投资是风险投资的一种,是一种非组织化的创业投资形式。该时期对于初创企业是至关重要的,一个项目夭折往往在此阶段。天使投资是创业的起点,在此期间主要看项目的团队潜力以及项目的方向,若这两个方向被认为没有发展潜力,则项目很容易得不到投资,相反则能拿到投资，开始创业。

风险投资：风险投资（Venture Capital，VC）简称风投，又称为创业投资，主要是指向初创企业提供资金支持并取得该公司股份的一种融资方式。此投资为项目的早期投资，主要看项目的商业模式和企业各方面的数据，若这两方面得到投资者的青睐，则较容易拿到风险投资。

私募股权投资：私募股权投资（Private Equity，PE），主要指对已经形成一定规模并产生稳定现金流的成熟企业的私募股权投资部分。此轮投资一般在企业的成熟期多为企业的扩张期，主要看企业的盈利水平，若达到预期或者有这方面的潜力，则会得到投资，反之则不能。

首次公开募股：首次公开募股（Initial Public Offerings，IPO）是指一家企业或公司（股份有限公司）第一次将它的股份向公众出售（首次公开发行，指股份公司首次向社会公众公开招股的发行方式）。

（2）合作伙伴　路演也可以用来寻找合作伙伴，将企业的主要经营理念、经营状况以及需求向目标群体进行展示，吸引有兴趣的合作伙伴加入团队中，增强团队实力。

（3）目标客户　路演是展示企业的重要途径之一，目前互联网较为迅速，路演可以线下完成，同时进行线上直播，传播范围非常广。所以，当下也成为公司展示新产品的一种途径，那么它的对象就是产品的目标客户，它的作用是提起客户的兴趣，增强客户的信心。

3. 路演关注重点

投资人在做比赛评委时，会从团队及项目本身的核心优势和发展预期进行打分，寻找有潜力的团队。路演表现更多用于观察团队素质，比如逻辑缜密度、团队配合程度等。所以准备路演时，内容比形式重要，逻辑性比表现性重要。

从投资人的角度出发分析路演的重点，可以从以下几个方面着手，清楚、充分地展示项目相关信息，将会提高项目融资或找到合作伙伴的成功率。

（1）项目是什么？首先，对于创业项目或企业最重要的就是展现你是谁，即你的项目是什么。这个部分要清晰地展现在观众的面前。其次，项目要有意义才有投资价值，投资者不可能投资一个没有意义或者说没有社会效益的企业，这样的企业也是不长久的，所以在展现项目是什么的环节，要同时展现项目的社会效益，是顺应什么样的国家政策，给社会带来了什么样的价值，解决目前社会什么样的痛点和难点，需求是什么。农业是农村核心产业，乡村振兴要提升农业效益，作为现代农业创业项目，要有社会责任感，社会效益是要放在首位的，在展示的过程中也能看出，企业能解决目前社会什么问题，帮农民解决什么问题等，要将社会责任讲述清晰。

（2）为什么是你？为什么是我？在进行路演准备的时候也要问一下自己这个问题。一般从创业企业的核心优势和独特价值两个部分来讲述。企业的核心优势有技术优势、管理优势、模式优势等，重要讲述你的企业优于其他企业的优势和产生的独一无二的价值，这个方面要依据企业自身的特色。

（3）你要怎么干？项目基于对市场的调研后，要对项目进行深入、细致的思考，考虑如何实现项目的有效落地，通过一步步的筹划，使之具备产业化运作，并且有持续、健康发展的能力。在这个方面要清晰、简洁地展示项目或者企业的规划，清楚地了解企业怎么干，对企业的每一个发展阶段都有应对之策，以此提高投资人的信心。此外还需要注意的一点是，你要告诉投资人，企业是有强烈动机和坚韧不拔的素质去做好这件事的，团队自身具备较好解决问题的能力，使企业能够正常运营。

（4）你要和谁干？在路演的过程中，团队成员的介绍也是至关重要的，一个好的团队可以将一般的项目做大做强，一个不好的团队可以让一个拥有潜力的项目中途夭折。所以说，展示团队成员间熟悉度和互补性也是非常重要的。现代农业创业团队，首先要配备好的团队，要有农科背景、管理学背景等成员组成的团队。其次，若团队学历较高或者相关行业经验丰富，可着重展现强大的农业技术团队以及技术团队的创新能力以及解决问题的能力。

（二）路演内容准备——PPT或视频等展示

1. PPT或视频的包装

路演的展示是PPT或者视频结合演讲来进行的。在PPT的制作过程中要注意包装与内容。好的包装有锦上添花的作用，包装内容要注意以下几个方面。

（1）界面整洁　路演时间是有限的，在有限的时间内进行展示就要求PPT的界面是干净、简洁、大方的，要以图片为主，文字为辅，切忌将大段文字展示在PPT上，遵循能用图表展示不用文字展示的原则，排版感官舒适即可。

（2）突出特色　在PPT模板的制作上一定要紧扣企业特色，如农业创业类，则可使用绿色作为基础色调，将企业logo或者企业文化融入PPT当中。

（3）注重细节　细节决定成败。在PPT制作过程中，一定要反复查看是否有错别字或者格式等错误，可多找几人进行观看，以免有错漏。

2. PPT或视频的内容

路演的PPT或者视频的内容是路演是否成功的关键，有包装无内容的路演好似花拳绣腿，很难得到投资者的青睐。那么，路演的PPT展示建议内容要在全面的基础上突出自身的亮点和优势，页数一般控制在15页左右，时间大概为6 min。当然，页数和时间可随着路演的场合、情景和目的进行适当的调整，详见表8-4。

表8-4　路演PPT建议内容

内容	页数（页）	时间（s）
亮点与优势	1	30
企业情况	2～3	30
行业及市场规模分析	2～3	30
商业模式	2～5	120
竞争对手描述	1	30
未来战略发展及计划	1	30
财务状况	1	30
融资要求	1	30

（三）路演现场展示

在路演展示时，展示人是至关重要的，首先展示人应具备一定的演讲能力和感染能力，其次要对项目非常熟悉，能够抓住项目的核心关键点进行展示，以赢得投资人、合作伙伴等的注意力和兴趣。现场展示有以下注意事项。

1.注重仪容仪表

仪容仪表是展示的第一印象，一定程度给整个路演定下基调。形象整洁大方不仅能展示一个人的个性魅力，更能体现他对别人的礼貌。

(1)男士的衣着

服装：根据季节穿着西装或者衬衫，领带颜色配合西装。

头发：整齐、利落、前发不遮额、侧发不遮耳。

袜子：深色袜子。

鞋子：深色皮鞋，保持干净。

配件：可戴商务手表。

(2)女士的衣着

服装：套装为宜，简洁大方。

化妆：淡妆为宜，自然且不露痕迹。

头发：干净利落为宜，不可遮住脸部。

袜子：肤色为宜。

鞋子：有跟的黑色高跟鞋为宜，不宜太高。

配件：不宜太多首饰。

2.注重声音效果

(1)清脆悦耳的声音会吸引听众的注意。在路演的过程中声音不宜太尖，不宜太低沉，不宜太飘忽，要充满自信与激情。可在准备阶段将自己的路演进行录像，通过回放查找自身的不足。

(2)根据路演的内容，要有平静的部分，有高潮的部分，抑扬顿挫，适当停顿，富有活力。

3.注重肢体语言

注意肢体语言的表达，在讲述的过程中要随着内容的深入设计得当的肢体语言。肢体语言要多进行日常的练习，届时才能自然地表达出来。

4.充满自信，不要怯场

在项目路演的时候，很多演讲者会紧张、怯场。这样的路演会影响到项目的展示，给项目减分。因此，在演讲的过程中演讲者要落落大方，自信从容，最重要的是发自内心地对项目有信心，然后多加练习，才能克服怯场，使项目完整、完美地展现出来。科普中国网站有以“演讲面试紧张焦虑怎么办？一招教你扭转局面”为题的视频，读者可以搜索观看，帮助学习。

【案例分析】

案例一 “石头缝里长金子”，打造农业生产与休闲观光相结合的产业基地

金子是地核中的金元素经过海洋沉积和区域变质、活化迁移和岩金氧化等一系列变化产出的稀有、珍贵的金属。石头缝里怎么会长“金子”呢？让我们一起到海南来探究一下。

海南琼北有一片被火山岩覆盖的地区，又称“羊山区”。由于四周都是火山岩，没有水源和农作物，只能在石头缝里种荔枝、龙眼、杨桃等，数千年来，都是这种传统的农耕方式，很难进行突破。

尽管不能种植稻谷、麦子，但是由于其独特的地理环境和气候条件，使其成为中华九大名

贵药材——石斛的天然“温室”。怎样结合当地特点，把“金子”种在荒芜之地？海南石斛保健工业技术小组于2013年将石斛引入羊山地区，试图将国内金钗石斛种植和生产技术移植到火山岩上，效果显著。公司立足本地特有的火山岩等天然资源，致力于发展金钗石斛的研究开发、推广和市场建设，坚持“公司＋农户”发展模式，按“一村一社”组建“石斛专业合作社”，构建起中国唯一的原生态火山石斛全产业链。

海口羊山地区，绿意盎然的树木上，一簇簇的石斛冒出绿油油的叶子。为什么“仙草”可以扎根于此？

“石斛”顾名思义是生长在石头上的植物，羊山地区则是石斛生长的天然场所。这里火山石资源丰富，富含硒、锶、镁、钠、钾、钙等人体必需的多种稀有元素，再加上空气中负氧离子含量高，气温和湿度适中，为石斛的成长创造了国内其他地方难以比拟的条件。

海南石斛健康产业园在2014年与中国中医科学院、南方医科大学、海南大学等科研院校合作进行了产品的研发。经过反复实验，“棚内育苗驯化、野外附石生长”造就了羊山石斛的品质，海南石斛健康产业园也因此取得了9项独立知识产权的科技成果和发明专利。

强大的技术支持，让这株小小的“仙草”在羊山区生长，而互联网的加持，也造就了树树“黄金”的美景。

与传统的石斛种植有所不同，海南石斛健康产业股份有限公司抓住了“互联网＋”大契机，将互联网技术渗透进石斛种植、管理、流通到营销等各个环节。

优越的生态条件，先进的栽培技术，加上互联网的快速发展，让羊山石斛很快得到了消费者的认可。在2015年的一场互联网拍卖会上，羊山地区首批价值近6 000万元的石斛期货90 s内便被抢光。

蔚为可观的经济效益，不但使沉寂已久的火山石焕发勃勃生机，更为广大农户搭建了一条“新桥梁”，使农民脱贫致富。如今走进石山地区，随处可见房前屋后，村道两侧的矮小火山岩墙上，一株株叶片嫩绿、根茎修长的植物——石斛。

一年种植，十三年收益。石斛亩产在300 kg以上，产值达1.8万元，除去人力等成本，每亩纯收益逾万元。新产业、新技术、新资本，这些过去对于小而散的农户来说遥不可及的东西，如今通过“公司＋专业合作社＋农户”的模式，得以实践。

农户不但可以现金入股，拥有符合合作社种植石斛条件的土地的农户还可以利用土地使用权入股。海南石斛健康产业公司承诺，盈利后将首先提取净利润的5%用于村内60岁以上老人养老和孩子上学，提取净利润的5%作为合作社公积金，剩余净利润的90%按照股权比例分配。

公司成立了3个专业合作社，329个成员，把一些本地的农户培养成为“产业工人”，每个月2 500元的月薪，并提供相关的保障，从而解决了剩余劳动力的问题，促进了当地的经济发展。

石斛由于本身的繁殖力低下，其数量极其罕见，被世界上的医学专家们称之为“植物大熊猫”。直到20世纪80年代，由于生物技术的进步和人工栽培技术的应用，石斛产业化之路才得以起步。尤其在近五年，石斛种植更是呈“井喷式”增长，吸引大批中小公司及个体种植户蜂拥而入。但这种快速的发展也给这个行业带来了隐患，“作坊式”和“个性化的种植”注定了他们对市场判断不准确。因此，规范化、品牌化的发展就显得尤为重要。

海南石斛健康产业公司注册了“石斛堂”“羊山”两大石斛品牌，启动了“羊山”石斛地方标准和地理标志的认证以及物联网系统的建设工作，积极利用线上线下途径宣传推介石斛品牌，初步打开了海南和内陆部分市场，正逐步占领全国及东南亚石斛产品的高端市场。海南石斛健康产业公司也在积极推进石斛产品的多样化发展。

由石斛种植而衍生出的产品加工、中医药特色旅游、中医药养生养心康体产业也将形成新的产业亮点。该公司立足建立全产业链发展思路，横跨“特色种植、深加工、生物医药、旅游观光、健康服务”等一二三产业，增加石斛产业的市场价值。

基于石斛产业发展的一二三产业中，以特色旅游产品为例，计划结合琼北民居风格和村落特有文化，以“一村一景”模式，建设一批以石斛为核心、以大健康产业为主题的休闲美丽乡村，基于整体性和特色性打造富有竞争力的休闲旅游石斛公园，成为羊山独特旅游新“名片”。

基于石斛产业，以及其他的衍生产业。首先，带动了当地的发展，得到了可观的营收；其次，带动了当地农民的就业，农民可选择就近就业，提高自身收入；最后，鼓励当地村民返乡创业，进一步激发市场活力。

（案例来源：中华人民共和国农业农村部网站，2016.“双创”成果：“石头缝里长金子” 打造特色精品农业生产与休闲观光相结合的产业基地——海南石斛健康产业园[EB/OL]. http://www.moa.gov.cn/ztzl/scdh/sbal/201608/t20160830_5258485.htm，有删改。）

分析：

本案例中，将羊山之地变为石头缝里长出金子的土地，加之特色精品农业生产与休闲观光相结合，才得到今天的成功。

1. 转变思维方式，用辩证法的思维看待事物。尤其是在创业活动中，机遇与挑战是并存的，要开阔眼界，打开思路，寻找新的创意，并对之进行识别或者实施。

2. 多领域结合。在创业活动中，要注重多领域结合，本案例中特色精品农业生产与休闲观光相结合，取得了不错的成效。多领域结合在发展好自己产业的同时可带动周边产品的发展，产生良好的效益。

3. 注重社会效益。农业创业企业要注重造福农民，在国家大力发展乡村振兴战略的今天，我们要带动农民一起致富，实现我们的社会价值。

案例二 “增城丝苗米再生之父”宋东海：希望优质丝苗米代代相传

它是增城丝苗米，代表岭南传统优质大米，被称为“米中碧玉”，是国家地理标志保护产品、国家地理标志证明商标，是增城的一张亮丽名片。他是宋东海，扎根基层几十年，学农、爱农、一辈子献身农业，以锲而不舍的精神矢志从事“丝苗米”遗传育种、野生稻资源保护和育种利用以及先进农业技术的示范推广，先后育成“丝苗米”品种超过 40 个，引进大面积推广品种 16 个，大家都叫他“增城丝苗米再生之父”。在 50 多年的时间里，他与同行一起努力挽救了拥有长达 200 年栽培历史却一度“绝种”的增城丝苗米，并将其推广到全国各地、走向世界。

在增城区朱村街丹邱村白水磜栖云寺旧址前有约 2 亩梯田，属沙质浅脚田，是“丝苗”的原产地。增城丝苗米的栽培历史已经有 200 年，但在 1974 年已自然绝种。诸多增城农业科研人员为挽救与传承增城丝苗米付出了巨大的艰辛和努力，宋东海就是其中一名。

宋东海是华南农业大学 1967 届遗传育种专业学生。25 岁时，他到新塘农科站工作。那时候增城传统的高脚丝苗米秆高易倒伏，产量低，品种不断退化，种植得越来越少。他立志要改良特优高产丝苗米品种，据此，他开始了长达 50 余年的丝苗米选育种生涯。他运用大学所学的单株系统选种法在工作之余开展研究实验，在1978年成功选育出第一个特优高产新品种“丝苗选6号”。虽然，该品种比母本高脚丝苗增产13.94%～28.57%，但还不是很理想。

宋东海决心直接利用野生稻与栽培稻远缘杂交，争取取得水稻杂交的突破。他想“丝苗米品质优，野生稻抗病能力强，如果能将两者进行杂交，取各自优势，或许是个突破。”1980年开始，宋东海克服各种困难开展全县野生稻普查考察，跑遍了全县，发现了54处野生稻的自然栖居地。他经过比对，选择了栖生于西福河洋田桥溪氹的一种米质好、株型清秀、抗病力强、粗生省肥的野生稻作杂交父本，开始了漫长的野生稻远缘杂交育种实验。

在缺乏经费支持、没有实验场地、科研设备不足等艰苦条件下，他一直探索，选育成了特优高产、适应性广的新一代丝苗米品种野澳丝苗等。他在1990年选育的“野澳丝苗”，成功填补了遗传育种的空白，开创了利用野生稻培育特优高产高效益水稻良种的新纪元，获得了极高赞誉。“我国最早直接利用野生稻同栽培稻杂交选育新品种的，首推已故的丁颖教授，1933年他用此法育成的常规品种‘中山1号’及其后衍生的85个品种，在两广地区持续推广了近50年，成绩斐然。宋东海的工作，可以说是继丁颖教授后，在国内取得的最大成功。”中国科学院院士、华南农业大学原校长卢永根在1994年为宋东海新书作序时如此表示。

2005年退休后，他仍然奋战在一线。从2005年到2021年，他继续利用西福河自然生长的野生稻与国内外优异水稻种质资源进行多元配组杂交遗传育种，引进远缘优良基因，攻克一个个难题，先后选育成了七野丝苗、香野丝苗、九野丝苗、珍野丝苗7号、野黄丝苗6号和金野丝苗等新一代“野”字号优良丝苗米品种。

宋东海说：“人生的意义在于奋斗，人生的价值在于奉献，只要身体允许，我就会继续从事水稻育种。中国是人口大国，吃饭是个大问题，能够从事水稻的育种和推广工作，为人们的吃饭问题出一份力，很有价值。看到自己育出的谷种到处开花抽穗，看到我选育的丝苗米人人爱吃，我就感觉到自己的创造性劳动的意义所在。此外，一个水稻品种一般连续利用5年就会退化，所以水稻品种也需要不断更新。我希望优质丝苗米能一代一代传下去，从增城走出广东，走向世界，进而打响广东丝苗米品牌。”

幸运总是垂青有准备的人。从1967年在华南农业大学遗传育种专业毕业开始，宋东海在科研条件不足，研究经费缺乏的条件下，从事水稻遗传育种工作50多年。他说自己是幸运的。幸运在于，他找到的野生稻亲本恰好能够培育出优良的品种。如果当初不是选择这个品种，可能他还要探索更长时间；幸运在于，在只剩下一株幼苗的情况下，能成功培育出良种。当然，也是因为他有扎实的知识和不怕苦的精神，在选择野生稻亲本时，他骑着自行车几乎走遍增城的山山水水。当时野生杂交水稻没有资料可参考，他就自己去实地研究。在培育过程中，他攻克难关，历经十年才取得最后的成功。在这个意义上，似乎幸运之外，又有必然的成分。

（案例来源：广州日报，2022.“增城丝苗米再生之父”宋东海：希望优质丝苗米代代相传[EB/OL]. https://gzdaily.dayoo.com/pc/html/2022-10/15/content_872_806652.htm，有删改。）

分析：

1.在该案例中，宋东海因其扎根基层几十年，因其以锲而不舍的精神矢志从事“丝苗米”遗传育种、野生稻资源保护和育种利用以及先进农业技术的示范推广，育成几十种“丝苗米”，同时推广种植，增加了丝苗米的产量，被人们称为“增城丝苗米再生之父”。他之所以能取得成功，除了持之以恒和追求与专业相结合的精神，也源于他的勇气、决心以及严谨的治学作风和科学的方法。在科研的过程中，包括在创办农业企业的过程中，以上品质都是我们需要培养的。

2. 农业创业项目多需要农业相关领域的知识。我们在创业时应具备相关的知识储备，最重要的是要有爱农的情怀，为人民服务，树立正确的企业价值观。

【行动建议】

又是一年就业季，你考虑创业吗？

2022 届全国高校毕业生预计 1 076 万人，为助力高校毕业生等重点群体创业就业，国家发展改革委等 8 部门近日联合印发《关于深入实施创业带动就业示范行动 力促高校毕业生创业就业的通知》。高校毕业生创业就业有哪些新趋势、新特点？相关政策支持力度如何？高校毕业生创业面临哪些困难？对此，进行了以下调查。

毕业于南京工业大学化工系的田浩然，因父亲病情突然加重，放弃了自己所在城市的事业返乡照顾家庭，同时也利用自己所学知识返乡创业。经过实地考察，发现流经本村的新龙河上游是庆安水库，水质好，就萌生了养殖龙虾的念头。2016 年他流转了 50 亩水面，从事稻田龙虾综合养殖，当年赚了 30 多万元。2018 年扩大到 230 亩，其间多次参加县农业农村局组织的专业稻虾技能培训，也多次到先进单位考察和学习。根据所学的知识结合本地地理、水文、气候等特点探索出龙虾提前上市整套种养结合技术。目前实现每亩产龙虾突破 250 kg，优质无公害水稻 650 kg，同时探索生态养殖技术，水稻秸秆全部还田，进行微生物发酵分解，形成有益菌、有益藻、浮游生物等龙虾饵料，比正常养殖龙虾节省饲料 60% 以上，节省成本 650 元以上，而且龙虾肉质鲜嫩，味道甜香，卖相佳。

上海市青年创业就业促进会高校双创导师团专家、上海第二工业大学招生就业处处长经晓峰表示，高校毕业生创业呈现鲜明特征：结合经济社会发展需求，在乡村振兴等国家战略、攻克“卡脖子”技术等领域找到定位；与高校人才培养目标相契合，带着技术和专利创业更多涌现；公益服务类创业逐年增多。

2021 年，中国国际“互联网＋”大学生创新创业大赛上，来自华南农业大学团队的“未来农机—无人农场的领航者”项目荣获高教主赛道师生共创组金奖。目前，该团队已经在广东增城和三水建成了水稻无人农场和花生无人农场。该项目的优势之一在于与传统生产方式相比，无人农场经济效益显著提高。

在记者的调查中得知，各地在扶持大学生创业就业中，从优化环境、提升能力、强化服务等方面出台了系列扶持政策措施：以课程建设为着力点，将创业教育融入人才培养全过程；以项目和大赛为依托，搭建创业实践锻炼平台；以创建示范为抓手，发挥示范基地带动作用；以优化大学生创新创业环境为保障，强化创业资金扶持，支持大学生创新创业等。

广东省在支持大学生创业中实施了有力的措施。充分发挥各级各类双创赛事的引领和承载作用，仅过去七届中国国际“互联网＋”大学生创新创业大赛广东省分赛，就支持超 1 万个参赛项目成功孵化落地创办企业。在一系列优惠政策的助力下，涌现出了图匠科技、有米科技、荔枝微课、九尾科技等一批由大学生创立的高新技术企业，提供了一批就业岗位，真正地实现创业带动就业。

在调查中发现，从就业方向来看，目前大学生毕业直接选择创业的学生较少，部分选择去企业，较多选择继续攻读研究生。一方面是因为有些企业对学历要求的门槛变高，学生也想通过研究生期间提升自身综合能力；另一方面，部分大学生对职业的规划不清晰，产生随波逐流的想法。除此之外，在引导和鼓励大学生创业方面，专家认为，要以创新驱动为导向，以"敢闯会创"为核心要素，支持大学生创新创业。贵州大学国家大学科技园副主任王爱华分析，一方面是因为创业不易，门槛较高，应届大学生往往缺乏资金和经验；另一方面是因为大众创业的土壤还不够"肥沃"，很多政策需更加细化，以便更有针对性地帮助大学生创业。

若要准备创业，在大学期间要注重"硬技能"和"软技能"的准备。首先要有扎实的理论基础，打好创业的基础；其次要对世界保持好奇，善于发现生活中的问题，有解决问题的决心；最后要坚持理论与实践相结合，加强实践，积累经验，积累人脉，提高"硬技能"和"软实力"，在实践中不断调整自己的创业方向，将创业项目落地。

（参考资料：江苏经济报，2022. 又是一年就业季，你考虑创业吗？[EB/OL]. http://jsjjb.xhby.net/pad/con/202202/18/content_1032413.html，有删改。）

【本章小结】

在本章内容学习中，主要阐述了企业战略管理的关键问题及商业计划书的撰写内容及撰写方法。引导学生了解战略管理的定义以及战略管理的关键问题和关键内容，理清创业的基本步骤，详细地阐述了如何进行商业计划的撰写，系统性地培养了学生的创业思维，提升创业能力，培养学生的创新创业精神；同时，引导大学生多方面辩证地看待事物，养成思辨思维，实事求是地进行创业活动，更好地找准创业方向。鼓励大学生进行创业活动，做好准备，在机遇和挑战中，找寻出口。

【课后训练】

一、观看与思考

结合本章所学内容观看视频，建议以小组为单位，参考"思考感悟"和"相关阅读"进行讨论。

（[科普中国]黄伯云. 培养大学生的创新意识，激发大学生创业精神. https://cloud.kepu-china.cn/newSearch/videoDetail? id=6978490876434182144）

思考感悟：

1. 在商业计划书中，创新的重要性体现在哪儿？

2. 作为一名大学生，如何培养自己的创新意识和激发自己的创业精神？

相关阅读：

1.《创业学》（作者：霍华德·H. 弗雷德里克等）

2.《OKR 工作法》（作者：克里斯蒂娜·沃特克）

3.《西游记》（作者：吴承恩）

二、回顾与思考

1. 回顾《中共中央、国务院关于做好 2022 年全面推进乡村振兴重点工作的意见》中对乡村发展、乡村建设和乡村治理方面的政策描述，对现代农业创业企业制定战略方面有何启发？

2. 回想你最熟悉的农业创业活动，结合本章所学，谈谈它是什么样的战略管理？你对战略管理有了什么新的认识？

3. 回顾你参加的社团或者项目工作小组，需要展现团队项目时，你是怎么样展示的？需要注意哪些？如果你是评委，你会怎样进行评分？你更注重哪些方面或者哪些细节？

三、行动与思考

1. 观察身边周边的农业创业企业，找出你最感兴趣的企业。从网上了解一下该企业的信息，根据企业的特征，根据本章中创业计划书的撰写框架，整理出该企业的商业计划书。总结该企业成功的因素有哪些？有什么是我们在创业过程中可以借鉴的？

2. 阅读相关书籍和网上查阅资料，观看路演的视频，总结归纳路演成功的因素有哪些，以此观察自己在准备路演或者演讲时需要注意或者需要加强的方面有哪些？如何在日常练习中提升自我？

第九章　现代农业初创企业的组织与管理

【学习目标】

1. 了解现代农业初创企业的融资方式。
2. 了解现代农业初创企业的注册和初期管理。
3. 了解现代农业初创企业的成长期管理。

【本章引例】

进击的“三只松鼠”

“三只松鼠”是一家以研发、销售坚果等食品为主的互联网品牌公司，由章燎原于 2012 年在安徽芜湖创立。“三只松鼠”不断致力于产品的创新，强化“造货＋造体验”的核心能力，在产品研发上持续投入，比如建立南京研创中心，与江南大学共建院士工作站等。它自 2014 年起连续五年位列天猫商城“零食/坚果/特产”类目成交额第一名。

2012 年 2 月 16 日，“三只松鼠”5 名创业初始团队在安徽芜湖创建“三只松鼠” 品牌。

2012 年 3 月 10 日，获得 IDG 资本 150 万美元的天使投资。

2012 年 5 月 30 日，在芜湖国家级高新区完成总部及工厂建设，团队成员超过 50 人。

2012 年 6 月 19 日，在知名电商平台运营上线，7 d 时间完成 1 000 单的销售。2012 年 7 月 22 日，销售进入某知名电商平台坚果类目 50 名排行。2012 年 8 月 23 日，从第一单到日销售1 000 单(10 万元)，“三只松鼠”仅仅用了 63 d，创电商发展速度的奇迹。2012 年 8 月 25 日，“三只松鼠”上线的第 65 天，在某知名电商平台坚果类目销售跃居第 1 名。2012 年 11 月 11 日，首次参加双十一大促，日销售 766 万元，刷新了某知名电商平台食品行业单店日销售额最高纪录，名列零食特产类销售第一名。

2012 年 12 月，中国创业财经类权威杂志《创业邦》评选“三只松鼠”为“2012 年中国年度创新成长企业 100 强”。

2013 年 1 月 31 日，月销售额突破 2 200 万元，位列全网第一。

2013 年 4 月，“三只松鼠”荣获“全国坚果炒货营销十强企业”称号。

2013 年 5 月，松鼠获得了今日资本和 IDG 资本共计 617 万美元的 B 轮投资。

2013 年 6 月 19 日，松鼠仅依靠老顾客的影响力，并未依赖电商平台的宣传，成功实现了单日销售突破 300 万元的业绩，整个周年庆活动期间累计销售额达到了 700 万元，创造了行业内的奇迹。

2013 年 8 月 22 日，松鼠荣幸地获得了“2013 中国创新产品十强”(服务类)的奖项。

2013 年 11 月 26 日，松鼠再次获得了《创业邦》颁发的“2013 中国年度创新成长企业 100

强”奖项。

2013 年 12 月 12 日，松鼠的单日销售额突破了 2 020 万元，成为全网食品销售冠军。

到了 2013 年 12 月 16 日，松鼠的“三只松鼠”电商产业园和松鼠窝一期工程奠基仪式顺利完成，标志着松鼠基础性工程建设的正式启动。

在年末的最后一天，松鼠全年的全网销售额成功突破了 3 亿元的大关。

进入 2014 年，仅在 1 月份，松鼠的月度销售额就突破了 1.6 亿元。

到了 2014 年 2 月，松鼠的 CEO 确定了到 2020 年实现 100 亿的销售目标，并将 2014 年定为“地基年”，意寓为松鼠的长久发展打下坚实的地基。

2014 年 3 月，松鼠获得了 IDG 资本和今日资本追加的 1 亿元人民币 C 轮投资，松鼠公司的市值也因此超过了 10 亿元人民币。

据创业投资行业媒体《创投时报》报道，自 2012 年“三只松鼠”成立以来，松鼠已累计完成总额达 750 万美元的两轮融资，具体包括：

2012 年 3 月获得 IDG 资本的 150 万美元 A 轮投资。

在 2014 年，安徽“三只松鼠”电子商务有限公司再次获得今日资本、IDG 资本两家境外基金第四轮总计 1 627 万美元（折合人民币约为 1.2 亿元）的天使投资，该笔资金将用于“三只松鼠”智能一体化食品园项目的建设。

2015 年 8 月 25 日，“三只松鼠”宣布关闭旗下两大子品牌“松鼠小美”和“松鼠小贱”在天猫、京东和 1 号店的官方店铺。

2015 年 9 月 16 日，“三只松鼠”已完成新一轮融资，总金额达 3 亿元，投资方为基金 FREES FUND（峰瑞资本）。

2016 年 4 月 19 日，“三只松鼠”宣布对财年核算进行调整，由之前自然年度（1 月 1 日—12 月 31 日）调整为从 4 月 1 日至次年 3 月 31 日的财经年度进行财务预算。2016 新财年从 4 月 1 日—2017 年 3 月 31 日，新财年的销售目标为 50 亿元以上。

2017 年 4 月 22 日，休闲食品电商“三只松鼠”正式提交上市招股书，拟登陆创业板。

2017 年 8 月 15 日药监总局关于 3 批次食品不合格情况的通告（2017 年第 135 号）指出，在某知名电商平台销售的标称“三只松鼠”股份有限公司生产的开心果，霉菌检出值为 70 CFU/g，比国家标准规定（不超过 25 CFU/g）高出 1.8 倍。检验机构为上海市食品药品检验所。

2017 年 10 月 31 日，知名食品电商“三只松鼠”已更新预披露招股书，或意味着公司 IPO 申请已从“中止审查”，恢复到正常审核。“三只松鼠”业绩增速加快，2017 年上半年净利润 2.41 亿元，已超过上一年全年 2.37 亿元的净利润；上半年营业收入为 28.94 亿元。

2017 年 12 月 12 日，证监会发布公告称，鉴于“三只松鼠”股份有限公司尚有相关事项需要进一步核查，决定取消第十七届发审委第 72 次发审委会议对该公司发行申报文件的审核。根据证监会此前安排，“三只松鼠”的 IPO 申请会在 12 月 13 日上会接受审核。

2019 年 7 月 12 日，“三只松鼠”正式登陆深交所创业板，股票代码 300783，发行价 14.68 元。截至当天上午收盘，股价为 21.14 元，涨幅 44%，总市值 84.77 亿元。

（案例来源：编者根据网络资料整理）

思考：

1. “三只松鼠”经历了哪些发展历程？
2. “三只松鼠”是如何融资的？
3. 在“三只松鼠”的发展历程中，你想到了什么？

第一节 现代农业新创企业融资

现代农业新创企业融资的路径主要有债务性融资、股权性融资、风险投资以及其他融资方式。

一、债务性融资

债务性融资主要通过借贷的方式吸收资金，借贷企业需要定期归还利息以及到期归还本金。债务性融资方式主要有 3 种：银行贷款融资、民间借贷、发行债券融资。

（一）银行贷款融资

这是企业常用的融资方式，目前我国中小企业很大部分采用这种方式。从贷款方式看有 3 种。

1. 信用贷款方式

信用贷款方式指单凭借款人的信用，无须提供担保而发放贷款的贷款方式。以信用承诺作为担保，没有现实的经济担保，因而，贷款风险较大。

2. 担保贷款方式

担保贷款方式是指借款人或保证人以一定财产作为抵押进行贷款，该项贷款的偿还建立在抵押物以及保证人的信用承诺基础上。

3. 贴现贷款方式

贴现贷款方式指借款人急需资金时，以未到期的票据向银行融通资金的贷款方式。采用这种方式银行直接贷款给持票人，间接贷款给付款人，贷款的偿还保证建立在票据到期付款人能够足额付款的基础上。

初创企业从银行贷款门槛较高，一般要求运用担保贷款方式或贴现贷款方式，并且有较高的安全性、营利性和成长性。而对于信用贷款方式较少采用，因为缺少经济上的安全性。在贷款时，其审查评估也很严格，资信不够、资金流不充足或风险大的项目，银行是不愿意借贷的。而贷款额度是根据具体担保方式来决定的，担保价值高可多贷些款，担保价值少则少贷些款。从这点看，创业者从银行解决全部所需资金是比较困难的。向银行贷款融资要注意节省筹资成本，运用不同的方式贷款融资。比如，货比三家，看哪家收费低、利率低、抵押担保低，再进行贷款。关注利率走势，降息再办理贷款或享受政府低息待遇，下岗职工、大学生创业的贷款政策，应充分享受。

(二)民间借贷

从法律意义上讲,民间借贷是指自然人之间、自然人与企业之间,一方将一定数量的金钱付给另一方,另一方到期返还借款并按约定支付利息的民事行为。民间借贷方式有口头协议、打借条的信用借贷和第三人担保或财产抵押的担保借贷两种方式。在民间借贷市场上,供求是借贷利率高低的决定要素。根据我国有关法律规定,民间借贷的利率可以适当高于银行的利率,但最高不得超过银行同类贷款利率4倍。民间借贷对于创业者短期资金困难的解决有很大帮助。民间借贷手续灵活、方便,利率通过协商制定,借贷双方都可接受。但民间借贷风险较大,因为借贷不够规范,缺少正式规范的借贷合同,一旦出现问题,往往难以保证双方的利益。

(三)发行债券融资

债券融资与股票融资都属于直接融资,创业者需要到市场上融资。融资效果取决于企业的资信程度。目前,主要有政府债券(国债)、大企业债券、大金融机构债券等。无论是政府还是大企业、金融机构因其资信度高,比较容易通过债券融资。而刚刚创立的中小企业资信度一般较差,在市场发行债券不易获得成功。但随着进一步深化金融改革,适应中小企业发展,企业债券市场会逐步发展起来,成为中小企业的融资渠道之一。

二、股权性融资

股权性融资是创业活动中重要的融资方式,与债权融资相比,是种权益性资本,不需要在债务融资中常见的抵押、担保等形式,这降低了融资成本,简化了融资程序,通过非公开市场的手段引进战略投资者,资金量较大,能有效促进新创企业可持续发展。初创企业的股权性融资方式可分为私募融资和上市融资两大类。

(一)私募融资(PE)

美国私募融资业很发达,许多企业是通过私募融资发展起来的。私募融资是指发行证券的公司(发行人)以豁免向美国证券交易委员会进行证券发行申报和证券注册登记的方式,向社会投资者发行一定量的证券,以募集一定量资金的融资方式。

在我国,目前尚没有私募融资的相关法律法规,但实际在运作中,许多国内外投行介入这个领域。私募资金主要集中在高成长中小企业,这类企业的融资由于实力较弱,资信不高,到银行和债券市场上融资比较难,而私募融资正好适应了新创企业的需要。私募融资是资本金投资,"真金白银",所投资金不能收回,因此,投资者进行投资风险较大。投资者要求的盈利预期比银行高很多。私募融资的形式包括:向投资者发行普通股票、债券、可转换债券(即公司上市后可把债券转成股票)、优先股、可转换优先股(即可转换成普通股的优先股),或上述形式的结合。私募融资筹集的资金数量较多,所筹资金无须还本。如果创业企业引进国内外知名的战略投资者,他们往往介入经营管理,甚至要求参与决策,这有利于促进企业提高管理效率,提高创业收益水平。

(二)上市融资

新创企业在主板上市融资需要较长期的审核批准过程,一般3～5年甚至更长时间,对于中小企业而言，这么长时间等待是影响企业发展的。目前，中国加大对资本市场体制机制的改革力度，由审核批准制改为注册制等一系列改革措施的实施，必将有利于促进新创企业的发展。中小企业上市可考虑以下3种方式。

1. 中小企业创业板上市

从国外经验看，创业板的设立为新创企业上市融资提供了较好的渠道。

但目前国内创业板市场规模较小，上市门槛过高，上市锁定期过长，一般为3年，使风险投资不能很快退出，同时也降低了资本市场的流动性和资金的使用效率。

2. 买壳上市

买壳上市是指非上市公司购买上市公司一定比例的股权来取得上市的地位，然后，注入自己的有关业务及优质资产，实现间接上市目的。买壳上市成功率低、风险较大，会背上沉重的财务包袱，成本也很高，一般不要轻易采取此上市方式。

3. 境外上市

境外上市是指企业以离岸公司方式(在境外注册，如网易、新浪、蒙牛等公司在开曼群岛百慕大、新加坡小岛注册)实现境外上市。国内公司在香港地区上市以H股形式，在美国纳斯达克市场上市的均为小岛公司。在境外上市费用比国内上市要高出2～3倍，在境外上市能建立良好的企业形象，建立符合国际标准的法人治理结构，有利于企业的长期发展。

但境外上市需要有外部条件支持。百度、分众传媒、无锡尚德成功在境外上市都有背景，有留学、洋导师、海外工作经历、人脉关系等。这些都不是中国绝大多数草根创业者所具备的，如果没有充足的准备时间，是难以在境外上市的。

中国股市的上市标准与西方国家不同，西方更强调专业化特色，做到全球第一，而不是面面俱全，什么都不突出。中国股市更多强调上市公司利润、产业链、计划等，而且上市门槛很高，很难达到要求。采用哪种方式上市融资，需要权衡利弊及条件，再做决定。

股权性融资方式的不利之处主要体现在控制权方面，由于股份稀释，创业者或者原有的创业团队可能失去控制权，在重大战略决策方面，创业者如果与投资方存在分歧，可能会导致决策缓慢。如果成功上市，对企业的信息披露要求严格，这可能是创业者不愿看到的。

(三)风险投资

1. 风险投资简介

所谓风险投资(VC)是指战略性投资者投入新兴的、迅速发展的、有巨大竞争潜力的企业中一种权益资本，并参与创业企业的经营管理以期获得高资本增值的投资行为。从世界范围看，风险投资偏好于高技术、高成长型企业，以中小型企业为主，采用股权式投资，关心企业成长和投资回报，并以技术创新、创业团队、商业模式和市场前景作为投资审查的重点内容，风险分担，利润共享。在提供权益资本的同时，风险投资还提供经营管理咨询服务，支持企业快速成长，通过股权转让获取中长期资本增值收益。由于风险投资基金有很高的风险性，一般情况下只向具有较高风险承受能力和专业化运作的机构投资者募集，较少向中小投资人募集且主要以私募方式为主，基金组织采用封闭型，人员素质较高。

1946年，美国成立世界上第一家独立的风险投资公司，即美国研究与发展公司，其宗旨是开展风险投资扶持新兴企业发展。1957年，该公司对数据设备公司(DEC)投资7万美元，14

年后即到1971年，该公司获得3.6亿美元收益，涨幅达5 000多倍。由于这种超高收益，使风险投资活动在美国得到了蓬勃发展。在美国约有80%以上的高科技中小企业在创立和发展过程中得到过风险投资的支持。微软、英特尔、苹果等国际知名大公司都曾得到过风险投资的支持，获得了巨大的成功。比如，成立于1972年的“红杉资本”旗下有18只风险基金，超过40亿美元，占美国纳斯达克市场总市值的10%，总计投资超过500家，其中有130多家成功上市，比如，苹果电脑、思科、Google、甲骨文、雅虎等。这些企业后来都成为具有国际影响力的卓越企业。

我国风险投资业于20世纪80年代中期起步。比如1985年国家发布《关于科学技术体制改革的决定》明确支持风险投资，并于1986年成立全国第一家风险投资公司即中国新技术创业投资公司。20世纪90年代中后期，我国风险投资业得到了飞速发展。到2006年，我国风险投资企业有130多家，投资额在150亿元左右。据统计，到2010年中国的创投基金数量为123只，募集资金61.8亿美元，风险投资案例804起，投资总额56.7亿美元。但投入种子期企业不多，预计未来会有更多风险投资进入种子期企业，初创型企业融资难会有所缓解。特别是国际风险投资逐渐进入中国资本市场，风险投资将会呈现持续稳定发展的态势。

2. 风险投资的基本特征

(1)权益性　这是风险投资的核心特征。风险投资不要求投资对象支付投资利息，不过分强调投资对象当前的盈亏状况，而是看重未来发展潜力和投资的增值情况，以便在预期通过上市或股权转让取得高回报。

(2)高风险性　因为风险投资投资于新兴高新技术中小企业，这些企业由于资源不足、经验较少、市场认同度低因此投资失败率较高。目前，风险投资的成功率在15%左右，投资失败项目占大多数，但一旦投资成功，其收益足以弥补全部损失，其增长达到几倍、十几倍甚至百倍、千倍，这是风险投资持续活跃的主要原因。

(3)超额回报率　高风险性必然带来高回报率。比如，梅菲尔德基金为科学数据系统公司投资了50万美元，最终获得10亿美元的回报；软银亚洲公司投资盛大和百度不过几千万美元，最终获得10亿美元的回报。风险投资投资企业后，往往与创业者签订一系列投资条款，以便通过上市等途径出售股份，取得高额或超高额回报。

(4)投资中长期性　风险投资在企业初创时投入资金，并为企业提供长期股权资本和增值服务，培育企业快速成长，经过3～5年甚至更长时间的发展之后，通过上市、并购、股权转让等方式取得超值回报。风险投资一般分阶段持续性投资，根据实现投资目标的完成情况，再决定下一步的投资。如果评估投资项目没有发展前景，绩效太差，很可能中断投资。这在一定程度上降低了投资风险。

(5)投资者积极参与管理决策　由于风险投资属于权益性投资，持有一定量的股份，有的达到控股的程度。为降低投资风险，风险投资要求介入企业经营管理或直接参与企业战略决策的制定，甚至利用控制权对有些问题实行否决权，或解雇企业的创业者、管理者。

(6)投资专业化　风险投资为确保投资的成功率，一般愿意向熟悉的产业投资，对所投产业有很高的专业水平，人员的素质很高，因此，对所投项目能够做出客观评价，不至于被不切实际的商业计划书或一些虚假项目所欺骗。在投资之后的企业运作中，可以提供专业化的增值服务，取得更好的投资效果。

目前，许多创业者对风险投资缺乏真正了解，主要表现在以下几个方面：我有充足的现金流，不需要风险投资；我如此出色，风险投资为什么不投？风险投资只投资于高新技术企业等。实际上不完全是这样，比如，风险投资投资于传媒、酒店、酒、养殖等。这说明创业者不懂风投的知识，不了解风投的实际运作，甚至连商业计划书都不能制作，不了解自己是处在企业生命周期的哪个阶段，不懂“风投所好”、怎样让风投感兴趣等，因此，融资难成为必然。

3.风险投资的基本类型

（1）风险投资基金（又称私募基金） 是最主要的一种风险投资。投资者通过设立风险投资基金筹集风险资本，筹资方式通过非公开发行方式，募集对象是少数特定的投资者，风险投资基金采用有限合伙制形式，投资人成为公司的合伙人，基金运作成功直接关系到他们切身的利益。

风险投资基金由于募集金额较大，需要一个持续的募集过程。一般首期募集可能在10%或更多一些，以后的资金根据项目发展的情况逐步增加。私募基金往往强调价值投资理念（成长理念、预期理念、产业周期理念等）倾向于发现具有长期投资价值的企业，一旦发现就重仓投入（比如巴菲特、索罗斯等国际投资大师）长期持有，并不会频繁交易。风险投资的周期可能达10年或更长时间，前5年为播种培育的过程，后5年逐渐开始选择合适时机准备退出。上市是这类风险投资最好的选择。

风险投资的成功率在分布上体现了少数风险投资赚到大部分的钱，即所谓的“二八定律”。由于风险投资失败率高，他们投资之前特别谨慎，认真调查研究筛选项目，投资之后积极跟踪，并参与到企业的经营管理之中。“私募基金”在中国正处于发展过程中。在国外特别是美国，私募基金很发达，规模较大，几乎所有国际知名的金融控股公司都从事私募基金管理业务。比较有名的私募基金包括IDG技术创业投资基金，其合伙人熊晓鸽在中国风险投资活动取得了巨大的成功。他们先后投资搜狐、金蝶、百度、腾讯等十几个在中国互联网市场上成长非常好的公司。比如，以120万美元投资百度，获得4.9%的股份，从1999年投资到2005年8月，百度登陆纳斯达克上市，股价最高时达150美元，按此计算能从百度赚回约1亿美元的利润。

IDG中国总裁合伙人周全在2005年亚洲年会上说，IDG在中国投资150个项目，总额超过2亿美元，从中国互联网市场已经赚回平均5倍的盈利，即投资回报在10亿美元，年均1亿美元。

（2）产业投资公司 即一些较大的实业公司下属的独立的风险投资机构，其全部资金来源于母公司。他们代表母公司利益进行投资。这类公司的投资目的包括两个方面：一是从投资中取得丰厚的回报；二是选中的企业能够为整个集团带来价值。退出方式除上市和出售外，可以将投资企业出售给母公司，这在其他类型的风险基金中很少见。

（3）天使投资人（天使基金） 最初是指具有一定公益捐款性质的投资行为，后来被运用到风险投资领域。天使投资特点是自有资本，灵活、自主、投资快、投资成本低，数量较小，是一次性前期投资，是一种非组织化的创业投资方式。1998年，什阳微电脑共同创始人安迪·贝托尔斯海姆给Google共同创始人20万美元投资，后来变成了近亿美元，与中彩差不多，投资好的项目可以获得暴利。

目前，国内外天使投资人大多是成功的企业家形象，大企业的CEO、富有的明星、医生、律师、教授等。这些投资人通常是创业者的朋友、亲戚、学生、商业伙伴，由于他们对创业者的创业项目、能力、资信评价较高，愿意支持他们创业，进而投入一定量资金。这些资金虽然初始不是很多，但对刚刚创业的人来说无疑是雪中送炭，意义尤为重大。因为，这些个体投资人如同双肩插上翅膀的天使，飞来飞去，愿意为新创企业“救生”，故称为投资天使。

国际上天使投资以美国发展最快，美国有 25 万天使投资者，有 10 万人积极投资，每年投资在 50 亿～300 亿美元之间，投资在 2 万～3 万个初创企业。我国天使投资与国际相比差距较大，但发展较快。我国有影响的天使投资人有雷军、邓峰、刘晓松、钱永强、杨宁、沈南鹏、张向宁、张醒生、周鸿伟、朱敏等。投中研究院发布的《2013 年度中国天使投资规模持续增长》研究报告，分析了天使投资的发展及未来发展的建议。报告认为，经历十几年的发展，中国天使投资进入快速发展期。2008—2013 年，中国天使投资案例数量和融资规模均呈逐年增加态势，2013 年全年共披露天使投资案例 262 起，总投资金额 10.1 亿元以上。单笔投资金额在 300 万元以下的占案例总数的 65.1%，投资金额在 300 万元以上 500 万元以下的案例占比为 22.6%，在 500 万元以上 1 000 万元以下的案例占比为 6.6%，在 1 000 万元以上 2 000 万元以下的案例占比为 3.1%，而 2 000 万元以上的案例占比仅为 2.6%。

中国天使投资行业分布较为集中，其中互联网、移动互联网、IT 行业最受中国天使投资人追捧，2008 年至今的投资案例数量占比分别为 34%、20%和 18%，投资金额分别为 15.1 亿元、5.9 亿元和 5.3 亿元，这也符合天使投资介入的早期性这一基本属性。此外，制造业、文化传媒、医疗健康等行业也受到了天使投资人的广泛关注。

天使投资地区方面，大多数分布于北京、上海、广东、浙江和江苏，来自这五个地区的投资案例数量占案例总数的 78.8%，占总投资金额的 87.0%。其中，北京地区的天使投资总额达到了 18.4 亿元居各地区之首，上海、广东分别以 4.1 亿元和 3.2 亿元紧随其后。

随着天使投资的不断普及和发展，天使投资主体日趋多元化。目前，天使投资的主体主要分为天使投资人、天使投资基金和天使投资团体 3 大类。

天使投资人：天使投资人是天使投资传统的参与主体，主要有 3 种类型。一是自身具有创业经历的企业家，他们了解创业公司的需要，能够给予创业公司有效的帮助；二是具有大型高科技公司或跨国公司高级管理者经验的企业家，他们不但可以带来资金，同时也带来联系网络，并利用自身的知名度，提高公司的信誉；三是传统意义上的富翁，他们虽然没有太多创业经验和投资经验，但是有资金、行业关系等资源，也是天使投资人重要的组成部分。

天使投资基金：2009 年至今，我国共披露天使投资基金 67 支。天使投资基金可分为以下几种类型：一是由著名天使投资人发起的基金，如泰山天使创业基金、顺为基金等；二是由风险投资机构成立的天使投资基金，如云天使投资基金、创东方富星基金等；三是政府主导的天使投资基金，如成都高新区创业天使投资基金、重庆市青年创新创业天使基金等；四是新型孵化器成立的天使基金，如联想之星天使基金、天使湾、创业接力天使等。

天使投资团体：这是天使投资人组织的交流和沟通的平台，主要的形式有天使俱乐部、天使联盟等，这些平台聚集国内天使投资人，汇集项目来源，定期交流和评估，会员之间可以分享行业经验和投资经验。对于合适的项目，有兴趣的会员可以按照各自的时间和经验，分配尽职调查工作，并可以多人联合投资，以提高投资额度和降低风险。目前，天使投资团体主要集中在北京、上海、深圳、广州、南京和成都等一线城市，较为活跃的天使投资团体有上海天使投资俱乐部、天府天使投资俱乐部、中国天使投资联盟、创想天使俱乐部、中国青年天使会、江苏天使投资联盟等。这些天使投资团体主要为初创期的科技型小微企业“牵红线”，力促技术和资本有效对接，培育更多高成长性企业。

天使投资作为一种以高成长性企业为投资对象的权益型资本，在推动企业技术创新、商业模式创新乃至推动经济高速发展等方面都起着十分重要的作用，但要建立起一套高效率的天使投资机制不仅取决于天使投资人及创业企业，更需要一个良好的基础环境使之健康成长。国内外的经验证明，天使投资机制与法律、投资理念、社会信用体系等因素密切相关，是整个国家经济、科技水平和制度发展到一定阶段的产物。因此，一个适合天使投资生存和发展的良好环境，是中国天使投资机制顺利运作的必要条件，而目前，我国在天使投资基础环境方面仍比较欠缺，主要表现在投资理念保守、创业者诚信缺失、信息不对称、法律法规缺位、退出渠道有待丰富等方面。对此，需要通过专业化管理吸引更多的资金进入天使投资领域；完善信用机制，确保天使投资权益；加强天使投资人与创业者的沟通；完善法律政策环境；建立并完善多层次资本市场，不断推动天使投资的健康发展。

三、其他融资方式

除前述两大类常用的融资方式外，还有一些创新的融资方式，创业者灵活使用创新融资方式，也能达到较好效果。

1. 政策融资

政策性融资对于创业者有重要意义。进入 21 世纪以来，为支持创业活动的发展，各级政府部门出台了一系列的政策法规支持创业活动。现阶段，特别是高新科技企业，国家给予了政策性资金支持。国家成立了科技型中小企业技术创新基金等支持创业融资机构。这是一种引导性资金，通过吸引地方、企业、科技创新投资机构和金融机构对中小企业技术创新的投资，逐步建立起支持中小企业技术创新的新型投资机制。根据中小企业和项目的不同特点，创新基金分别以贷款贴息、无偿资助、资本金投入等不同方式予以支持。

2. 融资租赁

融资租赁起源于美国，是一种集信贷、贸易、租赁于一体，以租赁物件的所有权与使用权相分离为特征的新型融资方式。出租人根据承租人选定的租赁设备和供应厂商，以对承租人提供的资金融通为目的而购买该设备，承租人通过与出租人签订金融租赁合同，以支付租金为代价获得该设备的长期使用权。

3. 商业信用融资

这是通过商业信用获取资金的融资方式。即企业利用商业信用，推迟支付款项或者预先提取款项，为企业经营活动募集一定资金。这是一种短期融资方式，无须正式文本，因此，在实践中得到了广泛的应用。

4. 典当融资

典当融资是用户将相关资产或财产权利质押给典当行，并交付一定比例费用，取得临时性资金使用的一种融资方式。对于需要资金的企业是较为合适的方式。典当融资优势：方便快捷，手续简便，限制条件少，及时解决企业资金需求，典当灵活，以实物质押，抵押，不涉及信用问题。不利之处：融资成本较高，除利息外，还需缴纳各种综合费用，包括保管费、保险费等。此外，如果企业不能按期赎回并交付利息费用，典当行可拍卖典当物。另外，典当贷款规模较小。

5. 内源融资

内源融资是指企业内部融资，包括企业盈余、股东增资和职工集资。内源融资无须定期偿还，不改变企业的股权结构，不减少企业现金流量，对外不付任何代价，是成本低、自主决定灵活、高效益的融资方式。不足之处是融资规模较小，新创企业自身能力弱，开始采用内源融资，随企业发展寻求外部融资方式。

6. 众筹

众筹是筹集众人资源以支持发起某些项目、产业、特定目标的行为，作为一种有全球共识的全新商业模式、金融行为、新型组织，为解决资金、信息、平台缺口提供了切入点和突破口；现代众筹基于互联网和大数据手段，发布筹款项目并募集资金，为实现更多创新创业提供了无限可能。

第二节　现代农业新创企业创立

一、新创农业企业登记注册

目前中国经济正处于新常态下，政府在积极倡导发展经济的同时，也极力地鼓励创业，并出台了一系列有关创业的优惠条件。例如 2014 年 2 月 18 日，国务院印发了《注册资本登记制度改革方案》，取消有限责任公司最低注册资本 3 万元、一人有限责任公司最低注册资本 10 万元、股份有限公司最低注册资本 500 万元的限制。在新的时代浪潮下，创业不再是一件大家遥不可及的事。本节以有限责任公司为例来说明企业登记注册的流程。

（一）公司名称核名

（1）在当地市场监督管理部门领取并填写《企业名称预先核准申请书》《投资人授权委托意见》，或者在当地市场监督管理部门网站上进行公司名称核准申请。设定公司名称是件比较费脑筋的事情，由于我国注册的企业特别多，所以很容易重复而注册不成，用常用词汇取两个字的名称很难成功，所以一般取三字以上的名称，并且要多取一些名称。在网上进行公司名称核准申请时，系统中会出现重复或相似的提示，出现重复的就不能申请了，出现相似的但不是同行业的，也就是经营范围不一样的可以尝试。

（2）递交《企业名称预先核准申请书》、投资人身份证（全体股东身份证原件及复印件）、法人股东提交加盖公章的营业执照复印件、备用名称若干、公司投资决议、全体股东授权的委托人身份证原件及复印件，等待名称核准结果。

（3）领取《企业名称预先核准通知书》。

（二）办理营业执照

（1）到市场监督管理部门领取公司设立登记的各种表格。包括公司设立登记申请表、股东发起人名单、董事经理监理情况、法人代表登记表、指定代表或委托代理人登记表。填好后连同核名通知原件、公司章程、房租合同、房产证复印件一起交给市场监督管理部门。

（2）公司开业注册登记费。企业法人包括具备法人条件的私营企业，不包括外商投资企业。开业注册登记收费，注册资金总额在 1 000 万元以下含 1 000 万元的，按注册资金总额的 1%收取；注册资金总额超过 1 000 万元的，超过的部分按 0.5%收取；注册资金总额超过 1 亿元不含 1 亿元的，超过的部分不再收取开业登记费，收费最低款额为 50 元。

(3)领取营业执照。携带准予设立登记通知书、办理人身份证原件,到市场监督管理部门领取营业执照正、副本。由于现在是营业执照、机构代码证和税务登记证三证合一,因此后续不再需要单独去办理机构代码证和税务登记证。

(三)刻章

(1)携带营业执照副本原件及复印件、法人身份证原件及复印件和经办人身份证原件及复印件到公安局特行科指定的刻章地点去刻公章、财务章、发票专用章、合同专用章。

(2)领取公章、财务章、发票专用章、合同专用章。

(3)开立银行基本账户。开立基本账户需要填很多表,最好把能带齐的东西全部带上,包括营业执照正本原件、股东身份证原件及复印件、代理人身份证原件和复印件(复印件要盖公司公章)、公司财务章、法人章、授权书。

(四)购买发票后开始实际经营

企业向所在地税务局申请,领取由税务局监制的发票购用印制簿,企业申领发票时,必须向税务机关出具发票购用印制簿。办税人员本人和公司财务负责人员同去税务部门,第一次领发票需法人签字,即需要法人同去税务部门。办理购买发票时需要携带的资料包括:公章、法人章、财务专用章、法人身份证复印件、基本账户管理卡、填写纳税专户材料、营业执照副本原件。

(五)企业登记注册相关说明

企业登记注册应关注以下几个方面的内容。

(1)注册公司之前,需要进行详细的可行性分析调查,创业团队应该做好充分的沟通,成立公司容易,经营公司难,切不可一时冲动而创建公司。

(2)签订公司发起人出资协议书,虽然在市场监督管理部门注册登记时不需要出资协议书,但创业团队在讨论出资协议书时就已经将公司的经营方向及各方的利益进行了充分的讨论,可以有效减少内部矛盾,公司注册前的争议都是容易解决的,一旦公司成立了再产生争议就比较麻烦。出资协议书包括的内容有:公司概况、公司宗旨与经营范围、注册资本、出资时间、出资评估、出资证明、出资的转让、公司登记、新公司组织结构、各发起人的权利和义务、费用承担、财务、会计、合营期限、违约责任、声明和保证、保密、通知、合同的变更、各方约定的其他条款、争议的处理、不可抗力、合同的解释、补充与附件和合同的效力等。

(3)一般注册公司用不到半年时间,但最快也需 20 d,且地区不同注册公司的费用也有所不同。在选择注册地时最好研究一下当地的政府政策,现在很多城市都有大学生创业的扶植政策,包括房租补贴、税收优惠和各种奖励基金等。

(4)公司必须建立健全的会计制度。做企业必须规范,不规范的企业迟早会出问题的,尤其是财务上一定要按照法律规范来做事。刚成立的公司业务少,会计的工作量也非常小,可以请一个兼职会计或会计师事务所来代账。

(5)每个月 1 日至 15 日按时向税务申报税,即使没有开展业务不需要缴税,也要进行零申报,否则会被罚款。

(6)增值税是对销项和进项之间的差值部分也即增值部分征税,因此在经营中一定要通过税收筹划来合理节税。在采购付款时向供应商要增值税发票，以便可以抵税。

(7)所得税是对利润征税，利润就是营业额扣减各种成本后剩余的钱，简而言之企业只有赚了钱，才会被征收所得税。

(8)有限责任公司可以注册分公司。

二、新创企业的初期管理

一般来说，新创企业是指成立时间在42个月以内的企业。这类企业已经具有独立的法人资格，能够为社会提供产品或服务，并以盈利作为组织存在的价值和目标。新创企业在初期管理中由于通常不具备成熟企业运行良好的管理制度、高度认同的组织文化和合理流动的人力资源等必要因素，容易陷入各种各样的管理风险中。识别、防范并有效应对这些风险对于新创企业的初期管理具有十分重要的意义。通俗而言，风险是指发生某种负面事件或造成损失的各种可能情况的总和。这里的可能情况，就是指负面事件发生的可能性、或然性、变动性和不确定性等。构成风险的两个基本要素是损失或不利事件和损失或不利事件出现的概率。风险具有多种类型，如按照风险来源可分为主观风险和客观风险，按照风险内容可分为技术风险、管理风险、环境风险等。在新创企业所面临的风险之中，管理风险是最为突出，也是最亟待解决的一类风险。这是因为当企业依靠技术优势、商业模式等方式建立起盈利的可能性之后，保持长效机制就成为首要任务，而管理能力则是完成这一任务的首要条件。新创企业的初期管理风险可以进一步细分为团队破裂风险、财务失控风险和创新乏力风险等。

(一)市场营销管理

新创企业市场营销管理与企业内部管理不同，它是存在于时刻变化的市场环境中的管理，企业的发展与生存都需要创新市场营销管理，提高企业的核心竞争力。所以，在激烈的市场竞争环境下，新创企业市场营销管理可以时刻提醒企业管理者，一切工作都要以市场为中心，围绕市场这个中心进行各项计划的制订和各项工作的分配，以科学、合理的手段对企业的生产、成本、财务、资源等进行有效的管理。新创企业的市场营销管理并不是一成不变的，它需要企业时刻把握市场的发展动态，随时调节企业内部各个部门的工作，使各个部门的工作都围绕实现企业目标的中心团结协作，从而有条不紊地进行各项工作。新创企业要想快速发展，需要企业管理者能够有创新的领导与管理理念，还要具备足够的专业知识，能够与其他员工很好地沟通，时刻将企业的发展作为工作的重点来看待。众所周知，新创企业发展与产品销售存在直接关系，一旦产品销售不好，大量积压，那么不仅企业不能获利，而且可能陷入困境，面临生存危机。所以，新创企业市场营销管理能够对企业资源进行有效分配，生产出符合市场需求的产品。

市场营销管理是企业对产品和劳务的设计、定价、促销等活动的管理，是为了满足消费者的需求而制定的，有效促进消费者与企业之间的交换顺利进行，同时也是企业运用科学的管理理念与合理的管理手段进行的、有利于实现企业目标、提高企业效益的重要工作。预防和应对初创企业的市场营销风险，首先，需要树立“产品质量第一”的生产理念，保证产品的质量。产品的质量是企业顺利进行各项企业创新市场营销管理的基石，只有高质量的产品，才能刺激消费者的购买欲望，才能得到消费者的好评，进而提高企业产品在市场中的占有份额，提高企业的核心竞争力，促进企业的发展。在企业生产过程中，应该树立“产品质量第一”的生产理念，合理有效地利用企业的资源,对产品生产的每一个环节都进行严格的管理,无论是产品的品种、特色、性能,还是产品的包装、款式等,都要进行严格的检验,保证为消费者提供最优的服务。高质量的产品才是能够刺激消费者购买欲望的产品,企业与消费者建立特定的价值倾向关系,才会为企业带来经济效益,同时带来社会效益,进而促进企业的发展。其次,建立以市场为导向的管理理念,时刻注意市场的发展。新创企业的市场营销管理必须是以市场为导向的,这样企业才能在掌握市场的需求后,积极进行有关产品生产、包装等设计,合理调配人力资源与物力、财力资源,生产出高质量的产品,再针对市场需求与消费者的消费心理制订出一系列的营销方案,并以"市场第一,消费者至上"的营销理念为指导思想进行营销活动,开拓企业市场营销网络,使消费者能够从多角度详细地了解企业产品,进而提高企业产品在市场中的占有率,促进企业利益的获得。最后,新创企业市场营销管理需要引进高科技的管理技术,以技术力量推动企业发展。随着科技的发展,很多科技产品已经走进千家万户,人们对于科技力量也越来越重视,新创企业需要应用创新的管理技术,有效地提高市场营销管理水平,进而促进企业的发展。新创企业管理技术的创新是市场营销管理的关键。创新的管理技术可以包括创新的生产技术、工艺、材料等,还可以包括创新的管理理念与手段,企业管理者应用创新的管理技术可以有效地提高员工的工作积极性,促进企业产品质量的提高,促进企业创新能力与生产力的提高。这样,企业才可以走在同行业的市场前列,引领市场的发展。

(二)财务控制管理

人与财是一个企业创立、成长、持续发展过程中最重要的两个元素。初创企业往往将更多的精力放到人的方面,而忽略了严格的财务控制。"财务控制是指在企业的经济活动中,控制主体利用相关财务信息,对资金的收入、支出、占用、耗费进行审核,发现实际与目标之间的财务偏差,并采取相应措施予以纠正,使财务活动按预定的目标进行,为最终实现企业财务管理目标和企业目标提供合理保证的一个控制过程。"由此可见,对财务控制给予的重视程度不够会带来何等的隐患。

与成熟企业不同,初创企业的运转主要依赖的是创业团队中的情感、奉献和一致性的目标等非理性因素。在这样的背景下,感性的方面就会凌驾于理性的方面。例如,团队成员结婚,初创企业埋单;团队成员因私借款,初创企业不好拒绝;团队成员因个人原因造成的企业损失,初创企业无法追责而只有群体分担。这样一来,初创企业的财务就会失控,并且因为"分赃不均",造成团队成员之间的关系破裂。

财务失控的原因有很多。具体而言,一是管理者意识不到财务的重要性。有的初创企业对于财务的理解还停留在"算算账、管管钱"的阶段,没有深刻意识到财务成本管理、财务流程控制等对于企业发展的重要性,更谈不上在财务上"精打细算"。例如,有的餐饮企业中,某些领导成员拥有随意性的"免单权"。二是财务人员的专业性相对较弱。有的初创企业的财务人员不是"用人唯贤",而是"用人唯亲",由于制度上的不完善,无法有效遴选更具有岗位胜任力的专业人士进入企业。三是财务的作用无法发挥。财务是维系企业机体正常运转的血液,既为全身带去"营养成分",又能表征"病情"。有的初创企业还不能够充分发挥财务的功能,尤其是利用其为风险管理、战略管理等服务。这实际上是说,在初创企业之中,财务管理的水平还处于初级层次,而初级层次的财务管理如果不能随着企业的发展壮大而不断升级,那就会导致初创企业因财务失控而土崩瓦解。

预防和应对初创企业的财务失控风险，首要的问题并不是要做到何种程度的专业性，如一味追求注册会计师或会计学高层次人才等，而是要首先在意识上高度重视并建立起行之有效的财务制度。在有的初创企业中，财务人员并不具有多高的专业水准，但是财务管理的效率和效果非常突出，这就证明财务专业技能并不在其中起到最核心的作用。实际上，在初创企业之中，财务也并没有复杂到需要高度专业化的程度。但是，团队领导者要明白，经营一个企业必须要恰当地利用好财务这一武器，对于产品成本的核算、人员工资支出、营销收入进项等每一笔资金的流向都要清楚明白地反映到财务账目表中。唯其如此，财务才能准确反映企业的病灶。须知，即便是每一项上的微小误差，累积起来在总的财务状况方面就会造成巨大影响。有的成功企业家即便是在生活中也表现得“精打细算”甚至“十分抠门”，而绝不是如许多人想象的那样“花钱如流水”，就是因为他们懂得“积少成多”和“失之毫厘，谬以千里”的道理，并且已然形成了习惯。

同样地，和树立财务意识一样，建立并实行合理的财务制度也是至关重要的。财务制度一般应当包括资金管理制度、成本管理制度、利润管理制度。资金管理制度主要包括资金指标的分解、归口分级管理办法、资金使用的审批权限、信用制度、收账制度、进货制度；成本管理制度包括成本开支范围和开支标准、费用审批权限、成本降低指标以及分解等；利润管理制度主要包括利润分配程序、利润分配原则、股利政策等。如经营性采购支出的审批流程：①采购前必须报资金计划，并填写请款单，并与对方签订购销合同，采购完成后需及时办理验收、入库和出库手续；②审批流程：经办人填写请款单并签名—部门经理签字—分管副总签字—财务负责人签字—总经理(或董事长)签字—出纳付款。规范、严谨、科学的程序有效地保障了财务的安全。然而现实中，有的企业虽然建立了成套的、具体的、繁杂的财务体系，但在执行上遇上了巨大的疑难。例如，挪用部分办公经费发放员工津贴、抵补某些不方便报销的账目等几乎是财务报销中的常见现象，但是这种不规范会造成财务人员在核算部分事项的具体成本时出现问题，从而削弱了财务功能的发挥。由此可见，对待财务问题，新创企业不能掉以轻心。相反，要在思想上、制度上等多个层面积极应对。

(三)创新能力管理

新创企业大都是依靠某项核心业务建立起来的。例如，科技型企业一般拥有具体的专利和技术，并以此为核心，研发一系列的产品，同时组织相配套的营销模式以实现盈利。依靠创新推动企业发展是一条合理、高效、健康的道路，创新乏力是新创企业面临的重大风险之一，没有持续的创新驱动，企业就会昙花一现。日本电子企业的挫折就是明证。“过去数十年间，日本电子企业在本土资源短缺的背景下，依仗高度细分的产业体系，对外扩张如群狼抱团与猎物厮杀，凶残而精准，几乎垄断了全球电子产品领域，最终成为世界电子市场的霸主。然而，狭隘的岛国意识，使日本电子企业偏执保守，错过了互联网时代二次创业的机遇，又在智能化浪潮扑面而来时犹豫彷徨，正日渐式微。”具体地说，三个核心要素是指专业人才、资金投入和创新意识。

第一个要素是专业人才。技术掌握在专业人才手中。随着新创企业的发展，专业人才可能会由于种种原因流失。这是因为专业人才尤其是优秀的专业人才是稀缺资源，如果不善加管理，就必然会被“挖走”。再者，技术升级的压力也对专业人才提出了更高要求，如果研发人员不能持续不断地更新知识库和与时俱进地学习并掌握新技术，就会造成创新乏力的风险。

第二个要素是资金投入。技术研发需要大量的经费投入，世界上一流企业的研发投入能占到其总收入的4%以上，而这些企业的总收入是以百亿乃至千亿美元计算的。例如，微软在整个2012年财政年度的研发费用达到了98亿美元。职业社交网站LinkedIn的数据显示，研发部门员工在微软员工总数中的比例高达51%。彭博社的统计数据显示，三星电子将每年大约6%的营收投入研发之中。国内的中型企业研发投入也在营收的6%～10%。对于新创企业而言，由于受规模所限，要保持持久的创新优势所投入的资金有可能会远远大于其营收的10%，这对于一个盈利能力欠缺的新创企业而言具有较大压力。第三个要素是创新意识。新创企业由于前期投入较大，往往开始盈利后就急于压缩成本，收回投资，创新意识已经不再像筹办企业之时那么强烈。相反地，营销意识占据了更为重要的地位。一旦"以技术立企"的原则盲目地转变成"以营销为导向"，企业的研发投入就会大打折扣。并且，对现有产品的升级换代、市场细分等工作也会出现懈怠。团队领导层如果没有居安思危的创新意识，就很有可能满足于无限制地扩大现有产品的产能以图快速牟利。这种"暴发户"似的心理会使得新创企业的发展丧失可持续性。

解决创新乏力的根本对策主要包括：①团队领导者要具有战略眼光，并能够进行合理的战略布局，不会仅仅看重眼前利益而忽略了长远发展。20世纪初，管理学家法约尔就曾提示管理者对企业内部的管理活动进行整合，并将工业企业中的各种活动划分成六大类：技术活动、商业活动、财务活动、安全活动、会计活动和管理活动。这就是说要通过战略管理，系统规划企业战略，整合资源，在此战略基础上，制定并执行管理细则。例如，在经费和其他资源的投入上，明确研发、营销、薪酬等各方面的支出比例，要杜绝在经费分配比例上某项费用一家独大的局面。在中国，新创企业尤其要防范普遍研发不足、营销过度、不健康的委托代理等方面的问题。②新创企业要形成具有创新意识内容的组织文化，配套一系列尊重人才、引进人才、培养人才和发展人才的制度，将新创企业建成学习型的组织，只有这样，企业的发展才有充足的动力源泉。所谓企业创新文化是指在一定社会历史条件下，企业在创新及其经营管理活动中所形成的具有自我鲜明特色的创新精神财富与创新物质形态的总和。企业创新文化所涵盖的内容非常广泛，主要有创新价值观、创新准则、创新制度、创新模范、创新网络及创新环境等。其中创新价值观是企业创新文化的核心，创新准则决定企业创新文化的特色，创新制度是企业创新文化的保证，创新模范是企业创新文化的支撑，创新网络是企业创新文化的底蕴，创新环境决定着企业创新文化的内涵和外延。企业创新文化一旦形成，就会对企业成员产生影响，触发其创新动机，并诱导其形成创新行动。适宜的企业创新文化应该有助于创新动机的产生及创新行为的维持，有助于创新效率的提高和创新成果的取得。文化对人的培养具有潜移默化的作用。高度的文化认同会大大增强企业的凝聚力和向心力。例如，四川海底捞餐饮股份有限公司致力于为顾客提供"贴心、温心、舒心"的服务，在管理上勇于改革、勇于创新，倡导双手改变命运的价值观，为员工创建公平公正的工作环境，实施人性化和亲情化的管理模式，提升员工价值。员工不断地创新服务方式，创造性地工作。这样一种组织文化，使得顾客在用餐时能真正找到"上帝的感觉"，抛开其产品口味、质量不提，其服务就已经征服了绝大多数的火锅爱好者，从而吸引越来越多的人到海底捞，一种类似于"病毒式传播"的效应就此显现。

以上所述的三大方面管理对于新创企业的生存而言，都是十分关键的。所谓万事开头难，新创企业由于自身发展规模、领导团队经验等问题，抵御风险的能力较弱。但是辩证地看，风险高发期同样也可能是盈利高速增长期。关键是领导团队要分清哪些风险是可以防范的，哪些风险是始终存在的。管理风险就属于可以防范或者至少可以提前准备应对的一类。这就是说，新创企业要始终抱有风险意识，并能识别风险、应对风险进而利用风险。

第三节　现代农业新创企业成长

一、新创企业成长管理的含义

创业成长管理是指创业者基于新创企业未来发展的考虑，对创业期形成的业务模式进行的一种过渡性的管理行为及过程。其主要包括以下三层含义：创业成长管理是承前启后的过渡性管理。创业成长管理承接了新创企业的创业期及成长期的管理，是一种承上启下的过渡管理。这个过程中，创业者既要对创业阶段的管理经验进行总结，又要对未来进行理性思考。在此过程中，创业者既要思考自己如何向企业家的角色转变，又要思考如何制定新创企业未来的发展战略。创业成长管理是对新创企业的规范性管理。创业成长管理是在对新创企业创新性活动成果的总结基础上进行成果管理。新创企业的创业阶段，形成了相对成熟的组织管理经验、生产运作标准等创新性成果。创业成长管理正是在总结这些成果的基础上，对这些成果进行固化，以形成企业的规范性管理模式。创业成长管理是对新创企业的扩张性管理。创业成长管理建立在新创企业快速成长的基础上，在这一时期新创企业各个方面都不同程度地表现出整体扩张态势。人力资源、物质资源以及财务资源等方面大多急剧扩张，技术资源、组织资源和信息资源亟须完善与改进。创业成长管理要对新创企业的这种扩张性发展进行管理。

二、新创企业成长管理的特征

创业成长阶段的特殊性，也形成了创业成长管理的一些特征，主要有传承性、知识性、控制性及调整性。

（1）传承性　创业成长管理的传承性突出表现在业务模式的承接上，以促进新创企业扩大发展规模、提升发展速度。

（2）知识性　创业成长管理的知识性体现在对新创企业的知识性管理上。一方面，新创企业将明晰的知识形成规章制度进行规范化管理；另一方面，新创企业的很多经验在一定程度上是难以表达和编码的，具有隐性知识的特征，它源于新创企业的创立过程，存在于具体的管理和协调任务的组织系统与习惯中，是其他任何企业或者组织无法在某一时间段或者某一阶段能够模仿的。

（3）控制性　创业成长管理的控制性体现在既要维护创业阶段形成的成果，防范风险的冲击，又要对这一阶段的问题进行总结，避免再犯类似的错误，从而为企业进入一般的管理阶段奠定基础。新创企业的成长管理还要将创业期形成的业务模式固化，强化企业的核心能力，以便进一步扩大企业发展规模。

（4）调整性　创业成长管理的调整性体现在对创业成果的承接及对未来发展的适应两方面。一方面，创业成长管理要传承、固化创业阶段形成的成果，并根据环境的变化进行适当调整；另一方面，创业成长管理要基于未来发展的考虑，对新创企业的发展战略、经营策略等进行新的探索，以赋予新创企业新的活力，使其成功过渡到一般的企业管理阶段。

三、新创企业成长管理的基本内容

相对于一般企业的成长管理而言，新创企业的成长管理有其独特之处，其独特之处包括长期发展目标从模糊向清晰转化、业务模式从创新向常规转化、组织结构从非正式向正式转化。而在新创企业这个转化成长过程中，其本质是创新向控制的转化，最终目的是通过这种转化，使企业形成有机的统一体，达到和谐发展的状态。因此，创新与控制的统一应当成为创业成长管理遵循的基本原则。在遵循创新与控制统一原则的前提下，新创企业创业成长管理要围绕资源的重新配置展开，主要包括以下五个方面的内容。

1. 目标管理明晰化

目标管理明晰化是指与新创企业创业阶段相比，新创企业创业成长阶段的战略目标、市场定位、竞争战略等由原来的模糊状态逐步向清晰转化。通过目标的明晰化过程，将企业的整体目标逐级分解，转换为各部门、各成员的分目标。从整体目标到经营单位目标，再到部门目标，最后到个人目标。这些目标方向一致、环环相扣、相互配合，形成协调统一的目标体系。每个成员完成了自己的分目标，整个企业的总目标才有完成的可能。

2. 组织结构规范化

新创企业成立阶段，组织结构往往比较模糊，并且处于非正式状态，权责也难以明确，创业者进行了初步分工协调。在成长阶段，新创企业要将组织结构逐步正式化和规范化。要根据创业阶段组织成员的分工协调情况，进行分析，总结经验，重新对工作任务的分工、协调合作进行规划和设计。明确各部门及成员的职能和职权，制定规范的规章制度，从而提高组织成员的工作效率。

3. 制定决策程序化

新创企业创立阶段，对于创业者来说，面临的都是新问题，且由于缺乏相关的决策经验，进行的都是例外的及非结构化的决策，往往表现出试探性。经过创业阶段的检验，在成长阶段，创业者应该将之前的这些例外的及非结构化的决策进行总结归纳，形成制定决策的程序化流程。以后如果遇到创业阶段出现过的问题，则可以按照程序化决策的流程进行解决。

4. 生产运作标准化

创业阶段形成的业务模式，实际上也积累了产品或服务生产运作的经验，包括产品设计、生产流程设计等。在成长阶段，创业者应该依据经验将生产运作中的一系列指标确定出来，从而提高企业的生产效率。对于生产型的新创企业来说，生产运作标准化的一个重要体现是机器设备的运用，因此其成长的一个重要标志就是购置机器设备。

5. 组织知识归核化

在创业阶段，对于创业者来说，环境分析、机会识别、资源整合、战略确定、计划制订及创业运营都是创新性的活动。在这些创新性活动中，新创企业形成了独特的思考方式、机会识别能力、资源配置方式、核心竞争力等隐性知识及显性知识。在成长阶段，新创企业需要实现知识沉淀、共享、学习、应用和创新的思路与方法，将这些知识转化为企业的核心竞争力，并以此为核心形成企业文化。

以上五个方面的内容是遵循创新与控制统一原则的体现，贯穿于创业成长管理的始终，具体体现在创业成长管理的人力资源管理、财务管理、营销管理等各个方面。随着创业成长管理进程的推进，新创企业逐渐走向规范，创业者日益成为一个成熟的企业家，新创企业管理也随之迈向企业管理的新阶段。在众多的创业模型中，Timmons 模型(图 9-1)是比较有代表性的新创企业成长管理模型。成功的创业活动必须对商机、创业团队和资源三者进行最适当的匹配，并且要随着事业的发展而不断进行动态平衡。创业过程由商机启动，在创业团队建立以后，就应该设法获得为创业所必需的资源，这样才能顺利实施创业计划。

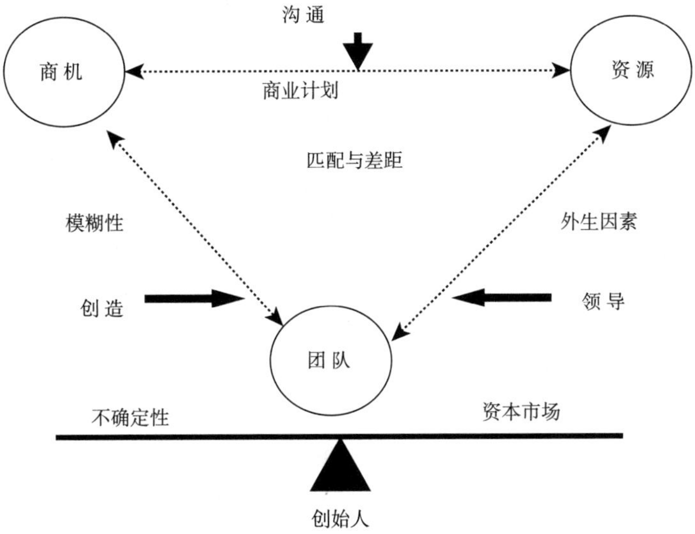

图 9-1　Timmons 模型

Timmons 创业管理模型将创业视为一种高度动态的过程，并将商机、资源和创业团队看作创业过程最重要的驱动因素。Timmons 认为，商业机会是创业过程的核心要素。创业者须拥有敏锐的商业远景力、市场洞察力和分析判断力，还要有勇于冒险和不畏失败的创业精神，以及以技术专长为核心的经验和经历等。新创企业成功的关键在于创业领导者和创业团队能否发现各种商机，并有效组织内外部各种资源来抓住商机。这些资源包括企业内部资源，如企业内部的知识与能力，形成了企业的核心竞争力，还包括企业外部的各种有利于企业发展的资源，如产业集群。

新创企业创立后，能否取得成功，很大程度上取决于该企业的创业团队。创业家凭借商业智慧、商业眼光发现了市场机会，也寻找到了能抓住商机的资源，则新创企业创立取得成功。

但是新创企业成长还需要有善于经营和管理的团队，要制定创业发展战略，寻找合适的商业发展模式等。新创企业的成功在很大程度上还取决于其战略的实施。很多新创企业在其创立与成长过程中，紧紧依托于特色产业集群，并与产业集群形成良性的互动发展，从而能够快速成长起来。新创企业的战略能力决定了将机会资本化的成本和方式，也最终决定了新创企业的盈利水平以及创造与维持竞争优势的能力。新创企业的成功在很大程度上还取决于是否有创新。对新创企业来说，商业模式的创新至关重要。所以，新创企业发现了机会，也寻找到了可以利用机会的资源，还需要创新商业模式。创新还需要团队成员的学习。创业学习因素指的是通过学习不断开发和利用新知识，克服成长过程中面临的难题，提高知识积累水平。创业学习主要通过提升经验知识、机会识别、问题解决、能力培育的中介效应，进而作用于新创企业成长。

【案例分析】

“孟乍隆”书写泰国香米传奇

“孟乍隆”泰国香米,之所以能在泰国香米市场上一枝独秀,完全不同于普通香米,就在于其不同于一般香米的、单一的原产地和原产地之间的相互独立性,确保泰国茉莉香米的原汁原味。

4年前,提起“孟乍隆”三个字,人们还颇感陌生。而今,“孟乍隆”已是泰国最高品质香米的代名词,成为卓越高品质泰国原产地香米的首席代表。

短短的4年,“孟乍隆”走过了品牌极速成长之路,书写了泰国香米在中国消费市场的传奇:

2002年12月26日,泰国商业部香米推介团在深圳威尼斯酒店召开盛大新闻发布会,“孟乍隆”香米开始正式进入中国。

2003年至2006年,“孟乍隆”香米以其独一无二的高端品质,在中国市场取得骄人的市场业绩,连续4年被泰国商业部香米推荐团作为指定在中国各大中心城市推广泰国香米的代表产品之一。

2005年,“孟乍隆”香米更是荣获了“乌汶府原产地物产精华”泰国官方唯一认证,成为首个且唯一获得此项官方认证的泰国香米品牌。原产地的权威认证,给了喜爱泰国茉莉香米的消费者以品质和价值的可靠保证。

一个产品能在短时间热销市场,获得消费者认可,不仅因为它好的品质,更因为它为消费者实现了尊贵生活的价值选择,支撑“孟乍隆”每年150%的增长率。

(案例来源:李志起. 2013. 大农业模式)

分析:

常言道,创业容易守业难。在企业进入了发展阶段,走差异化道路,“人无我有,人有我优”,严控质量,才能超越同行。我们回顾“孟乍隆”这个农业企业极速发展的历程中,主要是做对了以下几件事情:

1. 独特的全程品控系统,打造产品差异化

泰国大约有13个府都能种植香米,其中又以乌汶府等地种植出来的香米品质最好。但是,优质产地的大米价格自然昂贵,所以出现了很多掺假现象,为了打造泰国香米第一品牌,“孟乍隆”联合当地最具规模的出口米商全面合作,成立亚洲金谷有限公司,打通香米品种、产地、加工、包装等一系列的产业链,实行严格的品控流程。

2. 严格的质量把控,每一粒米精挑细选

“孟乍隆”比一般的泰国香米的质量要求精细。每一粒米从进厂都要经过七个环节的检验和加工才能装袋出厂。米首先会被投在不同的流水线上,然后清洗、去杂质,混在米中的石子等杂质都会被一一筛选出来。接下来是抛光、除尘、分筛、激光色选等环节,按米粒的破碎长度从整米到米碎分出五个等级,保证每一粒大米都晶莹洁白。每一批大米经过这七关之后,大约有10%的米会在流程中被“淘汰出局”。

3. 超越同行，创造泰国香米"品牌时代"

"孟乍隆"香米纯度已经超越了《泰国茉莉香米标准》"红玛丽"，92%香米纯度企业标准更高。当同行努力追求92%的纯度，争取"红玛丽"这个标志时，"孟乍隆"已经超越92%香米纯度企业标准，制定行业标准，将来自泰国著名产地的高纯度优质香米按质论级，划分为"银玛丽""金玛丽""珍品金玛丽"三个等级，引领香米全面进入超越"红玛丽"的时代。

【行动建议】

在网上找到广东省商事制度改革的相关资料并阅读学习，了解一下创办企业的成本，并讨论一下，近几年来广东省人民政府为企业减负做了哪些举措。

参考资料：

《广东省人民政府办公厅关于印发广东省全面深化商事制度改革三年行动计划的通知》(粤府办〔2021〕51号)

《以"管住管好"促"放活放开" 广东商事制度改革激活市场"一池春水"》(南方日报，2022)

【本章小结】

本章对农业创业初创企业的企业融资、创立和成长做了介绍。企业融资的主要路径有债务性融资、股权性融资、风险投资，其中重点介绍了风险投资方式；现代农业企业创立的登记注册流程为：公司名称核名—办理营业执照—刻章—购买发票—开始实际经营；现代农业初创企业要做好市场营销管理、财务控制管理、创新能力管理。

【课后训练】

一、观看与思考

结合本章所学内容观看视频，建议以小组为单位，参考"思考感悟"和"相关阅读"进行讨论。

主题：明确目标，踏上创业之旅

通过浏览器观看榨菜之王：靠卖榨菜能年入20亿. https://www.bilibili.com/video/BV12S4y1R7pS?spm_id_from=333.337.search-card.all.click&vd_source=b73ce8787277f44cfd2297f7b848dab3

思考感悟：

1. 涪陵榨菜在初创阶段遇到了哪些机遇与困难，又是如何把握机遇和克服困难的？

2. 涪陵榨菜在企业成长阶段分别做好了哪些方面的管理？

相关阅读：

1.《大农业模式：改变著名农业命运的100个新锐经验》(作者：李志起)

2.《基业长青》(作者：[美] 吉姆·柯林斯 / 杰里·波勒斯)

二、回顾与思考

1. 考察华南农业大学农业创业项目"崧源农业"的发展历程，了解创始人吴俊松是如何一步一步创立自己的公司的？

2. 到华南农业大学创客空间了解入驻企业的申请流程，了解在校期间创业所需要注意的事项。

三、行动与思考

1. 利用寒暑假时间,到知名农业企业(如温氏集团、牧原企业等)进行实习或社会实践,了解企业的发展历程及创始人的创业故事,开学后开展主题班会或创业沙龙进行分享。

2. 到工商部门了解初创企业注册需要准备哪些材料,走哪些流程,注意哪些事项,同时了解不同地方政府对大学生创业的政策优惠措施。